U0117821

致　谢

　　我谨在此向帮助《秘史：英国情报机构的崛起》（以下简称《秘史》）一书问世的机构和个人表示感谢。

　　本书能得以完成，首先得益于英国艺术和人文研究理事会（United Kingdom Arts and Humanities Research Council，以下简称"AHRC"）为《情报文化：德国、英国和美国的军事情报工作》（*Cultures of Intelligence: Military Intelligence Services in Germany, Great Britain, and the USA*，项目编号：AH/J000175/1。以下简称《情报文化》）这一课题提供的研究基金。感谢AHRC，也感谢相关基金的评审员及官员们，没有《情报文化》的基金支持就没有《秘史》一书的出版。

　　其次，给予我帮助最多的人，当数AHRC《情报文化》的研究员，即来自利兹大学的艾伦·麦克劳德（Alan MacLeod）。在我看来，艾伦的工作在《秘史》的字里行间留下了深深烙印，尤其在关于安全和通信情报的篇章中，能强烈感受到他的研究成果带来的巨大影响。

　　还有，与AHRC的《情报文化》结为姊妹课题项目的德国格达·汉高基金会（Gerda Henkel's Stiftung）的《情报文化：关于德国、英国和美国军事情报历史的研究，1900—1947》（*Kulturen der Intelligence: Ein Forschungsprojekt zur Geschichte der militärischen Nachrichtendienste in Deutschland，Grossbritannien und der USA，1900—1947*）。这一联合研究源于多年前我和波茨坦大学的松克·奈策尔（Sönke Neitzel）的交流课题：为何在第二次世界大战期间，英国和德国的情报文化截然不同？感谢松克在《秘史》一书的构思和写作过程中，成为与我并肩冲锋的战友和充满智慧的访谈对象。

同时，我还要感谢德国格达·汉高基金会的其他领导者：曼海姆大学的菲利普·加塞特（Philipp Gassert）以及伦敦德国历史研究院的安德烈亚斯·格斯特里希（Andreas Gestrich）。他们是两位和蔼可亲又循循善诱的合作者。而且，安德烈亚斯领导的德国历史研究院，正是我们工作的大本营。作为项目的官方合作单位，正是该研究院主办的《情报文化》联合会议，催生了《秘史》一书的写作和出版。

在与德国《情报文化》课题团队的讨论过程中，我获得了许多宝贵意见。特别是与课题组成员曼海姆大学的贝尔纳德·扎斯曼（Bernard Sassmann）和波茨坦大学的弗雷德里克·穆勒斯（Frederik Müllers）、米夏埃尔·鲁普（Michael Rupp）共事，我深感荣幸。

英裔加拿大历史学家彼得·杰克逊（Peter Jackson）[①]在德国历史研究院举办的《情报文化》联合会议开幕式上，做了精彩的主题演讲。当时，彼得和我与英国外交部首席历史学家帕特里克·萨蒙（Patrick Salmon）一道运营AHRC的学科研究网络，负责《二十一世纪国际历史实践》（*The Practice of In- ternational History in the Twenty-First Century*，以下简称*PIH21*）这一课题。课题研究过程中，《情报文化》和*PIH21*在我脑海中不停地碰撞。帕特里克和他的副手理查德·史密斯（Richard Smith）对我的工作提供了从始至终的支持。彼得是一个优秀的合作者，他将自己所有的

---

① 格拉斯哥大学教授，曾任历史系全球安全主席与《情报与国家安全》编辑。

研究成果都提供给了《秘史》。他不但无私地分享了他的研究，还和我展开了积极讨论，对这本书产生了极大的影响。

我有幸在利兹大学与一班才华横溢的学生一道，就情报及其相关领域展开调查研究。感谢帕特里克·基尔南（Patrick Kiernan）、马修·洛德（Matthew Lord）、亚历克斯·肖（Alex Shaw）、卢克·戴利–格罗夫斯（Luke Daly-Groves）、本·霍尔特（Ben Holt）和弗兰西斯卡·莫夫汉金斯（Francesca Morphakis），忍受我这个导师的一腔狂热。感谢利兹大学的AHRC博士生联合培养机构，谢菲尔德的白玫瑰艺术人文学院（White Rose College of Arts and Humanities）和约克大学，授予亚历克斯、卢克、本和弗朗西斯卡全额博士奖学金。同样感谢利兹大学历史学院授予帕特里克和马修全额博士奖学金。

还要感谢在利兹大学选修我专业课——"秘密工作：英国的情报世界"的大四学生们，容忍我在课堂上对《秘史》的想法和证据进行反复研究。而我也确实很享受这样的课堂时光：我希望学生们能够从这种最纯粹的、基于研究的学习形式中受益。

同时，我所在的学院，为我提供了源源不断的灵感和鼓励。霍尔格·阿夫勒巴赫（Holger Afflerbach）为瓦尔特·尼古拉（Walter Nicolai）①这一人物提供材料并给予了充分的指导。在迈克尔·布伦南（Michael Brennan）的帮助下，我完成了埃里克·安不勒（Eric Ambler）②的情报联络人相关内容。我还要特别感谢西蒙·霍尔（Simon Hall）和威

①　瓦尔特·尼古拉又译作瓦尔特·尼古拉（1873年8月1日至1947年5月4日），是德意志第二帝国军队的第一位高级情报官。瓦尔特少校是德国著名军事情报机构——大本营情报处的负责人，第一次世界大战期间是主战阵营的重要人物。

②　英国著名间谍小说家和制片人，主要作品有《紫色平原》（*The Purple Plain*）、《沧海无情》（*The Cruel Sea*）等。

尔·古尔德（Will Gould），他们分别在担任历史学院院长和历史学院研究主任期间给予我支持。

为了帮助我完成这本书，在我担任学院的研究主任期间，学院同意免除我一年的教学任务。

还有，利兹大学的布拉泽顿图书馆替我采购了重要的数字文档资料，大大提高了我的效率，缩短了写作进程。购买数字文档和高分辨率图片的资金来自历史学院的教工研究基金，以及为国际历史和政治学教授所设立的艺术人文学院研究支持基金。这些帮助，归根结底得益于英格兰研究理事会[①]向利兹大学提供的品质基金。

我非常感谢伦敦国王学院利德尔·哈特军事档案中心（Liddell Hart Centre for Military Archives）的信托人，允许我阅读并引用戴维森少将（Major-General F.H.N. Davidson）[②]的日记。

麦吉尔–女王大学出版社（McGill-Queen's University Press）的理查德·巴加利（Richard Baggaley）负责《秘史》的出版，令我欣喜异常。感谢出版社的匿名读者们花费了大量时间和精力来阅读我的作品并提出意见和建议。他们严谨的阅读意见，帮助本书在精益求精的道路上又迈上了一个台阶。

本书付梓之时，恰是我和妻子海伦结识30周年纪念日。当我们还在剑桥大学求学时，她就致力于将我培养成为一名历史学家和文体学家。《秘史》是我们共同完成的第九个研究课题。我不知道她对这本书有怎样的评价，但我把《秘史》和我全部的爱都献给她。

---

① 英国国家科研和创新总署下属的七个理事会之一，主要负责英国大学的研究和知识转移工作。

② 即弗朗西斯·亨利·诺曼·戴维森（Francis Henry Norman Davidson，1892—1973），英国陆军少将，参加过两次世界大战。

前　言

　　《秘史》向世人揭示了英国情报机构那些秘而不宣的历史。20世纪中叶，英国政府出于各种目的，委托相关人员为情报工作编纂了大量相互关联且不对外公开的历史资料。有一些资料，是为了证明情报工作是保卫国家安全的重要工具，理当获得雄厚的资金支持；另有一些则是为了提醒政策制定者忽视情报工作将导致的危险后果；还有一些是为了完整记录情报部门的工作，以确保某些人退休或调任白厅[①]其他部门时，相关资料不会遗失。简而言之，这些内部历史资料诞生的背后，有着错综复杂的"政治原因"。但是，从没有人正确认识或客观评价过这些历史。在这里，我们可以套用近年来评价情报历史的一句话："一个手握重权的体系，却只干着一部大型记录仪的活儿，即以自己的想象塑造着过去。"

　　《秘史》认为，英国官方为情报工作设计了各式各样的"事后"评估，这种严格的审查程序，为第一次世界大战至冷战早期的英国"情报文

---

　　① 白厅（Whitehall）是英国伦敦威斯敏斯特市内的一条大道，它自特拉法尔加广场（Trafalgar Square）向南延伸至国会广场。白厅是英国政府中枢所在地，包括英国国防部、皇家骑兵卫队阅兵场和英国内阁办公室在内的诸多部门均坐落于此。因此"白厅"一词亦为英国中央政府的代名词。

化"提供了许多宝贵的一手材料。这些内部研究，也为了解英国政府机构的运作提供了全新视角。因此，无论涉及国家内部还是外部安全，这些资料都能够极大地帮助我们洞悉行政文化的演变历程。

这些经过仔细打磨的历史，往往会把情报机构塑造成一个无所不能、坚韧不拔而又自私自利、不可一世，且最终足以影响军方和国家决策者的角色。他们反复强调，无论是忽略这个专为提供情报而设立的国家机构，还是忽略其提供的信息，都会贻害无穷。这一叙事方式既是对过往的记录，也是对未来的展望。

然而，随着时间的推移，对情报工作历史的研究也发生了巨大改变。第二次世界大战进入尾声时，内部研究已经从塑造情报工作在军事或政治大背景下所扮演的角色，转变为由进行调查工作的情报机构成员撰写英国整个情报系统的发展历史。第一次世界大战之初，军队和政治家作为情报的消费者，是这些内部材料的主要受众。第二次世界大战中期，受众逐渐扩大到情报人员。1943年后，这些研究不仅仅是为了强调情报在政治和军事行动中的重要性，同时还要对情报领域进行划分。

凡事都探问其动机是不可取的，因为历史反映多少现实，文字就能构建多少现实。《秘史》小心地揭示了英国情报机构在这一历史进程中所扮演的角色和所处的立场。今天的人们总是更关注那些魅力四射、完全没有军人身份的现代特工，而忽略他们先辈的存在。因此，本书会极力避免落入替胜利者书写成功故事的俗套。

军事情报历史学家将这种困扰自己的问题称作"忽视综合征"。然而他们越是想尝试"过滤"掉安全情报、反间谍、欺诈和特别行动，这一问题就越发严重。

但这些定义是有意识地被构建出来的，《秘史》中也将展示这一点——它们是为了给特定情报机构和情报类型设立或高或低的地位。好的军事情报历史之所以相对匮乏是有原因的。在第二次世界大战期间，类似白厅联合情报委员会（Joint Intelligence Committee）①或者白金汉郡的布莱切利园（Bletchley Park）②这样的机构都曾服务于军队。1943年之后，由于英国政府期望把战略和政治情报作为情报机构优先完成的任务，因此这些事实皆被巧妙掩盖了。

正因如此，情报历史学家往往担心在研究中忽略了自己的主题，即经常沉溺于一种过度的"发现欲"之中。同时，对现有文献也如法炮制，"讨论被漏掉了什么"。然而，从某种意义上来说，情报历史从没有被史学界所忽视。如约翰·勒卡雷（John le Carré）在1977年出版的《荣誉学生》（*The Honourable Schoolboy*）中，就曾虚构过一个叫"硬汉"的特工。文章一开头，这位特工就承认对情报机器产生真正影响的是"历史案例"，而非特工个人的知识或行为。

约翰·勒卡雷曾是一名情报官，在20世纪50年代末至60年代初先后服务于军情五处（MI5）和军情六处（MI6）。众所周知，第二次世界大战中执行任务的情报官和只阅读行动报告的情报官之间是有明显区别的，而他非常执着于去执行任务。

勒卡雷的小说，是基于他从个人角度对英国情报世界的观察，但该小说也影响了之后的历史学者。小说家的这些体悟，在情报研究学术化的形成年代引发了积极响应。1983年，迈克尔·汉德尔（Michael

---

① 它是英国政府于1936年7月7日成立并延续至今的一个跨部门的情报审议机构，从属于帝国防务委员会。该机构负责对情报进行分析和协调，并对MI6、MI5、政府通信总部和国防情报局进行监管。

② 一座位于英国白金汉郡的乡村庄园，第二次世界大战间曾作为盟军的密码破译中心。

Handel）①观察认为，"大多数新知识都不可避免地建立在对过往历史案例的研究上"，而历史案例恰恰一直都是现代情报研究的中心。

尽管如此，"历史案例模式"通常都是为了"改进"情报工作而存在，即历史必须得实现"增值"。用戴维·奥曼德（David Omand）②这位情报官员出身的学者的话来说最合适不过了："在20世纪早期，专业安全人员最主要的任务就是从历史中吸取教训。"

在情报研究中，对情报史的研究已经逐渐将分析"失败"与从"历史的教训"中学习混杂在一起。迈克尔·古德曼（Michael Goodman）③和罗伯特·多弗（Robert Dover）④在《从隐秘往事中学习》（*Learning from the Secret Past*）一书里反思了这些问题，并提出"前人已经在如何吸取更多的教训方面进行了各种尝试。但大家共同的问题在于，他们忘记教训的速度总是和得到教训的速度一样快"。古德曼和多弗认为，"部分原因在于情报人员面临的时间压力——他们根本没有时间坐下来反思这些教训；还有一部分是选择的原因——该如何选择一个合适的研究对象展开对这些历史案例的研究"。从这个观点出发，情报史就是一部既不能从有效的实践经验中吸取教训，也无法记住这些经验的历史。历史案例研究在指导实践上的失败，已成为一种判断其相对重要性的常规方式。

然而，这种"情报研究"的方式往往会将历史视作某种有利于现有英国情报部门的辅助活动，而不是本来应由历史学家做的工作。最近，彼得·杰克逊（Peter Jackson）正确地指出，强调历史调查的"附加值"是

---

① 美国战略理论、战略性质、战争开展和未来战争的军事专家，曾任美国陆军战争学院国家安全事务教授、美国海军战争学院海军战略教授。

② 英国历史上第一个安全和情报协调员，曾为英国稳定南斯拉夫和平局势以及冷战结束后英国核威慑政策的重新制定做过卓越贡献。

③ 伦敦大学国王学院情报研究学高级讲师。

④ 拉夫堡大学国际关系讲师。

一个危险暗示，即意味着情报界是在政治之外独立出现和发展的，而不是去研究历史上的情报文化是如何在特定的政治体系中产生和发展的。

本书用了一个假设的开头：历史学家的任务在于，分析英国情报机构是如何从英国的社会文化环境中产生的，并解释为何这一研究比研究同时代间谍的工作成效或其他方面更为重要。

英国的精英们，见证了秘密情报工作一步步上升为英国政府核心工作的过程，并在对这一过程进行了反思后，进一步巩固了情报工作在国家职能中的核心地位。因此，研究情报史是如何产生的，已成为一个更广泛的历史课题的一部分，即理解20世纪中期英国精英的精神面貌。

在一定程度上，这套情报部门自行编纂的历史，本身就是一个独特的领域。这一历史不是20世纪70年代和80年代的那种"官方历史"。这套历史早在20世纪50年代初就有了关键结论，并得到广泛接受。作者在书写历史时，通过描述情报和相关行业的界限，设定了情报工作的范围。特别值得注意的是，相关行业大部分来自政治和军事领域。历史记录嵌入了关于什么可以被称为情报机构或谁可以被定义为情报官员的价值判断，他们有资格决定有效和无效的技术和组织。因此，历史以一种强大的"文化资本"形式出现。

《秘史》把情报历史视为一种文化资本，有意识地参考了英国和国际历史这一更广泛领域中的主要研究成果，将其作为自身的基础。

在《掌控历史》（*In Command of History*）中，作者戴维·雷诺兹（David Reynolds）[1]因为对丘吉尔这位政治家兼历史学家的研究而获得了沃尔夫森奖（Wolfson Prize）[2]。是的，他为有志于撰写历史的人树立了一

---

[1]　英国历史学家，不列颠学会会员，剑桥大学国际历史荣誉教授。

[2]　沃尔夫森奖即沃尔夫森历史奖，该奖项由沃尔夫森基金会于1972年设立，旨在提倡和鼓励普通民众阅读历史著作。

个榜样。雷诺兹认为，一本研究历史的书应当严肃。他还指出，由历史学家来谈论历史，可能只是一种徒劳的努力。一本关于20世纪史的历史书，必须告诉人们两次世界大战是如何改变世界的。除此以外，还要讲述冷战的问题，这也几乎是20世纪下半叶所有重要历史作品绕不开的基本背景。

一部有价值的历史著作，读者必须能对作者的想法"惊鸿一瞥"，即不仅能了解他们说了什么，还能明白作者是如何理解过去、解释现在，以及预测未来的。1953年，詹姆斯·邦德系列电影首次登上荧幕，同时流行起来的还有那句名言"往事仿佛发生在异乡，一切都是如此不同"（the past is a foreign country：they do things differently there）①。这些现象深刻揭示了一点：我们其实并不了解那些自认为尽在掌握之中的冷门领域。人们的想法和所说的话，很多并不是他当初的本意。密切关注这种现实，会对过去的文化有更复杂的描述。

以历史写作和讨论为代表的详细调查，必然和公众的假想有明显界线。这条界线又催生出五花八门的文学作品和消费群体。在这条界线上还有更多无形的文化元素，它们"像一团影子般存在"。

这条分界线的定位对了解情报的历史尤为关键。一般来说，当秘密信息经过大众媒体和其他形式的大众文化传播进入公共话语时，这条界线就出现了。在英国，人们过度关注那些商业化的历史"纪实小说"：小说为了博取大众眼球，宣称作者"曾从事情报工作"，或者通过虚构情节在同一个作者的纪实作品中生搬硬造。

尽管如此，英国20世纪情报文化的学术边界依然特别宽广。机密信息和公众认知虽然是分隔开的，但又相互渗透。情报工作者为了执行任务，需要保守秘密；但他同时又需要通过分享信息，以定义、完善和提高自己

---

① 英国作家莱斯利·波勒斯·哈特利（Leslie Poles Hartley）小说《送信人》（The Go-Between）开头的句子。

的专业。这时，情报工作成了一种选择：需要分享什么信息、和谁分享，以及何时分享。

　　向公众解封机密历史材料，掀起了现代英国情报研究的第二波浪潮。在20世纪90年代，约翰·梅杰（John Major）①领导的保守党曾承诺将在未来打造一个"开放的政府"，其中就包括对情报部门在20世纪英国治国方略中发挥的作用给予了官方承认。那些由国家档案馆或商业出版社出版后名声大噪的历史，如威廉·史蒂芬森（William Stephenson）②的英国安全协调处（British Security Coordination）的历史、英国在美国情报活动的战时信息交换所史、杰克·柯里（Jack Curry）的军情五处史、威廉·麦肯齐（William Mackenzie）的特别行动处秘史、罗宾·史蒂芬（Robin Stephen）③对他掌管的020营（Camp 020）④的记录、戴维·加尼特（David Garnett）⑤的布鲁姆斯伯里团体（Bloomsbury Group）⑥——对政治战执行处⑦的变相研究，以及弗兰克·伯奇（Frank Birch）⑧在布莱切

---

　　①　1990—1997年间担任英国首相兼保守党领袖。

　　②　威廉·塞缪尔·史蒂芬森（1897—1989），爵士，加拿大士兵，第一次世界大战王牌飞行员，间谍以及第二次世界大战期间整个西半球的英国安全协调（BSC）高级代表，他的情报代号"无畏"（Intrepid）广为人知。

　　③　生于1900年，卒年不详。由于史蒂芬出生在埃及，所以他精通英语、乌尔都语、阿拉伯语、索马里语、法语、意大利语等七国语言。1939年起他加入军情五处，代号"锡眼"（Tin eye）。

　　④　20世纪40年代中期，由于间谍、破坏分子和第五纵队活动频繁，罗宾·史蒂芬说服军情五处建立起专门的审讯中心，即后来的020营。

　　⑤　加尼特（1892—1981），英国作家和出版人，外号"兔兔"，布鲁姆斯伯里集团成员。

　　⑥　指的是20世纪上半叶一群英国作家、知识分子、哲学家、艺术家的联合团体，其成员包括弗吉尼亚·伍尔夫、约翰·凯恩斯等。

　　⑦　英国于1941年8月设立的秘密机构，其主要作用在于通过白色和黑色宣传来打击轴心国的士气，并鼓励那些被占领国家和轴心阵营仆从国的民众进行抵抗。

　　⑧　伯奇（1889—1956），英国密码破译专家。

利园大量未完成的工作。

不过，这些出版物迅速就沦为理查德·奥尔德里奇（Richard Aldrich）嘲弄的对象，说它们的作者是"吃什么就拉什么的历史学家"。如果情报史学家心存感激地利用国家处理过的那些简化信息，他们就应该说明"没有任何外部信息可以证明，本文所表达的内容一定是对现实的模拟"。

几十年后，或许是时候再多谈一点关于辨别的问题了。我在研究中发现，那些受到关注（或者出于有趣的原因没能引起关注）的历史写作或多或少都从官方档案中获取了资料：这些资料或被独立引用，或像通常那样被嵌入文中。这一写作方法的核心，在于解读资料库从而建立自己对相关历史的描述。这就需要抛开情报史学家传统的探索方式。这一方式包括假定"这个是已知的"，提出"有没有新发现"的问题，然后希望能找出新的原始资料来支撑对情报工作"真实"历史的描述。

然而，这种在"探索欲"驱使下的仔细解读将一代情报史学家的杰出成就作为某种对现实的检验。情报史虽能告诉我们一些关于情报行动的知识，但归根结底这些历史是制造和使用它们的那种文明中最重要的艺术品。

情报史是20世纪中叶的英国所贡献的文化产品。自其诞生之日起，关于这种隐秘历史的相关知识就在不断地传播，从简单传播，到传播摘要，再到传播相关历史存在的知识。对此，第二次世界大战中期，陆军军官詹姆斯·汉伯里-威廉斯（James Hanbury-Williams）和文职人员爱德华·普雷菲尔（Edward Playfair）①创造了"吸引有限的外部公众"这句话来描述这一现象。

情报历史的记录方式相当多样，因此人们认为它是以叙事或分析手段

①　英国财政部高级官员。

来解读过去。这样的历史可以是独立报告，甚至包括各种书籍。然而，将历史资料嵌入其他文档里，作为序言、正文或者插图也是常见的方式。以上所有这些方式都在《秘史》里有所体现。从这一意义上来说，历史提供了一种特定的框架结构，让相关人员可以提出问题："发生了什么？应当怎么办？"

《秘史》同样认真地对待另一位获得沃尔夫森历史奖的历史学家——唐纳德·卡梅隆·瓦特（Donald Cameron Watt）[①]的劝告，来参与"当代历史的循环"。

瓦特的观点正好是《秘史》所关注的。瓦特从拉格比公学毕业后，先进入情报部队服役，然后又求学于牛津大学奥里尔学院。他在他的学术生涯里对情报历史一直保持着浓厚的兴趣。在瓦特被擢升为伦敦经济学院国际历史系史蒂文森学会主席之前，他还担任过一段时间的官方历史学家。不过，即使在白厅这样的国家机器里工作过，似乎也没有给他留下太难忘的记忆：尽管他是一个异常高产的学者，但从未在政府任职期间编纂过官方历史。

瓦特用"英国官方军事历史学家所谓的'第一叙事'"来描述当代历史第一阶段的开端。"这些叙事很快被政府政策的公开说明和政府机构的分析（包括研究论文）所充斥。其中有些材料可能是直白地致歉、叙述和研究分析……而且这些材料还互相影响。"

瓦特接着对历史研究和普通假设之间的分界线进行了评论，在他愤世嫉俗而又言之凿凿的观点看来，很多初始研究遭到了"公然或私下的剽窃"，但这一举动反而扩大了它们的影响。

当下一代历史学家意识到"围绕他们所研究的这些事件争议不断，

---

① 瓦特（1928—2014），英国历史学家，1990年获得沃尔夫森奖。

造成了无数神话和错误认知"，而且这些东西"本身就是历史进程的一部分"，结果一下子令当代历史研究进入了尾声。对此，瓦特总结道："当代历史事件造成的神话、误读和误解，已被重新纳入政治历史研究过程中。"

对于20世纪中叶的英国当代史来说，《秘史》正是一本写在当代历史尾声以反映当代历史开始阶段的书。本书展示了情报历史学家作为"准确的观察者和事实的记录者"，在英国文化发展进程中的重要地位。

《秘史》对20世纪中叶五大"神话、误读和误解"抱有特别的兴趣。其中一些事件至今还在官方历史、解密历史和通俗历史之间的灰色地带里产生着共鸣。

第一，英国所有的情报工作都是为了赢得战争。当然，英国偶尔也将注意力集中在史料撰写这一个挑战上，但它又尽可能地迅速将其弃置不顾。

第二，军事情报机构的工作必然不如民事情报机构有效。在书中我们可以发现，出于一些特定的原因，军事情报机构不擅长撰写历史，而且他们更容易遭到政治和行政精英们的排斥。不过重要的是，有效性和影响力不能混为一谈。

第三，情报机构非常缺钱。20世纪中叶的历史调查往往都是围绕着金钱展开。但他们在财政方面所得出的结论不一定与他们所搜集的证据一致。

第四，20世纪中叶的英国的情报机构对布尔什维克和苏联问题相当偏执。当然，有个别情报官员痴迷于有关苏联的一切，就像有政客、公务员、军官和记者也被吸引一样，这些人通常是很有利用价值的。但官方机构作为一个整体面对威胁时所表现出的冷漠态度，几乎到了自大的程度。

第五点与第四点密切相关，英国情报机构不懂对敌方情报部门的渗透

工作——勒卡雷口中的"鼹鼠"①，或者说开展相关工作非常滞后。直至
20世纪40年代末至50年代初，人们花费了大量时间和精力研究渗透工作的
历史时，官方才开始进行相应的调查工作。

———————————

①　勒卡雷在小说中，把潜伏在敌方机构里开展情报任务的特工叫作"鼹鼠"。
这个代称后来如此流行，以至于官方情报机构也采用了这个说法。

目 录
CONTENTS

第一章　影子帝国初现：英国情报机构的崛起

1917：秘密从军情一处开始

英国现代情报史发端于1917年，但第一次世界大战至第二次世界大战期间，有关情报机构的记载非常粗糙，并且缺少细节。而且，确实也很少有当权者严肃地询问过陆海空军的情报工作。到第二次世界大战结束，当情报史学家们试着查询第一次世界大战情报史的材料时，发现除了一堆"干骨架"之外一无所获。

第一次世界大战期间的政治家和高级公务员醉心于民事情报机构间的内部斗争：军情一处c科（MI1c）[①]、军情五处、苏格兰场（Scotland Yard）[②]、印度政治情报局（Indian Political Intelligence）[③]以及政府密码学

[①]　军情一处（MI1）为英国军事情报局下属的情报部门，负责情报密码破译，下设七个科，其中c科为特工科，后来发展成军情六处。MI1后与其他情报部门合并为政府通信总部（Government Communications Headquarters）。

[②]　苏格兰场是英国首都伦敦警察厅的代称。

[③]　北伦敦的印度民族主义组织"印度馆"（Indian House）被清算后，英国又于1909年成立印度政治情报局，旨在应对该组织流亡到欧洲各国的无政府主义者、防止革命思想的传播。

校（Government Code and Cypher School, GC&CS）[1]。1919年，时任第一海军大臣的沃尔特·朗（Walter Long）[2]推动情报机构重组并设立情报局长进行统一管理。他以"民事机构完全没有采取行动的授权"为由，取消了对陆、海军情报的详细讨论。

1918年12月大选后，首相劳合·乔治（Lloyd George）[3]的权力实际上被朗这样的保守党大臣所辖制。在他们的敦促之下，英国政府成立了特勤委员会，并进一步委任了八个"历史最短"的情报机构：即特勤局（the Secret Service）[4]、安全局（Contre-espionage）、海军情报局、军事情报局、空军情报局、战争贸易情报部、印度情报局和爱尔兰情报局。这些部门在1919年2月之前早已有了属于自己的历史，只是互相之间的联动相对较少。

鉴于此，军情一处c科的主管曼斯菲尔德·卡明（Mansfield Cumming）[5]提出了重要建议，并据此于1917年11月对特勤局进行了重组，明确了各部门的服务对象。他不是根据自身经验，而是以假设的德国情报机构历史，提出了反对建立单一情报部门的理由：德国的海军、陆军和政治情报部门都各自为政，因此输掉了战争。

---

① 英国为了在和平时期持续为政府和军方提供情报，于1919年成立的专门密码情报机构，并冠以"学校"这个名称进行掩护。1946年，该机构与其他机构合并为政府通信总部。

② 朗（1854—1924），英国著名政治家，在其长达40年的政治生涯中，还曾担任英国农业委员会主席、地方政府委员会主席、殖民地国务秘书等要职。

③ 乔治（1863—1945），曾于1916—1922年间担任英国首相，也是自由民主党最后一任首相。

④ 特勤局即军情六处，除了"军情一处c科"和"特勤局"这两个名称之外，军情六处还有以下一些名称：国外情报局（Foreign Intelligence Service）、秘密情报局（Secret Intelligence Service）、特别情报局（Special Intelligence Service）。

⑤ 卡明（1859—1923），英国海军上校，特勤局第一任局长，该局即军情六处。

这一论断得到了广泛的支持。

军情五处的主管弗农·凯尔（Vernon Kell）①只负责军情五处的团队扩充工作，战争的第一年该处有40名官员，战争的最后一年竟增加到了140名。

海军情报局局长"眨眼"霍尔（"Blinker" Hall）②公开宣称，皇家海军不会承认特勤局是真正的"特工"，因此他们将自行开展海外情报行动。这些任务的负责人一直在西班牙，并没有对自己执行的任务做具体说明。

印度事务部获准管理一个情报机构，在伦敦设有办公室，并在美国和波斯③开展工作。作为对比，印度局海外机构的费用是军情五处总经费的3/4。

爱尔兰事务部承认，自己的警察情报网在对抗轰轰烈烈的爱尔兰民族起义时表现得非常糟糕。

迄今为止，最详细的历史记录是由苏格兰场的主管巴兹尔·汤姆森（Basil Thomson）④提供的。汤姆森是反颠覆工作的奠基人，朗及其保守党盟友希望将他扶植为国内情报方面的领军人物。但汤姆森完全没有兴趣谈论战争，他的任务是镇压起义，而且他获得的经费是军情五处的1.5倍。正如预期的那样，汤姆森从委员会那里成功摘下了内政情报总监的头衔。

英国国内情报历史的大规模缺失，导致20世纪20年代至30年代期间，出现了颇具误导性的情报"战争书籍"的畸形繁荣。这些情报战争书籍描

---

① 凯尔（1873—1942），英国陆军少将，英国安全局（后来军情五处）的建立者及第一任局长。

② 威廉·雷金纳德·霍尔（William Reginald Hall，1870—1943）爵士，海军上将，他自1914—1919年担任海军情报局局长。

③ 1935年前，伊朗的国名是波斯。

④ 汤姆森（1861—1939），英国殖民地长官和典狱长，曾在第一次世界大战时领导英国犯罪调查部。

述的都是个人的传奇故事，缺乏对真相或相关重要事实的基础性分析。巴兹尔·汤姆森这位自夸是时局敏锐观察者的人物早在1918年4月就预见到了这种繁荣——"间谍自白"必然出现，并且不可避免地会不尽人意。正如他对一本此类书籍的评论中所写的那样——"个人的虚荣心"。汤姆森对这一主题非常了解，"让他和间谍小说作者竞争这样的要求，更让他无法说出真相"，这一类书籍"是所有伪装成真相的作品中的最糟糕一种"。

第一次世界大战结束后，关于情报的机密历史被记录下来，但这些干巴巴且含含糊糊的古老资料像一团乱麻，毫无吸引力。而且，情报官员的地位并未得到明显提升。英国官方历史学家詹姆斯·埃德蒙兹爵士（Sir James Edmonds）[1]在战前曾是一名极有影响力的军事情报官。然而，在他主编的由帝国防务委员会（Committee of Imperial Defence）出版的那部号称不朽的《第一次世界大战史》中，也只强调了军事行动的重要性，而忽略了军事情报的作用。

埃德蒙兹担任《泰晤士报》文学副刊匿名评论家时，为超过400本战争书籍撰写过评论，但更多的是表达个人的意见。他的这些评论中，只有四篇涉及军事情报，其中三篇还是大肆抨击德意志第二帝国陆军最高统帅部情报处（OHL IIIB）[2]负责人瓦尔特·尼古拉上校的工作。因此，在一定程度上可以说埃德蒙兹的文章非常具有代表性：情报不过是战争史中的小插曲。

英国陆军部于1921年编纂的英国军事情报史，几乎通篇都是平铺直

---

① 埃德蒙兹（1861—1956），准将，第一次世界大战英国皇家工兵部队军官。1919年他担任帝国防务委员会历史部主任，负责在战后编纂28卷的《第一次世界大战史》，并独立完成了其中近一半内容。

② 全称Oberste Heeresleitung，该处同时又是总参谋部的情报部（Abteilung III B）的一个分支机构。

叙。1917年11月，军事情报局（Directorate of Military Intelligence/DMI）的管理部门军情一处成立了一个小组来编纂该局的历史。但不出三个月，该小组就被调出军情一处，因为他们编纂出来的东西根本不是什么情报史，只能说是军事情报机构对其他国家的了解。1918年9月，威廉·思韦茨爵士（Sir William Thwaites）[①]担任军事情报局最后一任战时主管，委任自己的一位幕僚——波茨少校（Major Potts）负责编写英国战时情报史。但波茨也只是从各部门领导者那里收集了一堆材料，然后罗列成一篇流水账。

类似英国远征军法国总司令部的雷金纳德·德雷克上校（Colonel Reginald Drake）这样的情报负责人提交的报告，就是波茨那部情报史资料的来源。在感觉到那个由代号为"C"的主管曼斯菲尔德·卡明领导下的民事部门（有时候被称作"特勤局"）的无能之后，驻法国和比利时的英国远征军于1914—1915年间成立了自己的情报机构。

图 1.1　威廉·思韦茨爵士。第一次世界大战期间最后一任军事情报局局长，在战后曾担任军事情报局的挂名历史学家。

---

① 思韦茨（1868—1947），陆军上将，第一次世界大战后曾任莱茵河英国陆军指挥官。

　　总司令部情报处的历史反映了驻法国和佛兰德斯①的英国远征军所开展的秘密情报工作。但如果不是亲历者，人们很难读懂这部情报工作史中记录的一切。除了对使用信鸽那无休止的叙述之外，主要的"案例史"都和战争末期远征军总司令部在瑞士和卢森堡设立的情报分支机构有关。阅读完这些材料后，读者会发现，总司令部的秘密情报工作可以归结为一项主要活动：监视火车。据说做这件事的特工一度多达6000人。

　　读者无法从历史中得知，为何军事情报部门总是重复之前做过的工作。他们能得到的唯一解释是——而且永远只有这一个解释，像被施了魔咒——因为工作量增加了。但唯有仔细研读资料后，你才能发现这些工作的整体目标：为了纳入计划于战后编写的《军事情报手册》。所以书写第一次世界大战中的军事情报历史只不过是一场有限的、野心不大的演习而已。

　　1922年4月，军事情报工作再一次与军事行动合并。军事情报局的下属机构在战间期②发布了两个文件：1923年的《军事情报手册》以及1939年的《军事情报手册》修订版。有趣的内容全部都收集在了"秘密增刊"中。《军事情报手册》的秘密增刊开头就对军队在"1914—1919年"那场战争中所学到的东西发表了一份完美的声明——军事情报工作中最有价值的部分来自"研究军队在战场上的信号通信"。第一次世界大战中，约43%的情报工作的胜利，都得益于所谓的"Y"业务③所做的贡献。

---

　　① 佛兰德斯是欧洲的一个历史地名，泛指纵跨法国北部、比利时西部以及荷兰南部的一片低地。在第一次世界大战中，法国和比利时交界的佛兰德斯地区是西线主战场。

　　② 战间期是第一次世界大战结束到第二次世界大战爆发之间的一个时期，始于1918年11月11日，止于1939年9月1日。

　　③ "Y"业务是由一系列信号收集场站所构成的网络，又被称为Y站。其建成于第一次世界大战期间，并在第二次世界大战继续发挥作用。

用《军事情报手册》中的话来说，"特工部门"的意义就是通过间谍方式进行情报搜集，如果能恰当地与军事系统进行配合，那就更好。特工部门"并不是孤立个体"，它"只是其他情报组织的补充，如果不能和其他单位紧密合作，便永远无法取得成功"。《军事情报手册》中演绎了远征军总司令部情报处的历史来讥讽以下的想法，即在地图上画一条线以区分军事情报机构和民事情报机构，军事情报机构的活动范围靠近战场，而民事机构的活动范围离战场则很远。事实上，秘密增刊的大部分内容都直接来自1919年的远征军总司令部情报处的历史。

威廉·思韦茨非常重视从自身经历中总结经验教训，战争一结束，就打算将军事情报局下属负责的特别情报工作分支机构与"C"①合并，进而建立一个新的军事特工机构，即"特别情报局"。他还提了一个小小的附加建议：合并陆军和海军的密码情报工作。

思韦茨的建议非常重要，既抓住了时机，也找准了方向。他对情报工作的整合意识，也解释了他为何在1919年春给予"C"大量支持。但思韦茨手下的历史学家，尤其是在战时还执行过情报任务的，大多不会对"C"有什么好评。真正让思韦茨青史留名的，是他经过深思熟虑后对情报部门做出的整合。这些整合在1920年底基本完成，随后于1921年春正式发布。

当然，"C"在政府机构中有强大的后台支持。外交部常务次官哈丁勋爵（Lord Hardinge）②就多次出面为"C"斡旋，本人也以民事"特工部门"的创始人自居。思韦茨对军事情报机构的整改计划遭到了阻挠。哈丁声称，"从各方面来看，（民事特工部门）为赢得战争做出了相应的贡献"。虽然他没有任何可靠的论据来佐证自己的说法。

---

① 即秘密情报局、军情六处，本书中用代号"C"来指代主管。

② 查尔斯·哈丁（Charles Hardinge，1858—1944），男爵，出生于政治世家，曾于1910—1916年担任印度殖民地总督。

1919年，思韦茨关于建立独立密码情报机构的倡议得到了实施，不过，此举导致军队失去了对密码监听的掌控，最终使军队处于极其不利的地位。

陆军部密码负责人马尔科姆·海（Malcolm Hay）[①]察觉到了思韦茨立场的"叛变"，在1919年夏天愤然离开了军事情报部门。随着他的离去，军用密码的历史材料几乎全部遗失。海曾委托他人编写了五页本部门的历史，但并没有证据表明他将这些史料递交给了上级部门，而且军事情报历史和《军事情报手册》中也没有这些史料的相关记录。这样一来，军情一处下属的密码室——MI1b、MI1e和MI1d[②]注定成为"1900—1945年间档案工作最差的英国情报机构"。

这几个密码室一直由不再适合服现役的陆军下级军官领导，因此招募进来的新兵在军队中地位很低——当然这并不意味着他们没有为国效力。根据机密史料的记载，直到1917年底，他们一直在破译所有"从德国发出的远程无线电报"。几个密码室也发展出了一套复杂巧妙的网络，和总司令部及随后的美国人分享他们的情报。密码室并没有留下什么痕迹，但我们有充分理由相信，他们在那个时代得到了应有的重视。

第二次世界大战中的军事情报"Y"机构，其血统可以追溯到20世纪20年代。1926年，当新的军用侦听破译站启用之时，它给人的感觉是全新的创造，而不是旧的重建。当时陆军部在查塔姆（Chatham）设立了一个中心，而不是像第一次世界大战时那样，将办公室设在伦敦的科克街（Cork Street）。

某种意义上而言，军事情报机构得益于"阿拉伯的劳伦斯"，即T. E.

---

① 马尔科姆·海（1881—1962），陆军少校、历史学家和作家。

② MI1b、MI1e、MI1d分别为军情一处下设的侦听与密码分析（Interception and cryptanalysis）、无线电（Wireless telegraphy）和通信安全（Communications security）三个科室。

劳伦斯（T. E. Lawrence）①的成名，是他一手造就了战后战争类书籍的繁荣。他的作品《智慧七柱》（*Seven Pillars of Wisdom*）于1922年、1926年和1927年多次再版。作为一名情报军官，劳伦斯的直接上级是驻开罗的情报主管戴维·霍格斯（David Hogarth）②。而作为劳伦斯在阿拉伯处的业务指导，如何约束他履行好情报官的职责，令霍格斯大为头疼。"当他在1914年加入时，完全没有想过会去帮助阿拉伯人获得自由。"霍格斯在1927年出版的《沙漠革命》（*Revolt in the Desert*）里写道："当他被派至开罗开展情报工作，并且在那里得知我们建议麦加埃米尔反对圣战时，这一想法方才萌生出来。这个小个子的海军中尉情报官做起了革命之梦。"

劳伦斯及其阿拉伯处的同僚开展的政治情报工作和特别行动成了金字招牌，同时也掩盖了艾伦比将军（General Allenby）③的功绩。正是他娴熟地整合并运用军事情报系统，才帮助英国在巴勒斯坦战场上取得胜利。但此时，仍然很少有作品从本质上对军事情报进行著述。

在英国国内，英国远征军法国总司令部情报处在战后的处境相当被动，该部门前负责人约翰·查特里斯（John Charteris）④更是受到了许多政治家和记者的批评。1917年12月，司令部情报处不得不将久遭舆论诟病的查特里斯解职。但这些对军事情报机构的政治批评其实是醉翁之意不在酒，主要目的是借此抨击在西线领导作战的总司令道格拉斯·黑格

① 托马斯·爱德华·劳伦斯（1888—1935），英国军官、考古学家、作家。他在第一次世界大战期间作为英军代表，领导阿拉伯民族反抗奥斯曼土耳其帝国的统治并取得了最终胜利。他根据自己的这段经历，写出了《智慧七柱》一书，后被改编为电影《阿拉伯的劳伦斯》，并获奥斯卡最佳影片。

② 霍格斯（1862—1927），第二次世界大战时担任英国军事情报局阿拉伯处主管。

③ 埃德蒙德·艾伦·海茵曼·艾伦比（Edmund Henry Hynman Allenby，1861—1936），英国陆军元帅，绰号"流血公牛"。

④ 查特里斯（1877—1946），准将，1915—1918年担任英国远征军总司令部情报部门主管。

（Douglas Haig）①。他们认为，比起帮助黑格进行决策，情报机构的意见似乎被他的决策所左右。

由于"长礼服与黄铜帽"（frocks vs. brass hats）②的内斗传统，已不大可能为我们留下详细的情报工作分析材料。这一分析本可以揭示查特里斯对战俘情报系统的依赖，因为查特里斯对情报得出的结论与军事情报局局长和帝国防务委员会完全相左。确实，各方都对情报进行了复杂的分析，但谁都拿不出足够的证据证明自己的观点。

当温斯顿·丘吉尔（Winston Churchill）③在1926年询问相关工作时，查特里斯情报分析的可靠性依然是个谜。詹姆斯·埃德蒙兹向丘吉尔保证，官方战史学家的档案"百无一用"。或许某一天，德国人能首先提供一些准确的数据，但他们自己的官方记载也仅仅承认"由于核对工作需耗费大量时间，尚无法从统计的角度提供重要（但不对其他方面产生影响）的伤亡数据"。因此，对于军事情报部门的行动，拘押约180名德国间谍嫌疑人成为大家关注的焦点，而没有人去分析在造成近200万名德国军人死亡这一结果中那些情报人员所发挥的作用。

"山的另一边"与"局中局"

在军事情报局里，有一个"局中局"，那就是特别情报分局。1915

---

① 黑格（1861—1928），伯爵，英国陆军元帅，曾任英国远征军法国总司令，其秉承"杀死更多德国人"的消耗战略，导致1916—1917年间大量英军士兵伤亡，而战事毫无进展。

② "长礼服"指代的是内阁的高级政治官员，"黄铜帽"则是高级军官的代称，此处指的是英国军政集团之间一直以来的政治斗争。

③ 丘吉尔（1874—1965），英国著名政治家，作家。他曾于1940年至1945年间及1951—1955年间，两度担任英国首相。

年，英国人为了取代"反间谍"这个词，发明了"特勤"这个术语。"由于前者带来的误解"，这一工作被完全等同于"间谍"和"阴谋"。这次变革则是为了摆脱"抓间谍"这一概念的有意尝试。

"秘密"的民事机构军情五处也被归入特别情报分局，与军情六处、军情七处、军情八处和军情九处并列。在思韦茨编纂的历史中，对军事情报工作的有效性和更广泛影响力提出的唯一主张，出现在关于军情八处的那一章中。

军情八处是特别情报分局负责侦听有线电报的分部。史料显示，军情八处曾在1914年8月展开大规模行动，截获了同盟国周边那些中立国家所有的有线电报。此举获得了大量准确的情报，不仅对海上封锁德国提供了帮助，还使英国政府建立了一个全新的机构来监督和执行这种封锁。在战争期间，军情八处的有线电报窃听工作可以不受任何程序的约束，有关新闻审查的争议则被转移到其他的部门。直到1919年夏天，美国单方面采取行动反对"审查制度"，这场窃听行动才被终结。历史表明，"审查制度"属于用词不当，"审查者"的主要工作就是窃听。

特别情报分局并不是非常机密。第一次世界大战结束后，军事情报工作也告一段落。当时特别情报分局前主管乔治·科克里尔准将（Brigadier George Cockerill）①是保守党议员，在《泰晤士报》上对下属发表了告别演说。科克里尔在战时声称，保持缄默是正确的，但在1919年出现胜利曙光之后，就该进行庆祝。科克里尔告诉观众，早在战前五年，英国就有一个特别机构追踪和揭露了德国情报机构的许多行动。

他这些言论毫不掩饰地证明了特工处②的存在，而这一机构也确实是

_____

① 科克里尔（1867—1957），英国军官，保守党成员。

② 特工处（Secret Service Bureau）成立于1909年，负责英国国内和海外的情报工作，是军情五处和六处的共同前身。其海外情报部门在第一次世界大战期间逐渐演变为军情六处，其国内情报部门则成为军情五处。

1909年在军事情报机构的鼓动下成立的。科克里尔了解案例史的重要性。他曾经有效地利用历史证明了"MO5[1]职责"——间谍和反间谍——作为军事情报团队一部分的重要性，从而在1909年推动了特工处的建立。

科克里尔吹嘘，特别情报分局的扩张"为海军情报局、军事情报局和战争贸易情报部（WTID）提供了价值连城的信息"。可以看出，他措辞谨慎且准确。狭义地看，特别情报分局从未搜集过军事情报，但它依然成了军事情报机构主要的合作者。在战争快结束时，军事情报局的员工达到6000人，其中5000人是"检查员"。科克里尔作为一个职业军事情报官，证明了英国军队很善于使用"全民皆兵"这种动员方式，使包括平民、志愿者和应征者在内的人力资源发挥了应有的作用。

在随后的几年里，军队被视为情报的消费者而非搜集者。因此，它不是任何意义上的"情报机构"。不过，如果从搜集情报并且将其传递到别处进行分析和使用的角度来看，担任邮政检查工作的军情八处和军情九处无疑已成为"情报机构"的重要组成部分，并且工作完成得相当不错。正如科克里尔观察到的那样，"别处"指的是战争贸易情报部、完全从属于外交部的封锁部（Ministry of Blockade）[2]，后者这个1916年3月成立的民用情报分析中心，一直为外交部的利益服务。

封锁部在1920年编纂了自己的官方历史，确认到1916年秋，由军情八处、军情九处和战争贸易情报部提供的情报，切断了"敌人的金融交流渠道，并且分散和阻碍了敌人在战时的金融体系"。近期一项对封

---

① MO5即军事行动（military operation）五处，为军情五处的前身。

② 封锁部是第一次世界大战期间英国临时成立的部门之一。由于英国从未正式宣布过实施全面封锁，这一称呼并不准确。这一部门在1916年3月成立，目的是应对战争带来的巨大消耗，通过外交部协调与中立国的关系，以切断德国从中立国港口获得补给的能力。

锁的研究结论称"封锁部的情报工作是当时最复杂、最广泛的情报分析活动，并且在技术、情报搜集、情报分析和数据处理方面取得了出色的成绩"。

尽管科克里尔为了"MO5的工作"，决定将特别情报分局提升到了合乎逻辑的一个新阶段，塑造了军事情报局的官方历史，同时他还说服了自己的主管威廉·思韦茨支持"特别情报局"，但他最终还是无法扭转一个安全机构最主要工作的传统——抓间谍。

在科克里尔努力宣传特别情报分局的同时，军情五处的领导人弗农·凯尔正决定将各个派系的政治家们都纳入合作范围，并向他们详细介绍战时那些"非特别机密"的信息。此时的军情五处只是一个很小的"民事"安全机构，其运营经费都得由科克里尔拨付。

凯尔这样说，是在陈述一个显而易见的事实。1914年8月5日，时任内政大臣的雷金纳德·麦克纳（Reginald McKenna）告诉国会众议院"在刚过去的24小时内……至少有21名间谍或者间谍嫌疑人被逮捕……其中一些人的身份，当局早就知晓"。麦克纳称这样的逮捕完全是警方所为，而他陈述的第二部分也让议员们确信政府拥有一个专门的反间谍组织。

麦克纳揭露的这一秘密，确实是议员们喜闻乐见的。凯尔的竞争对手巴兹尔·汤姆森向媒体承认"陆军部负责反间谍工作的特别部门对德国人在战前的动向一清二楚，双方冲突刚爆发便有9—10名被锁定的间谍被捕入狱"。

长期以来，凯尔都保持着一个习惯，即邀请包括首相在内的高级政治家由专人引导进行参观，借此为自己的组织及其相关活动累积文化资本。而且至少从1915年起，他就开始组织这类有导游陪同的旅行团。他还热衷于出版强调军情五处重要性的历史书籍——这些历史将由威廉·马克斯维尔爵士（Sir William Maxwell）撰写。此人是一名被借调到军情五处担任科室主管的军事情报官，以马克斯维尔这个名字在杂志和报纸上发表文章。

但外交部以"C"的名义否决了这一出版要求。不过这样的挫折并未让凯尔停下脚步，他托人编纂了长篇累牍的、有关军情五处的内部历史，还与记者合作，要"把故事捅出去"。1920年2月，在凯尔的协助下，记者西德尼·菲尔斯蒂德（Sidney Felstead）在右翼报纸《晨报》（*Morning Post*）上发表了一系列文章，宣传军情五处在战争期间成功围剿德国间谍的功绩。这些文章在3月结集出版，取名为《困境中的德国间谍》（*The German Spies at Bay*）。此后，菲尔斯蒂德在整个20世纪20年代都笔耕不辍，于1930年结集出版了第二卷作品《施泰因豪尔》（*Steinhauer*）。施泰因豪尔是一名德国警官，他曾是战前德国间谍网络之一的负责人。

尽管军情五处的历史学家对军情五处行动的总体概述有相当程度的一致，但凯尔在1919—1920年展开的自我宣传至今仍有争议。后面几十年关于这个话题最激烈的争论，是军情五处曾雇佣学术历史学家来支持他们的"出身神话"。人们怀疑凯尔在允许历史学家查看档案之前，故意篡改了军情五处的内部文件，以确保其中的内容和1914年麦克肯纳宣扬的一致。激烈的批评者称"1914年的间谍神话完全是弗农·凯尔一手伪造的"。措辞柔和些的批评者则称军情五处——后来的特别情报处所宣称的德国特工数量是他们早先就商量好的，记录里根本就没有这么多数字，也没有对应的人名。但无论哪种批评都没有将"抓间谍"视为一项高强度的业务。即使这20余名嫌疑人有罪，也都是些小角色，没有成功取得任何有价值的陆军或海军情报。

人们普遍认为，凯尔的主要影响在于，就建立战时国家的法律框架向政治家提出了建议。当时作为军情五处业务之一的预防部门比后来的所谓

"侦查部门，魅力男孩"[①]重要得多，地位却低很多。军情五处1918年6月的一份简报指出：预防部门处理大量的潜在嫌疑人，而侦查部门则处理个案的实际嫌疑人。这份简报的作者继续评论说："从1916年2月至今，实际侦查工作中那些重要案例的相关历史材料还未被搜集整理。"而另一方面，预防部门的活动都已经被"充分记录"。

具有安全意识的第一次世界大战政治家们，早已经习惯了多年来媒体散布"敌人潜伏"这样的间谍恐慌。因此除非在制定法律和港口管控制度时遇到技术性问题，否则他们不会寻求军情五处的协助。根据军情五处的历史，该组织的最大成就，是帮助国家建立起行政安全体系，对成千上万入境的外国人进行管控。根据军情五处自身对在英国抓获间谍的统计——不是针对1914年那次饱受争议的间谍围捕行动，而是指整个战争期间，总共有23名间谍被定罪，157名嫌疑人被扣留。这些案例史塑造了情报史的最终面貌，军情五处最早在1917年，即预计战争即将结束时就开始由历史部"负责编写战前和战争期间的秘密情报工作历史"。

1919年5月，在马克斯维尔撰写历史的方案被驳回后，凯尔任命斯温芬·杰维斯（Swynfen Jervis）开始负责编写史料。但这项工作在1921年4月停滞不前，杰维斯称自己没有时间做这项工作，而他完成的部分中，也没有搜集侦查案例的相关材料，大部分工作集中在战前和1914年的案例整理上。自劳合·乔治当选首相到1916年末，这期间的资料更是鲜有涉及。预防和行政部门的信息倒是得到了完善的记录，而侦查部门的历史则七零八落。军情五处第二次世界大战后的情报历史学家杰克·柯里曾读过第一

---

① 魅力男孩（Glamour Boys）是一个带有侮辱性和恶意的称呼。这个词由前军情五处调查科科长鲍尔在20世纪30年代创造，用来攻击当时与保守党党魁张伯伦对立的安东尼·艾登的追随者。当时，"魅力"一词与虚荣和娘娘腔的人联系在一起，这些属性是任何受尊敬的人都不会拥有的。作者在此处用这个词很有讽刺意味。

次世界大战后的历史材料，称之为"一盘散沙"。

军情五处的情报史和其他第一次世界大战的情报史面临着同样一种困扰：即缺乏对刚刚进行过的这场战争的分析。没有证据表明军情五处对"德国秘密情报机构的工作内容"有充分了解，不幸的是编纂详细历史的既定目的，就是将其作为培训材料的一部分。"人们通过这些材料可以学到德国情报机构获取情报的方法，以及英国反间谍工作是如何进行防御的。"

但事实上并没有什么"德国特工机构"！实际上德意志第二帝国海军新闻处（Nachrichtenabteilung of the Admiralstab der Marine）[①]自1901年起就负责对英国开展情报活动，在1911年启用警察古斯塔夫·施泰因豪尔（Gustav Steinhauer），为在情报工作上已卓有成效的海军武官和过去十年中进行的开源情报工作增加了几份特工报告。

对比利时的占领使德国陆军也登上了情报战的舞台。1914年11月，安特卫普战时情报站（Kriegsnachrichtenstelle Antwerp）[②]建立，同时建立的维瑟尔战时情报站（Kriegsnachrichtenstelle Wesel）于1915年初期被转到帝国海军部接受管辖。英国在战争初期的大部分活动都由维瑟尔情报站负责，该机构一名叫作希尔马·古斯塔夫·约翰内斯·迪克斯（Hilmar Gustav Johannes Dierks）的文职雇员，化名里夏德·桑德森（Richard Sanderson）执行任务，是英国重点关注的对象。1915年6月，荷兰逮捕了迪克斯，当时军情五处认为他是安特卫普站对英间谍工作的领导人，而这

---

① 海军新闻处是1901—1919年间从属于帝国海军部的教育和新闻分析机构，1901年起分为新闻局（Ch）和情报局（N）。情报局负责法国、美国和英国全境的情报事务。英国海军由于实力强大，是德国的头号威胁，因此是N的重点工作对象。

② 战时情报站（简称KNs）是德国陆军情报部在布鲁塞尔、安特卫普和维瑟尔设立的三个情报站点。这些情报站由陆军或海军军官负责管理，从中立国招募特工并派往英国等地搜集情报。三个情报站中，安特卫普最重要。

一错误在后来的历史资料中也没有得到修正。

和英国人一样，德国人对"特工"工作的依赖，主要在于通信监听和密码破译。1915年，德国陆军野战部队首次破译了英国的密码系统。1916年2月，德国陆军和海军在新明斯特（Neumünster）①联合组建了侦听和破译中心（Beobachtungs-und-Entzifferungs-Hauptstelle）。

不过，这两个情报机构执行的"特别行动"都颇为儿戏。如军情五处轻而易举就发现了他们在纽约的行动。1916年6月，黑汤姆岛（Black Tom Island）军火库发生爆炸②，冲击波撼动了整个曼哈顿。美国调查机构虽然认为爆炸是一次蓄意破坏而非安全事故，但一直没有找到确凿证据。可以肯定的是，1915年12月，德国陆军武官弗朗茨·冯·帕彭（Franz von Papen）和海军武官卡尔·博伊–埃德（Karl Boy-Ed）被指从事间谍和破坏活动，双双遭到美国当局的驱逐。随后，冯·帕彭祸不单行，1917年又将自己和博伊–埃德的信件遗失在了巴勒斯坦。英国远征军总部发现这些信件后，将其转交至军情五处。信件内容后来被刊登在《英国评论》（*English Review*）上。这一"大事件"让外界普遍怀疑德国陆军和海军的合作能力。帕彭和博伊–埃德在纽约有各自的情报网络，且存在着竞争关系。他们二人之间的激烈竞争实际上意义不大，德国情报机构早已经提前安插间谍开展破坏活动。

由于预防部门的主要工作就是预防破坏，因此破坏行动对军情五处的历史学家而言是个敏感话题。但这方面的报告材料极少，当时除了一些激进的左翼工会成员之外，没有留下任何关于德国阴谋活动的记载。

---

①　新明斯特，德国北部城市。

②　1916年6月30日，纽约港黑汤姆岛军火库发生爆炸。该事件发生在美国参战之前，被认为是德国特工为切断协约国军火供应而策划的破坏行动，自由女神像也在这次爆炸中受损。黑汤姆岛爆炸是历史上除核爆炸之外，人为策划的最大规模的爆炸事件之一。

1915年英国军工厂曾一度发生破坏恐慌，军情五处由此饱受工作不力的指责。作为应对措施，英国军需部在1916年2月建立了自己的反破坏情报单位，并于1916年6月将其正式命名为国会军事助理部第2科（PMS2）[①]。劳合·乔治1916年从军火部卸任，前往唐宁街出任首相后，将PMS2管理权移交给了巴兹尔·汤姆森。该机构的功绩是发现了左派暗杀劳合·乔治的阴谋行动，策划者于1917年春被判阴谋谋杀罪。军情五处后来接管了PMS2的档案，并将其销毁。

德国军事情报机构负责人瓦尔特·尼古拉上校是军情五处了解"山的另一边"（other Side of the Hill）[②]的主要信息来源。1920年夏天，德国出版了尼古拉上校关于反颠覆的著作《德国特工》（*The German Secret Service*）。在编写历史的同时，一本基于尼古拉的经历而编写的有关德国"警察系统"的手册，也在1921年匆忙出版。在缺乏"准确信息"的情况下，这本书的作者"不得不在某些方面对德国情报机构进行推测性描写"。不管怎样，对尼古拉的研究在发表之日起，即意味着这段历史已告一段落。没有太多证据表明这些著作对军情五处的历史编纂产生过影响。直到1924年，尼古拉对英国开展情报行动的细节内容才被公之于众，但错误的历史此前已经深入人心。

尼古拉本人其实被德国陆军情报界封杀已久，1927年，他被明确要求不得参与任何编纂工作。所以，他像是一名靠出版战争畅销书籍为生的极右翼政治活动家。如同詹姆斯·埃蒙德兹指出的那样，尼古拉只是一块叮当作响

---

① 国会军事助理部第二科（Parliamentary Military Secretary Department, No.2 Section）由军需部劳工情报处发展而来，目的是保护英国制造业，特别是军需品制造免受破坏。

② 《山的另一边》，英国著名军事历史学家、军事理论家巴兹尔·亨利·利德尔·哈特（Basil Henry Liddell Hart，1895—1970）于1965年出版的作品，全名《山的另一边：德国将军的沉浮及他们对第二次世界大战的叙述》。

的破铜烂铁，在20世纪20年代早期的阴谋回音室里发出一点噪音罢了。

总的来说，军情五处其实很明白，自己接触的只是德国情报机构的一部分。抓到的为数不多的几个德国海军情报官，也只是揭示了一些德国的手段。

不过，其他机构在反间谍方面做出了比军情五处更多的贡献。1915年，特别情报分局的邮件审查员接管了当时MO5的大部分案子。被拦截的寄往中立国家的伪装邮件显示，德国已在荷兰和斯堪的纳维亚建立自己的情报网络。1916年，德国察觉到这些网络已经被破坏，同时也意识到安特卫普的海军情报中心已被英国连根拔起，遂逐渐转移至瑞士开展反英行动。这一变化导致1916年起，大部分反间谍活动都由军情一处c科独立承担。而正是军情一处c科和英国海军情报局发现了德国在纽约拥有向安特卫普汇报的"庞大而危险"的海军情报网络。

军情五处的历史因此变得稀里糊涂：唯一准确的数字是联合王国所拘捕的间谍数量。

尽管一路坎坷，军情五处的情报史还是为后人留下了一些宝贵经验，尤其是弗农·凯尔那位兢兢业业的副手埃里克·霍尔特-威尔逊（Eric Holt-Wilson）做出了巨大贡献。军情五处从各个部门留下的历史资料中总结出了两大条重要经验，以保证在血雨腥风中屹立不倒。

第一，必须有且只能有"一个"反间谍组织。在英国，这个组织非军情五处莫属，并且还要为其取一个如"国防安全情报局"这类恰当的名称。因为军情五处最惧怕的敌人便是军事情报部门。1917年春天，凯尔罹患哮喘，军事情报部门便提出，自己的资源也能胜任预防部门的工作——而侦探部本就没有太多事情可做。军事情报机构不需要民事机构来鸠占鹊巢，可以将其请出门外。"这一举措将反间谍工作全部纳入陆军部管理，永远切断了海军部和其他政府部门之间的联系，是不可挽回的错误"。这段历史这样总结道："毋庸置疑，如果再发生战争，其他机构也会做出类似的选择，因此有必要防患未然。"

第二，虽然听起来令人有点不快，但"C"才是实际侦探工作的执行方。从1916年至第一次世界大战结束，几乎所有的间谍活动都是"根据海外情报机构传回的信息开展侦查工作的，并且该部门的工作逐渐成为军情五处G科（侦查部门）的最重要工作"。

在其他人眼里这是不争的事实。当巴兹尔·汤姆森在1919年初通过竞选成为情报局的主管时，就吹嘘自己在海外有多个情报网络。除此之外，他没有其他有效开展反间谍工作的方式。

汤姆森似乎认为自己能稳坐（内务部）情报局主管这把交椅，遂立即开始拓展海外的情报工作。但这一举措导致了他的迅速下台。从1921年春开始，高级公务员们就开始策划对汤姆森的钳制。1921年10月，汤姆森遭到越权指控，被迫辞去政府职位。凯尔的作风更为老练，不会直接挑战"C"的权威。他虽然也在海外布局情报业务，但并不高调提出任何主张。事实证明他的谨慎是高明的生存策略，但大家也心知肚明，生存即等于无权。军情五处一直处于进退维谷的困境，直到第二次世界大战后被正式授权开展海外情报工作才得以打破这一局面。

地中海俱乐部

20世纪20年代，关于海外反间谍的议论声甚沸。1916年3月，特别情报分局以埃及基地为试点，成立了东地中海特别情报处（EMSIB），继而开始推行全球化运作。EMSIB吸引了一批特别健谈的情报官，他们出版并互相阅读对方的作品。值得注意的是，1933年，军情五处和"C"联合起诉了EMSIB雅典站的战时主管康普顿·麦肯齐（Compton Mackenzie），略微对该组织施加了仅有的一次压力。

麦肯齐有个特别的软肋，即他一直用EMSIB给"C"做掩护。"他最具破坏性的轻率行为"是向外界泄露秘密情报局的官方代号。在秘密情报局看来，是他招来了"外国对英国的情报系统的关注，而现有的系统毕竟是那个老系统的嫡系后代，并继承了很多原有的特征"。1929年，麦肯齐开始将自己的经历出版成书，但EMSIB的"地中海俱乐部"早在1920年就开始出版他们的故事。他们并不讳言有多少情报机构在地中海活动，包括"那个神秘组织在当地的代表，他们以陆军部分配的一组字母为代号，并由一名海军军官指挥"。

图 1.2 我们的人在雅典：康普顿·麦肯齐。这张照片摄于 1916 年的希腊首都雅典，当时麦肯齐担任 EMSIB 雅典站负责人。他将自己在 1916 年的经历出版成书，并因此触犯了《官方机密法》相关规定，于 1933 年被判有罪。

"地中海俱乐部"具有极强的政治动机，经常公开控诉英国外交部及当地合作者的种种罪行。英国人对小独裁者的喜好是"战争史对**盟友**最无信义的一章，也是国际法中最令人不快和最令人尴尬的范例"。

很多EMSIB成员都曾担任过海军军官，如康普顿·麦肯齐就曾经在皇家海军陆战队服役。和其他军种比起来，皇家海军对情报业务最为狂热，但他们的这种狂热又自相矛盾：海军情报局所关注的，最后往往都不是皇家海军希望他们关注的。

海军情报局负责人"眨眼"霍尔梦想拥有世界情报帝国。因此他从1893年起开始依次将世界划分为一个个区域，整个系统在1908年已然成型。海军情报官们被分头派往各个区域，在所到之处都建立了海军情报中心。他们还建立起所谓的"报告员"网络体系。情报局的"特工"们有一句行话用来形容这些人员——"无培训，无报酬"。"眨眼"霍尔在1919年2月告诉特勤委员会，有些积极分子已逐渐成为真正的海军"特工人员"。海军情报局的使命一直就是"收集、整理、传播"。

不过总的来说，这些"报告员"是友好的领事官员和与英国结盟的那些私人或公共组织里的工作人员。战时无线电通信的发展和高速舰船，使这一情报系统在1922年比1914年更有意义。"整个世界"已实实在在地被"情报区"划分开来。

可悲的是海军情报机构生不逢时，当时的政治格局并不需要一个开支巨大的全球性情报系统。因此，右翼媒体巨头和政客联盟反其道而行之，发起了一场反对"浪费"的运动。1921年8月，劳合·乔治任命了由削减预算的狂热者组成的格迪斯委员会（Geddes Committee）[①]。与格迪斯委员会相比，实业家艾尔弗雷德·蒙德爵士（Sir Alfred Mond）[②]领导的蒙德委员会（Mond Committee）对帝国情报部门的削减程度相对较小。蒙德委员

---

① 埃里克·坎贝尔·格迪斯（Eric Campbell Geddes，1875—1937），爵士，英国商人，保守党政治家，第一次世界大战时曾以少将军衔主管西线军事运输。

② 艾尔弗雷德·莫里茨·蒙德（Alfred Moritz Mond，1868—1930），英国实业家、金融家和政治家。

会的宗旨是削减军队里的"幕后操作"，并筛除不合理的部分。

为了应付蒙德的挑战，海军情报局为自己炮制出两份简要的历史材料。经过深思熟虑后，他们决定不向外界公布海军情报局的内部历史，即描述海军内部如何开展情报战的内容，而以在"海军部之外"开展全球情报行动的第二份历史材料代之，旨在证明"帝国海军的规模越小，其情报组织的效率就越高这一毫无争议的真理"。最后双方打了个平手：蒙德认为合并情报部门没有太大意义，但也对全球海军情报系统的雄心壮志表示怀疑。

不管怎样，在其他人的努力下，海军情报局主管已被挤出赛道。和帝国防务委员会的军事历史学家詹姆斯·埃德蒙兹相反，该委员会的海军历史学家朱利安·科比特爵士（Sir Julian Corbett）工作起来相当麻利。科比特和情报历史学家们不同，是一个职业作家，担任整个第一次世界大战的历史学家和宣传员。1920年4月，他代表官方出版了《海军战史》第一卷，书中涵盖了战争爆发和1914年发生的战役等内容。到1923年去世时，科比特又完成了另外两卷的写作。

科比特认为自己是一个海军战略历史学家，但他的海军读者们都按捺不住要对战术进行批判。除了引发争议，科比特的工作一无所获。20世纪20年代人们对海军历史展开的辩论，是在关键战役中如何操控舰队的一系列争议。由于每一种意见都把情报视为一张好牌，因此这一工作迅速被推到聚光灯下。尤其对于温斯顿·丘吉尔、费希尔勋爵（Lord Fisher）①、杰利科勋爵（Lord Jellicoe）②和贝蒂勋爵（Lord Beatty）③来

①　约翰·阿巴斯诺特·费希尔（John Arbuthnot Fisher，1841—1920），男爵，英国海军元帅，曾两度担任第一海务大臣。

②　约翰·拉什沃斯·杰利科（John Rushworth Jellicoe，1859—1935），伯爵，英国海军元帅，第一次世界大战期间曾担任大舰队司令指挥日德兰海战，并曾短暂地担任过第一海务大臣。

③　戴维·理查德·贝蒂（David Richard Beatty，1871—1936），伯爵，英国海军元帅，在日德兰海战中担任英国第一战列巡洋舰分舰队司令，在战后曾担任第一海务大臣。

说，他们的个人名誉开始变得岌岌可危起来。海军至上主义者已决心公开地彻底讨论这些战役以解决分歧，而在有关1914年德国攻击英国海滨城镇①、1915年1月的多格浅滩海战（Battle of the Dogger Bank）②，以及1916年5月的日德兰海战（Battle of Jutland）③的历史叙述中，情报工作发挥了尤为重要的作用。

那些即将成为海战英雄的人，自然不愿意让保密或者历史评断这些琐碎的事情来碍手碍脚。实际上，当科比特死后，丘吉尔和当时的第一海务大臣（First Sea Lord）贝蒂一致同意将一卷前言塞入了正在校对的作品中，对作者所描述事实的准确性和观点统统予以否定。海战是在"口口相传的谣言"中进行的。

揭露和隐瞒并举才是引导舆论的诀窍。早在第一次世界大战爆发前几年，海军情报部就怀疑侦听无线电通信将会在现代海军行动中发挥某种作用，但他们一直弄不清这个作用到底是什么。因此，虽然海军通信兵人人都掌握了侦听的技术，但破译和解密却一直由极少数情报官来掌握。

时任海军中将的亨利·奥利弗（Admiral Henry Oliver）④于1919年对这一情况做了简短的说明。他写道："我在战争爆发时担任情报局负责人，我意识到我们当时开展工作的手段相当匮乏，无法像后来的40号房那样成

---

① 德国海军在1914年12月16日炮击了斯卡伯勒、哈特尔浦和惠特比等英国港口，造成数百名英国平民伤亡。

② 1915年1月24日，德国海军和英国海军在北海的多格浅滩附近展开战斗，德国战败，并在此后长达一年多时间里受到英国海军的压制。

③ 德国将此战称为斯卡格拉克海峡海战（Seeschlacht am Skagerrak），战斗发生在距日德兰半岛（今天丹麦）西海岸约60英里（96.56千米）处，靠近狭长的斯卡格拉克海峡。它是第一次世界大战期间英国主力舰队和德国主力舰队最大规模的遭遇战，英军的损失超过了德军，但德国公海舰队未能打破英国海军的封锁，继续被封锁在港口内。

④ 亨利·弗朗西斯·奥利弗（Henry Francis Oliver，1865—1965），爵士，英国海军元帅。

功完成这些任务。战前这些任务都是由陆军部下属的一个小部门负责，而非海军部。"

无论是从个人经历还是从后来积累的证据来说，海战史中的许多主角都很了解奥利弗的举措。1919年，大舰队（Grand Fleet）[①]前指挥官杰利科勋爵匆匆忙忙地出版了自己的回忆录。他在书中称，英国在通信情报方面的改善"使得我们能更准确地了解敌方舰队的动向。如此到1914年底之时，我们已不必让舰队长期在海上巡逻以监控敌人的行动"。

40号房：英德密码之战

1914年8月，奥利弗要求海军教育主管兼业余密码学家艾尔弗雷德·尤因（Alfred Ewing）[②]"尝试"破译德国的无线电通信。尤因一开始与陆军情报部门的一小队密码学家合作，结果发现这群密码学家的本事都是法国人教的。不过在1914年10月，俄罗斯帝国海军将从波罗的海的德国军舰上发现的两个密码本交给了英国人。1914年11月起，尤因成了一个海军独立部门的负责人，这个部门人称40号老楼（40 Old Building），也叫作40号房。

这是一个棘手的任务。尤因充分了解自己的处境，并且和第一海务大臣杰基·费希尔（Jackie Fisher）[③]保持着良好的关系。1914年10月，"眨

---

① 1914年英国抽调第一舰队和第二舰队部分力量编成的皇家海军主力舰队，包括25—35艘现代化的无畏舰和超无畏舰，是第一次世界大战期间雄霸海上的军事力量。

② 詹姆斯·艾尔弗雷德·尤因（James Alfred Ewing，1855—1935），英国科学家，磁滞现象的发现者，曾担任爱丁堡大学校长。

③ 即上文提到的费希尔勋爵。

眼"霍尔接替亨利·奥利弗担任海军情报局主管后，邀请尤因加入，但尤因拒绝了。相反，他坚持将密码室作为一个独立部门，并直接向奥利弗这个海军参谋长汇报。

图 1.3 艾尔弗雷德·尤因爵士。这张照片摄于 1915 年，当时他是海军密码室 40 号房负责人。1927 年，他在爱丁堡将向外界披露了自己的工作内容。

这一系列人事任命都是由第一海务大臣温斯顿·丘吉尔签署的。丘吉尔将奥利弗提交的很多情报都保存起来，并在战后解封了其中的大部分内容，总计134件。这些材料都被他用在于1923年出版的自传式战争史《世界危机》（*The World Crisis*）中。

丘吉尔必须捍卫这个既强大但又脆弱的政治立场。1923年，他从自由党转向保守党，这一步棋极大地提升了他的政治地位。原来他只是在劳合·乔治的联合政府里担任些眼观六路耳听八方的次要职位——军需、殖民地、战争、航空，改弦更张后便一跃成为财政大臣（Chancellor of the Exchequer）。丘吉尔有加里波利（Gallipoli）①这个特殊的政治包袱。但当他为自己执掌海军部时的所作所为做更大的辩护时，情报工作就成了他的一张王牌。

在《世界危机》一书中，丘吉尔被塑造成一个洞察力非凡之人，总是因指挥官的愚蠢而感到失望。在该书第一卷中，他对1914年11月德军进攻英国海滨城镇时可能发生的情况，以及1915年多格浅滩战役中双方舰队初次交战的情况，都做了广泛的描述。

1914年11月14日，经过两周的忙碌，40号房破译了德军的密电。他们获悉时任海军少将的希佩尔（Admiral Hipper）②将率领德国战列巡洋舰分舰队从位于威廉斯港（Wilhelmshaven）③的亚德（Jade）海湾基地出发，前往英国斯卡伯勒（Scarborough）和哈特尔浦（Hartlepool）发动攻击。于是英国及时部署了三支分舰队，希望围歼希佩尔，但最终还是失败了。

1915年1月23日，40号房再次破译了类似信息。时任海军中将的贝蒂统率英国战列巡洋舰分舰队再次出击，但同样铩羽而归。由此，海军部的愤怒到了顶点，科比特在1920年写道："在所有的战争中，或许没有任何

---

① 加里波利战役，也称达达尼尔战役（Dardanelles Campaign）。第一次世界大战期间，为尽快逼迫奥斯曼土耳其帝国退出战争，争取希腊、罗马尼亚等中立国加入协约国阵营，时任海务大臣的丘吉尔决定派军强攻达达尼尔海峡，然后占领伊斯坦布尔。由于误判了形势，该战役持续了11个月，造成大量伤亡，也是第一次世界大战史上最著名、规模最大的战役。协约国最终未能获胜，丘吉尔被迫辞去海务大臣职务。加里波利战役被认为是丘吉尔政治生涯中最大的滑铁卢。

② 弗朗茨·里特尔·冯·希佩尔（Franz Ritter von Hipper, 1863—1932），德意志帝国海军上将，他是日德兰海战中第一侦察集群司令，后来成为德国公海舰队最后一任司令。

③ 威廉斯港是位于德国西北部的重要港口。

一次行动能使我们对海上行动的指挥进行更深刻的反思。"

丘吉尔希望告诉外界，他领导的海军部一直很出色，愚蠢的只是舰队罢了。他撰文称："由于我们对德国无线电展开了特别研究"，因此海军部能够预测德国海军的动向。行动失败带来的'唯一安慰'，是'我们基于种种迹象采取的行动最后都得到了证实。我们依赖的信息来源显然是可靠的'。"

行动指挥官当然对海军部这种无所不知的论调感到愤慨。他们不得不为获取情报而斗争。执行任务时，上级明确要求他们不惜一切代价保护情报来源。总体战略指导对他们的要求是将避免大舰队的损失放在第一位，这比击沉德国公海舰队更重要。由于自尊心受挫而导致的巨大创伤感，海军战后建立了一个自由讨论情报的环境，不但士兵热衷于此，在海军食堂和学院里，这股风气更是有过之而无不及。

对1916年5月日德兰海战中那些失误的过度指责，已演变成关乎海军自尊的最激烈的论战。丘吉尔在海战发生前早已下野，不该为这些错误负责，但他一直在背后推波助澜。大舰队再一次被40号房指挥得团团转，最后却落得一个无能的恶名。

在这场有关日德兰海战的争论当中，各方透露出的信息揭示了情报的两个关键点：一是关于公海舰队于何时离开亚德的情报；二是通过情报交流，当舍尔上将（Admiral Scheer）①在战后向母港撤退时，杰利科上将应该能在霍恩礁（Horn Reef）进行拦截。

40号房发现德国公海舰队正准备出海时，便向奥利弗发出警报。杰利科在收到奥利弗的通知后，立即率全军出击。然而，40号房无法准确地得知舍尔上将的行动时间表，只是猜测他尚未离开亚德基地。但早在几个小时前，公海舰队就已经出发，而没有全速航行的杰利科因此贻误战机。

---

① 赖因哈德·舍尔（Reinhard Scheer，1863—1928）。德意志帝国海军上将，在日德兰海战中担任德国公海舰队司令，在第一次世界大战结束前曾担任德国海军参谋长。

因为出乎意料，贝蒂中将所统帅的战列巡洋舰分舰队反而在撞上德国舰队时遭遇了战术上的挫折。双方交火后，舍尔意识到自己是在和整个英国主力舰队作战，除了撤回德国海岸别无他法。英国海军的情报已经完全获悉他的意图，但没能进一步以更精准的形式提供给杰利科以便进行拦截，舍尔因此逃脱。

在20世纪20年代，围绕着这场海战的争论激烈而又胶着，以至于外行人可以原谅英国海军的失望。《每日电讯报》（Daily Telegraph）审阅了科比特生前为官方撰写的，死后又被官方予以否认的日德兰史料，在中途便放弃了，哀号着称"后来发生的事是如此复杂，根本不可能从中了解故事的概况"。

在那个年代，海军部的历史研究状况一塌糊涂，任何事情一旦被第一海务大臣贝蒂勋爵视为对他个人的冒犯，都会随时遭到压制和抨击。我们经常可以看到，贝蒂责怪杰利科，杰利科责怪贝蒂，贝蒂和杰利科又一致责怪奥利弗，奥利弗又反过来责怪杰利科和贝蒂。

曾有人尝试通过研究当时尚从属于海军部的40号房的内部情报材料，来还原日德兰战役的全貌。1920年，40号房两位文职雇员弗兰克·伯奇（Frank Birch）和威廉·克拉克（William Clarke）合写了一份名为"对德国海战史的贡献"的文件。两人也有自己的想法，他们认为尤因是个小丑，而奥利弗是个傲慢的独裁者。他们觉得自己在战时被上级误导了，"我们……并不知道真相"，并决心将真相大白于天下。

此外，伯奇和克拉克不愿让这些内容保持沉寂。伯奇在第二次世界大战后成为布莱切利园的官方历史学家。直至20世纪50年代末，克拉克还在努力挖掘日德兰海战的历史真相。在某种程度上，他们都为自己早期的研究成果而感到沮丧。1920年，英国政府以40号房为核心成立了政府密码学校（Government Code and Cypher School），学校无意介入那些海军大人物在这场海战中的明争暗斗，特别是在各界一致认同密码学家在战争中做出了卓越贡献的情况下。

海军内部对历史达成的一项主要共识，也因其自身原因而相当敏感。海军情报局的军官和40号房的文职密码员都认为艾尔弗雷德·尤因不擅长情报工作。"眨眼"霍尔一直不承认40号房可以不受海军情报局管辖，单独向自己的前任亨利·奥利弗汇报。霍尔将一位能干的海军情报官赫伯特·霍普（Herbert Hope）[1]海军中校临时调派至40号房作为应对，并尽其所能地监视这里开展的活动。霍普后来成为40号房的实际负责人。

霍尔和霍普终于在1917年5月将艾尔弗雷德·尤因排挤出局。此后，40号房由海军情报局一个代号为ID25的普通部门管理。接着，40号房的破译工作于1917年末达到最高峰。但1918年的收获并不多，因为德国人对通过无线电传递重要信息已变得极为谨慎。事实上，通过破译英国人的通信，德国人知道本方的通信已被英国人所破译，而英国人在破译了德国的通信之后，也同样得知德国人已经发现了这一点。

1918年7月，ID25的负责人海军上校"泡泡"詹姆斯（Captain "Bubbles" James）[2]认为自己已有足够多训练有素的"情报官"，不必再将解密文件交给40号房。于是，40号房分出了"一个独立的情报科"，对截获的所有无线电电报进行检测分析，并在局势必要时开展实时汇报。

因此，在第一次世界大战结束时，海军部对这个在战争期间几若无物的情报部门极为满意。直到1918年夏天停战时，"老情报体系"才完全

---

① 赫伯特·威尔斯·韦伯利·霍普（Herbert Willes Webley Hope，1878—1968）。海军上将，1914—1917年是40号房的实际负责人，于1931年退役。在第二次世界大战爆发之后，他又被召回，进入政府密码学校的海军部门工作。

② 威廉·米尔本·詹姆斯（William Milbourne James，1881—1973）。海军上将，参加过两次世界大战。

停止运转。无论是两头各自为政的老体系，还是服从统一领导的海军情报局，都没有真正的历史记载，只有霍普为日德兰海战做了一些笔记。然而，唯有"泡泡"詹姆斯在20世纪30年代担任海军副参谋长时，才对第一次世界大战做了回顾与反思。这时，在曾于1915年5月至1916年12月担任第一海务大臣的阿瑟·鲍尔弗（Arthur Balfour）①的支持下，艾尔弗雷德·尤因气势汹汹地卷土重来。

20世纪20年代，尤因和鲍尔弗在重新关注海军密码学方面都有既得利益，因为它正是在他们的任期内产生影响的。他俩另一桩共同事业，是大力鼓吹英国截获德国敦促墨西哥向美国宣战的"齐默尔曼电报"（Zimmermann Telegram）②之重要性。鲍尔弗从海军部出来任职外交大臣，其最伟大的外交成就是让美国于1917年4月作为英国的盟友加入第一次世界大战。

鲍尔弗和尤因在爱丁堡大学有一个讲坛。尤因是该校的校长，鲍尔弗任名誉校长，因此他们可以在学校里尽情宣扬自己的理念。1925年，鲍尔弗在爱丁堡大学透露，齐默尔曼电报"是由英国海军情报局截获的"。

1927年12月13日，尤因当着爱丁堡哲学学院1500名听众的面，坚称是自己而非情报局引导英国取得了战争的胜利。但在对情报机构展开讨论的过程中，他小心翼翼地驳回了那些想象出来的抱怨。在1923年，温斯

---

① 阿瑟·詹姆斯·鲍尔弗伯爵（Arthur James Balfour，1848—1930），于1902—1905年担任首相，1915年5月至1916年12月担任第一海务大臣，1916—1919年担任外交大臣。

② 1917年1月6日，德国外交大臣阿图尔·齐默尔曼（Arthur Zimmermann）发给德国驻墨西哥大使海因里希·冯·埃卡特（Heinrich von Eckardt in Mexico）的密码电报，授意其引导墨西哥与德国结盟，向美国开战。作为回报，德国允诺战后将美国割占的亚利桑那州、得克萨斯州和新墨西哥州还给墨西哥。英国截获了此条电报后，将其披露给美国，引发了美国国内的愤怒情绪，进一步加快了美国参战的步伐。

顿·丘吉尔已经强调了40号房所开展的海军情报工作事实，而鲍尔弗勋爵又在1925年透露了其战略外交工作。尤因的作用不过是确保功劳归于那些应该得到的人罢了。

这个讲座的大部分内容都是关于英国情报系统的组织结构。40号房曾是一个"大事件"。它是"由我领导的一个隶属于海军部的独立的分支机构"。它曾是"海军部的一个独立部门，委员会赋予我明确的管理权限"。

根据尤因的记录，40号房在1917年5月31日之前达成了最辉煌的成就。当"我将管理权移交给霍尔海军上将的时候"，大部分雇员都是文职："我的同事、教授，还有大学研究员；其他政府部门调来的公务员；一两个出版人；一个牧师、一些律师、一名校长，在战争中因种种原因而伤残的军官；来自其他行业或者干脆没有职业的人。"

尤因称破解了齐默尔曼电报的奈杰尔·德格雷先生（Mr Nigel de Grey）①是"特别厉害"的人，但只字不提德格雷成功时已是身着制服的海军少校。尤因的手下大多是因战争而卷入"秘密工作"的"勇敢的"非专业人士。这些人在战争结束后又被解散，返回了英国这个文明社会的各个领域。

尤因把讲座内容编成了一本小册子，但海军部不同意出版。不过不管怎样，尤因是成功的。《泰晤士报》将尤因的演讲形容为战争中"最重要的"英国情报机构的"第一手翔实资料"。

大家都鼓吹一个庞大的"海军情报系统"。这些夸夸其谈的内部报告再经过前海军情报人员出身的记者们改编，读起来更加扣人心弦。赫克托·拜沃特（Hector Bywater）②就是这些记者中的一员，他后来在美国名

---

① 德格雷（1886—1951），英国解码专家，由于性格羞涩、体格矮小，得到了"睡鼠"的外号。他于1915年加入40号房，并成功破译了齐默尔曼电报。

② 赫克托·查尔斯·拜沃特（Hector Charles Bywater，1884—1940），英国记者，军事作家。第一次世界大战期中，他曾是英国海军的一名间谍。

声大噪，被誉为"珍珠港事件的预言人"。1931年和1932年，拜沃特出版了关于自己在德国开展间谍活动的回忆录，被称赞为"对英国战争期间特工工作最好的严肃研究"。

休·霍伊（Hugh Hoy）[1]在1932年出版了《40号房，我们如何赢得战争：海军特工部门的故事》（*40 O.B. How the War Was Won: The Story of the Secret Service Department of the Admiralty*）。该书上市后，被一些评论家指出，书中内容是海军情报局那些枯燥的事实信息，混合了全知全能的离奇断言。值得注意的是，该书尤其遭到了"暗黑入侵者"（the Dark Invader）冯·林特伦（Frank von Rintelen）上尉[2]的驳斥。这位德国前海军情报官曾于1915年担任博伊-埃德上尉的助手，并在被美国驱逐出境后遭到了英国的逮捕。林特伦否认了书中的内容，并在"山的另一边"发表了自己的作品。霍伊及其出版商后来因诽谤而被告上法庭。他们承认，除了他是德国海军情报官员这一点之外，其他书中关于林特伦的描写"从头到尾都是不真实的"。

对海军情报局来说，战争书籍的出版狂潮虽带来了热度，却没有带来希望。1943年，海军情报局试着了解自己在1917年的情况时，认为根本没有人撰写过合格的历史资料，他们大部分的信息都是来自老海军们的口口相传。海军情报局战时主管约翰·戈弗雷（John Godfrey）[3]撰文称：

---

① 休·克莱兰·霍伊（Hugh Cleland Hoy），第一次世界大战期间曾在海军情报局秘书处工作。巴兹尔·汤姆森为霍伊的书撰写了前言，并将他吹捧为海军情报局局长霍尔的私人秘书。

② 弗朗茨·冯·林特伦（Franz von Rintelen，1878—1949），德国海军情报官，曾于第一次世界大战期间在美国开展情报工作。

③ 约翰·亨利·戈弗雷（John Henry Godfrey，1888—1970），海军上将，航海专家，参加过两次世界大战，1939—1942曾担任英国海军情报局局长。007系列小说的作者伊恩·弗莱明称特工邦德的上级"M"即以戈弗雷为原型。

尽管媒体、政府出版物、各类书籍都在强调优秀的情报工作对国家和海军的重要性，但在1947年之前，除了最基本的情报术语和实践手段之外，没有任何出版物介绍更多的内容。海军情报局主管该扮演何种角色，遇到了哪些问题，这些问题将来该怎样予以解决，都是一片空白。

在以后的日子里，第一次世界大战被重新纳入英国情报系统是如何崛起的故事中。但到了20世纪30年代，情报史似乎已被人淡忘。这并不是因为英国政府起诉康普顿·麦肯齐，或阻止艾尔弗雷德·尤因发表自己的演讲稿，或劝说一些情报官闭上自己的嘴巴，而是人们早已厌倦情报工作。为界定第一次世界大战文学经典而贡献良多的批评家西里尔·福尔斯（Gyril Falls）[1]在1930年抱怨称"关于秘密工作的书籍大多令人失望……一个学生只要勤奋一点，就能在新闻中了解到他需要研究的大部分内容。当他们觉得自己有一些新发现时，几乎都是对前人的亦步亦趋，反复讲述着诸如在战争爆发时抓捕德国间谍这样老掉牙的故事"。对于萨默塞特·毛姆[2]（Somerest Maugham）那本反映在远征军总部和"C"从事情报工作的小说《阿申登》（*Ashenden*）[3]，前陆军情报官奥洛·威廉斯（Orlo Williams）[4]评价说"枯燥无味"。

---

[1] 西里尔·本瑟姆·福尔斯（Cyril Bentham Falls，1888—1971），第一次世界大战期间在英国陆军服役，并获上尉军衔。他也是20世纪英国著名的军事历史学家、记者和学者，以对第一次世界大战的研究著称。

[2] 威廉·萨默塞特·毛姆（William Somerset Maugham，1874—1965），英国小说家和剧作家，是他所生活的年代最受欢迎的作家之一。

[3] 《阿申登：一个英国特工》是毛姆1927年出版的短篇小说集，里面的故事各自独立又互相联系，大多基于作者第一次世界大战期间作为英国间谍在欧洲开展秘密工作的经历。

[4] 奥兰多·西普里安·威廉斯（Orlando Cyprian Williams，1883—1967），下议院委员会秘书、作家。

图 1.4　我们的人在圣彼得堡：萨默塞特·毛姆。该照片摄于 1929 年，前一年他刚出版了作品《阿申登》。这部小说以作家在 1916 年和 1917 年先后为远征军总部和"C"开展的一系列情报活动为背景。

情报系统变得臭名昭著，那些后来进入国家机构和文化领域的情报人员，将其变现为一种文化资本。但这种资本来源也造成了其自身的问题。英国陆军、海军和政府部门有效地动员了情报机构，但评论家和执行人员却认为这是一种相当业余的兼职工作。赫克托·拜沃特在1931年声称海军情报局的海外员工全是平民，"这一点对于情报局来说是毫无疑问的"。和尤因淡化40号房在情报行动中的核心地位一样，他的苏格兰同事、"地中海俱乐部"的发言人哈里·皮里–戈登（Harry Pirie-Gordon）指出，"总而言之，人们可能接受一个令人欣慰但极其有害的观点，觉得在特定领域通过各种先进培训手段千锤百炼出来的那些专业人士，反而不如人文教育培养的人才更能适应战争的困难和挫折"。"情报官"成了一种精心打造的形象，第一次世界大战结束后，大家都不确定"特工"和"情报官"这两个称呼哪一个更为贴切。

第二章 幻想中的"冷战"：英国与苏联的第一次对抗

《月亮与六便士》："首席特工"毛姆

20世纪20年代的情报史乏善可陈。这一说法乍一看或许令人惊讶，但也是在这个时期，人们对情报活动的谈论反而比后来还要多。情报是政治家热衷点评的主题，也是记者们乐于探听的消息。1918—1932年间，一些身份公开的情报官员出版了一系列的情报书籍。虽然这些书多是昙花一现，但其中一部分也激发了年轻一代的各种想象。夸张的异域情调是这些故事的魅力之———特工在异国佳人堆中寻芳猎艳，动荡的革命背景更为其平添几分刺激，而特工的主要任务之一似乎就是拯救自己的情人。

但20世纪20年代缺少了战争的渲染。因为战争是精彩的故事素材，而情报故事只能一再重复老套的模式，控诉国家没有对战争进行正式的、深层的反思。同一个故事往往被同一拨想象力枯竭的人讲过多次。在这个年代接近尾声时，有大量的历史资料可供利用，但没有任何人想到对其展开批判性研究。案例史已沦为一种固定的模式，没有多少分析性的思考。

情报工作在这10年间保持着一个特点，就是情报机构的监管者普遍缺乏反思。这些监管者经常碰面，偶尔也会产生激烈的争论。他们沾沾自喜于脑中有足够多的信息，可以给决策者提供必要帮助。一位世家出身的外交部官员在给寇松勋爵（Lord Curzon）①的简报中称自己提交的任何书面简报都是无足轻重的，因为所有的信息都被他的常务次官哈丁勋爵牢记脑海中。

哈丁召集由霍尔丹勋爵（Lord Haldane）②领衔的小组委员会③，该小组曾于1909年建议成立特工处。多年来，情报总是交由同一拨大臣和官员们处理。一直以来，他们并没有对过去感到厌烦，而是认为自己已对过去了如指掌。因此，他们更乐于关注当代的历史，研究新近案例的细节和意义。

对于20世纪20年代情报工作的历史调查，我们可以从两个相互交织的过程去理解：一是俄国当代革命史的产生；二是就情报工作在英国国内的地位而开展的一系列内部调查。

在第一个过程中，特工们向各自所属的情报机构汇报，其报告被递交至外交部，甚至是战时内阁。这些报告之后还会刊登在报纸和杂志上，或是出版成书。

这一类公开的情报历史有几个明确的特点。他们的调查都聚焦于俄国革命，情报撰写者的职责本应是搜集军事情报，但最后全都变成了搜集政治情报。这些特工大多和民事特工机构——军情一处c科有关。相关报告的作者是一种特殊类型的情报人员。这一类"明星特工"有一定的代表性，但缺乏普遍性。

1918年1月，军情一处c科在美国的"终身特工"威廉·怀斯曼爵士

①　乔治·纳撒尼尔·寇松（George Nathaniel Curzon, 1859—1925），侯爵，英国保守党政治家，曾于1899—1905年担任印度总督，1919—1924年任外交大臣。1923年，寇松竞选首相失败。

②　理查德·伯登·霍尔丹（Richard Burdon Haldane, 1856—1928），子爵，英国著名政治家、律师、哲学家。

③　此即帝国防务委员会下的工作小组。

（Sir William Wiseman）①就自己麾下的"首席特工"在俄国执行任务的情况写了一份简报。这位特工就是后来的小说家和剧作家威廉·萨默塞特·毛姆。简报对毛姆在俄国布尔什维克革命之前开展的工作进行了总结，因此被怀斯曼和外交部视为"当前唯一具有历史价值"的材料。毛姆认为，开展秘密行动的时代已经过去了，唯有武装暴动才能阻止布尔什维克。1928年，毛姆将自己的这段经历写进了小说《阿申登》中。

1918年11月7日，乔克·布鲁斯·洛克哈特（Jock Bruce Lockhart）向战时内阁提交了一份自己在俄国的工作报告。这位声名狼藉的前领事官员在1918年被任命为战时内阁与俄国布尔什维克党人的谈判代表。1918年9月，俄国布尔什维克党人指控洛克哈特是英国间谍并将其监禁。

洛克哈特是情报史中的异类，他不为任何一个情报机构服务，只有俄国布尔什维克指控他是间谍，而且他还为俄国境内的"阴谋活动"提供某种程度的联络协调。利用这种模糊性，洛克哈特在1932年秋出版了《英国特工回忆录》（*Memoirs of a British Agent*），这是他对有关俄国乱局的那段情报史做出的最后一项重要贡献。

洛克哈特的报告提交至内阁几天之后，英国与俄国布尔什维克政府就释放洛克哈特达成协议。作为交换条件之一，乔治·希尔上尉（Captain George Hill）②逃离了俄国。他就基本情报活动提交了一份更加详细的报告，正是这些活动导致洛克哈特身陷卢比扬卡（Lubianka）③。该报告提

---

① 怀斯曼（1885—1962），准男爵，英国海军军官，第一次世界大战期间奉命前往美国纽约，建立英国在美国的情报分支"V"。

② 乔治·亚历山大·希尔（George Alexander Hill，1892—1968），参加过两次世界大战的著名情报官。

③ 卢比扬卡大楼，1918—1991年，该处先后成为苏俄肃反委员会"契卡"和苏联克格勃总部，人们以此地来指代这些令人闻风丧胆的秘密机构，现为俄罗斯联邦安全总局总部。

交时，希尔还同时为三个情报主顾服务：军情一处c科、军事情报局负责俄国事务的分支机构即军情局东欧处（MIR）、北俄罗斯远征军的情报参谋主任。总之，这份报告意味着希尔军事情报生涯的结束和军情一处c科生涯的开始。希尔在返回伦敦后，正式完成了身份的转变。他的报告被分发给了外交部的政治部门。1932年，希尔在洛克哈特发表作品的前几个月，将自己的情报工作经历付梓。

1919年2月，军情一处c科特工阿瑟·兰塞姆（Arthur Ransome）[1]以记者身份重新进入俄国，希望重建与布尔什维克政府之间的关系。他一直和托洛茨基（Trotsky）[2]的秘书保持着肉体关系，因此和布尔什维克党人圈子过往甚密。兰塞姆是希尔在莫斯科的室友，布鲁斯·洛克哈特于1918年11月向战时内阁提交的报告中所含的地图就是他提供的。兰塞姆在俄国一直以记者身份获取情报，并于1919年4月2日向官方提交了正式的情报报告《俄国的状况》（*State of Russia*）。1919年6月他将自己的成果作为"即时历史"予以发表，取名《在俄国的六周》（*Six Weeks in Russia*）。

1919年9月，外交部前雇员保罗·杜克斯（Paul Dukes）[3]逃离俄国。他因外语才能被军情一处c科招募，在希尔等情报官员遭到驱逐后，于1918年作为秘密特工潜入俄国。杜克斯一开始还能够定期向上级汇报，但实际上他已离开俄国，进入芬兰。不久，他遭到俄国的追捕。在回到伦敦后，杜克斯受到了英雄般的慰问和赞誉，并亲自向外交大臣寇松勋爵以及陆军大臣温斯顿·丘吉尔做了汇报。

1919年10月初，外交部下属的政治情报部（Political Intelligence

---

① 兰塞姆（1884—1967），英国著名儿童作家、记者，代表作有《燕子与亚马逊号》等。

② 列昂·托洛茨基（Leon Trotsky，1879—1940），著名的共产主义理论家和革命家，领导了1917年俄国十月革命。

③ 杜克斯（1889—1967），英国作家，军情六处情报官。

Department，PID）[①]向战时内阁提交了一份来自俄国的"报告的综合报告"。这份报告主要将兰塞姆《俄国的状况》及《在俄国的六周》和杜克斯的汇报进行了对比分析。这个对比有失客观，政治情报部的目的是打击兰塞姆的声誉，抬高杜克斯，理由是杜克斯不仅仅是一个"特工"，还是军情一处c科的"秘密特工"，是从俄国内部获取有价值的人力情报的唯一来源。

就在政治情报部将报告送至内阁的两天前，杜克斯在《泰晤士报》上开辟了一个12期的系列专栏，介绍自己在俄国的所见所闻并对政局进行评析。《泰晤士报》抓住了杜克斯报告中最重要的部分，即"关于特别委员会（Extraordinary Commission）的惊人细节"。这些内容非常重要，因为它认为最重要的对抗并不是国家之间，而是来自情报机构之间的冲突——对手是俄国"特别委员会"即秘密警察"契卡"（Cheka）[②]，其官方名称为"全俄打击反革命、投机分子和腐败分子特别委员会"（All-Russian Extraordinary Commission for Combating Counter-Revolution，Profiteering，and Corruption）。

杜克斯在文章中称：自己前往俄国"仅仅只是想看看它是什么样的""（来自）英国政府……的鼓励很少"。但1920年4月他又发表了一份声明，称"直到（1919年）9月，我待在俄国完全是为了替英国开展情报工作"。1920年11月，英王授予杜克斯爵位。1922年，杜克斯辞去军情一处c科的工作，并根据自己的工作经历出版了《红色黄昏与明天》（*Red Dusk and the Morrow*）。

---

① 政治情报部（1918—1920）是外交部在第一次世界大战结束前设立的部门，由哈丁勋爵在1918年3月11日创建，它搜集盟友和敌国的政治、经济和军事状况，并为内阁、外交部和其他部门编写报告。第二次世界大战爆发后又成立了一个类似的部门，也叫政治情报部。

② 契卡，即全俄肃反委员会，1917—1922年。十月革命后，为保卫苏维埃政权，打击反革命分子，契卡成立，它实际上是苏联的情报机构。

图 2.1　保罗·杜克斯，摄于 1920 年。当时他在职，也是"C"公开承认的情报官。杜克斯因为在俄国的出色表现和在媒体上发表的一系列作品而被封爵。

情报机构的发展

1919—1922年间的小道消息和公开报道，真实地反映了英国情报机构的发展情况。特工处在1909年成立时，只是英国情报系统里一个极小的部门，其设立目的和特工等级都有清晰的规定。特工处的领导应当是退役军人，或者专门为这一目的而安排在预备役的军官。在英国，"侦探"即退休警察可以协助前军官开展工作。在海外，退役军官则成为"终身特工"，他们也被叫作"主管""中间人""老大"。"老大"负责管理间谍和线人，不一定都是英国人。特工和间谍的一个标志性特点就是他们采取行动时可以不受法律约束。

但完美的规划因为战争的紧迫性而被抛诸脑后。情报机构依然五花八门，他们的资深成员要么被叫作"长官"，要么希望自己被称作"长官"。本机构成长起来的情报人员经常调动，"老大"和间谍这样的角色依然保留，但原有的汇报层级早已被推翻。

两个新层级在情报系统里产生了，"终身特工"这一职位转回国内，通常由军官担任，并且按其军种进行分类。他们的"首席"特工或"领导"特工，一般情况下都来自英国平民，并需要经过一定的测评考核。这些考核通常要求特工们熟练掌握几门语言，并能完全融入当地的风俗习惯。后者代表了情报工作在实践过程中的真实变化，并成为情报工作自选的代言人。正如乔治·希尔说的，人们需要正确区分间谍、叛徒、特工和爱国者之间的区别。

军情一处c科的中尉欧内斯特·博伊斯（Ernest Boyce）[1]，或者海军情报局的中校弗朗西斯·克罗米（Francis Cromie）[2]这样的"终身特工"，或者说"站长"很少现身。英国政府分发传阅的报告里肯定提到了他们，但也仅将其描述成主要行动里的边缘人物。

从希尔1918年出版的著作里，读者能发现有多个英国情报机构曾经或一直在俄国活动。我们还能发现英国政府招募了一些声名显赫的特工。这些特工并非自由职业者，而是被官方授权的代表。人们从中能发现一个事实，即这些知名的英国高级特工，通过控制手下的军官、终身特工、老大、特工和间谍，组成了一个更为庞大的情报组织网。

---

[1] 博伊斯战前在俄国采矿行业工作，第一次世界大战期间被英国情报机构招募并为军情六处工作。1918年，他被派往俄国，在英国大使馆同洛克哈特手下的一批特工一起工作，后曾担任军情六处赫尔辛基情报站站长。

[2] 弗朗西斯·牛顿·艾伦·克罗米（Francis Newton Allen Cromie，1882—1918），英国皇家海军杰出的指挥官。

在第二个程序中，会有一个小组负责对情报机构完成的工作进行分析，并考虑国家是否需要采取对应措施。这个小组一开始是由各部大臣组成，后来又加入了一些高级公务员。小组会议通常由特勤委员会指导召开。但好几个小组也会在几个不同官员的主持下共同召开会议，就一些事项进行统一讨论。这些小组对第一个程序中那些明星特工的报告了如指掌，对情报行动发展和演变的历程也有充分的了解。

在20世纪20年代的十年间，特勤委员会进行了五次反思。第一届特勤委员会于1919年春召开，并一直持续到1919年5月闭幕。与特勤委员会同时召开的还有一个密码会议，讨论建立一个信号情报机构，即政府密码学校。此处，大臣们还开会讨论了情报工作的预算问题。

1921年3月，劳合·乔治成立了第二届调查委员会，由财政部常务秘书沃伦·费希尔（Warren Fisher）领导，旨在解决特工部门的资金问题。与此同时，寇松勋爵要求政府密码学校接受外交部管理。1922年夏天之后，费希尔汇报了情报部门的工作情况，他的介绍已经大大超出了资金问题的范围。随即，政府密码学校的管理权从海军部移交至外交部。在寇松的领导下，大臣们成立了新的特勤委员会班子。同时，费希尔团队也进行了重组。

这一次的特勤委员会由费希尔团队领导。军情一处c科新上任的主管休·辛克莱（Hugh Sinclair）①想要将“特勤工作”统一收归自己管理，从而引发了第三阶段的反思。

1927年，英国首相斯坦利·鲍德温（Stanley Baldwin）担心情报机构会对英国国内政治产生影响，便命令费希尔再次对情报机构展开调查。

---

① 休·弗朗西斯·佩吉特·辛克莱（Hugh Francis Paget Sinclair，1873—1939），爵士，海军上将。

1931年4月，特勤委员会对情报机构展开了最后调查。这是他们首次代表工党政府从事这样艰苦的工作。他们赶在1931年8月工党政府倒台前完成了收尾工作，但直到一个月之后新的联合政府成立，其提出的建议才开始执行。

令当时一些人以及后来的许多人感到沮丧的是，最后一届特勤委员会没有妥善保存好记录文件。其实，委员会的成员多是财政部、内务部、外交部的公务员主管以及内阁秘书，他们本有能力保管好这些记录，但他们没这么做。由此我们推断他们并不希望外界了解最后一次反思的情况。

如果有人将情报史的这两条线捏合在一起，就能对其概况有一个整体了解。

在第一阶段的反思中，当洛克哈特和希尔提交报告时，特勤委员会尚未成立。1919年阿瑟·兰塞姆为军情一处c科撰写的报告完成时，正处于特勤委员会成立期间。当特勤委员会开始运转时，乔治·希尔已经正式成为军情一处c科的雇员，携带着自己和另一名军情一处c科特工悉尼·赖利（Sidney Reilly）[1]的报告从俄罗斯南部返回伦敦。洛克哈特与希尔在报告中都给予了赖利高度评价。当特勤委员会开始撰写自己的材料时，威廉·怀斯曼开始在美国重启反布尔什维克的行动。委员会报告出台后不久，爱尔兰共和党人便公开了怀斯曼及其主要下属的特工身份。

当1921年委员会再次召开会议进行第二轮反思时，阿瑟·兰塞姆将自己在俄国的工作报告出版成书。保罗·杜克斯在媒体上发表了一系列文章并在继续为军情一处c科工作的同时公开承认了自己英国高级情报官的身份。到1920年夏天，赖利和杜克斯前往欧洲的中东部地区招募对俄特工。

---

[1] 悉尼·乔治·赖利（Sidney George Reilly，1873—1925），俄裔英国特工，绰号"王牌间谍"，也是007的原型人物。

1920年8月，有人将破译了的俄国电文泄露给了《泰晤士报》，以证明工会报纸《每日先驱报》（Daily Herald）的编辑乔治·兰斯伯里（George Lansbury）从布尔什维克那里领取津贴。此人后为外界猜测可能是内务部情报局主管巴兹尔·汤姆森爵士。

特勤委员会召开会议期间，寇松勋爵向俄国政府提出了35份文件，详细列举了苏维埃政权对英国采取的敌对行动。不幸的是，这些文件最后被证明是由流亡塔林和柏林的那些反布尔什维克的俄国人伪造的，而且还成功欺骗了秘密情报局。更不公平的是，在法庭和媒体面前表现得非常出色的巴兹尔·汤姆森，却被指责应对涉及这批赝品的交易负责。

在反思的第三阶段，内政大臣公开发表演讲，向全世界保证，"就我们国家而言，我们的情报工作从未像今天这样高效并不可或缺"。

内政大臣发表演讲的几天后，杜克斯的《红色黄昏与明天》出版。巴兹尔·汤姆森在1922年晚些时候出版的自传《怪人》（Queer People）中，对杜克斯关于世界的观点表示赞同。汤姆森曾经是1921年特勤委员会的主要对头，但公众对他的评价高于政府对他的评价。他认为："（俄国）真正的执政者是契卡，这个特别委员会虽然改名（改为苏联人民委员会国家政治保卫总局，OGPU）①，但依然没有改变其性质……当这个新名字和旧名一样令人憎恶时，就会再一次更改。"而《怪人》则被公众奉为此类书籍中的"标杆"和"权威"作品。

在反思的第四、第五阶段，扑朔迷离的局势并没有好转。当季诺维也

---

① 苏联人民委员会国家政治保卫总局（Joint State Political Directorate under the Council of People's Commissars of the USSR），俄文缩写为ОГПУ，拉丁转写为 OGPU，1922—1934年间苏联的情报和国家安全局，同时也是秘密警察机构。该机构在苏联境内外开展行动，保障苏维埃政权的安全和稳定。其前身契卡，后来成为内务人民委员部下辖的国家安全总局。

夫①（Zinoviev）的信件在1924年10月被公开后，反而引发了公众大规模的猜测和评论。后来这封信被认为是来自波罗的海里加地区的伪造文件，"C"再次被骗了。

悉尼·赖利死后出版的俄国工作回忆录、希尔的回忆录，以及洛克哈特出版的回忆录，都在最后一届特勤委员会完成收尾工作后相继面世。所以这些作品都成了补遗，不再和国家实际的情报工作相关。1931年特勤委员会召开期间，可能出于实际和象征的双重原因，英国政府封存了悉尼·赖利的档案。

20世纪20年代的情报史是不连贯的。除非有人能将讨论带入不同方向，否则人们很难开始反思。线索一旦中断，有些东西就会永远遗失。及时性通常比重要性更有说服力。但无论是在政府内部还是媒体文章上，总会有人对同一些问题反复发起讨论。

第一，情报工作的目的是什么？主流的政治家们大多对"情报工作"的不可或缺性予以了肯定。但对于想用情报做什么，他们大都语焉不详。大致上，这个问题的答案是否定的。如果情报和战争不相关，那么它就必然和政治相关。

第二，应该由什么样的人来从事情报工作？以及最重要的一点——该为这些人花多少钱？英国花费了大量时间讨论这个关于人员类型、地位和特点的问题。特工的个性、背景和缺点永远是一个令人着迷的话题。关于第二个问题，有一个答案明确否定：情报官员不应当由警察担任。

第三，英国对敌人，特别是布尔什维克到底知道多少？从很多方面而言，这也是20世纪20年代那次决定性的政治辩论的核心。通过辩论，情报

---

① 格里戈里·叶夫谢耶维奇·季诺维也夫（Grigory Yevseyevich Zinoviev，1883—1936），俄罗斯革命家、政治家。他作为共产国际领导人，是苏联共产党最有影响力的领导人之一，也是列宁的亲密伙伴。

部门受到高度关注。这些机构的消息是否比记者或政治家本身更灵通，大家并不清楚。总的结论是，从广义上来说，我们已经对敌人有所了解，但不知道他们具体进行了哪些活动。

最后，情报机构的工作是有效还是无效？关于这个问题的反思零散且尚无定论，因为相关讨论总是转移到特工的个性和忠诚度上去。政治家、公务员和军人花了太多时间去批评警察，自己也不能跳出警察的那些局限去思考整个系统该如何运作。

到了1918年，大多数情报工作的利益相关方都同意，应该就情报工作在突如其来的和平时期所扮演的角色进行讨论。情报系统像是一盘由各类战时机构组成的大杂烩，但由于巴黎和会召开在即，当前该如何处理这样一盘大杂烩以及该如何尽快拆分这些错综复杂的机构，并没有形成一个统一的意见。

军事人员、政治家以及公务员们迅速而轻松地达成了一致，他们希望增设另一个永久性的密码机构。

1919年初，英国各部大臣在讨论中表示，无意解散海军和陆军中的军事情报机构以及新成立的空军情报机构。1921年，英国政府确实开始重新研究这些情报机构，但目的主要是削减其预算，而非实施变革。无论是特定政府部门还是委员会下属的情报部门，都没有受到持续的审查。有些特工机构因为上级主管部门的强烈反对而消失了，有些特工机构在被其他部门接管后受到了严格约束。比如外交部于1918年3月成立的政治情报部就是一个昙花一现的部门，在1920年10月关门大吉。

讨论倾向于缩小情报工作的范围，将情报的范畴限定在秘密情报。尽管如此，当海军情报局主管休·辛克莱成为秘密情报局（SIS）的领导人后，依然抱怨英国经过一番折腾，还是保留了多达五个"特工机构"：秘密情报局、军情五处、政府密码学校、印度政治情报局（IPI）以及特别处。

情报工作的政治目的在20世纪20年代初得到了明确的阐述，其中最能说明问题的是关于成立政府密码学校的讨论。1921年4月，寇松勋爵采取措施，全面控制了政府密码学校，继而指导其开展工作。他坦率地称该机构的服务"现在完全是政治性的"。换言之，该机构存在的意义就是为了破解敌对势力的通信密码，从而帮助英国政府从政治上取得先机，而非搜集军事威胁的相关数据。

1921年8月，就在外交部从海军部接管政府密码学校的同一天，休·辛克莱卸任海军情报局主管。在几天后一次坦率的交流当中，印度事务大臣埃德温·蒙塔古（Edwin Montagu）向寇松提出建议，称密码学家都在抱怨自己的劳动成果没有得到合理使用，应该将其用到更需要的地方。蒙塔古无不傲慢地写道："是啊，是啊，这正是他们的风格。哪怕对他们只会产生瞬间的影响……他们都会小题大做……他们的辛勤劳动大概不会有什么有用的产出……他们宁愿一辈子默默无闻地玩着自己的拼图游戏……也不愿意报效自己的雇主。"

密码学家都是高薪聘请的技术人员，但他们的意见往往不会被采纳。他们不是情报人员，让寇松和蒙塔古这样的"雇主"达成直接目的才是最重要的。

如果可以表态的话，至少有一部分军队情报官会同意蒙塔古的判断。1921年的特勤委员会不仅公开驳回了一切让情报工作带有军事目的的意见，还指出："作战部门对情报系统给予了高度重视，而情报系统反对进行重组，是导致其规模一直没有改变的主要原因。"委员会并不认为这样的一个系统是必要或可行的。

1923年6月，休·辛克莱被召回，担任起秘密情报局主管。次月，他获得了亲自管控政府密码学校的权力。辛克莱在海军部有着让人无可挑剔的显赫背景，作为一名海军军官，他的成就远超上一任主管曼斯菲尔德·卡明。但是，这并没有改变他辖下两个情报机构的政治优先级。政府密码学校的海军渊源很快被抹去了。1923年夏，当海军部常务秘书打算在委员会召开期间查阅政府密码学校的海军历史时，才发现卷宗里的相关信息早已所剩无几。

1925年，主持历史审核的工作被交到了内务部常务次官约翰·安德森（John Anderson）的手中。作为一名影响力渐增的特勤委员会委员，安德森对军事情报机构毫无兴趣。他所在的内务部还在为失去"他们"自己的情报机构而耿耿于怀，该部门先是被巴兹尔·汤姆森拿走，接着又被转到了伦敦警察厅。内务部撰写了自己的情报历史，以证明自己早就有过情报部门，且该部门建立时间甚至比宪兵和新冒出来的秘密情报部门还要早，其业务范围更是覆盖英国国内外。

安德森当然坚信情报应当为政治服务，但他还是认为委员会不应该被误导，以为情报机构正在做的就是他们被要求做的所有事情。安德森认为："情报工作有两个独立且各不相同的方面，一方面涉及我们和外国势力的关系，一方面则与国家安全息息相关。这两者相对的重要性会不时地发生改变，但当内部危机产生时，后者将是我们的重中之重。"

安德森对情报工作的概念化非常重要。1931年特勤委员会留下的零星记录表明，安德森明确表示英国只需要保留两个情报机构：大不列颠及大英帝国内部事务由军情五处负责，秘密情报局则负责外国事务。

"秘密投票"：一切为了情报

反思情报工作的目的相对简单，但涉及经费，尤其是人员等问题时，各方面则争执不断，在细节方面锱铢必较。

休·辛克莱曾说，一切事务归根结底都是钱的问题。20世纪20年代开展的许多正式审核就是为了设定情报工作的绩效和产出，并由此制定预算。该预算由两部分组成，第一部分经费由政府部门（如陆军部）划拨至情报系统，第二部分经费则来自所谓的"秘密投票"。这笔钱由议会投票决定产生，但并不需要解释，因为它涉及的行动本来就是"秘密的"。实际上，"秘密投票"有悠久的历史，其起源可以回溯到18世纪，且刻意模糊其工作机制。但秘密投票的总金额会预先提交给议会，并在媒体上进行公布。此举旨在表明内部讨论的同时也会接受公众舆论的监督。几乎后来所有的秘密投票额度都以1913—1914年的投票为参考。每年5万英镑的秘密投票支出是"和平时期的合理费用"。

然而，情报评论家们一致认为战后与战前的"正常和平时期"大不相同。军情五处的弗农·凯尔认为："如今从事（情报）活动的国家比战前多。而在战前，从事情报活动的国家可以说只有德国一个，他觉得自己这话说得一点都没错。和战前相比，这些积极从事情报活动的国家手段更科学，目的也更明确。"曾担任情报官的记者费迪南·图伊（Ferdinand Tuohy）指出："调查战后的欧洲地图，几乎不可能没有新的诱因来解释间谍活动的普遍增加……法西斯分子、敌对分子、复国运动、易手的领土、国联等。"

即使是那些讨厌凯尔和抨击其组织的人，也对他的这一分析心悦诚服。1925年3月，休·辛克莱得到了"莫里斯·汉基爵士（Sir Maurice Hankey）[1]

---

① 莫里斯·帕斯卡尔·阿勒斯·汉基（Maurice Pascal Alers Hankey，1877—1963），男爵，他是以才干著称的英国公务员，也是从公务员成为大臣的罕见例子。在第一次世界大战期间，他是首相劳合·乔治领导的战争内阁的高级助手，因其高效的工作，在内阁秘书的职位上留任达19年。第二次世界大战中，他曾在首相张伯伦领导的战争内阁中担任不管部大臣。

的建议"，建议称，"'C'同样认为，俄国的实力壮大极大地改变了我们自战争爆发以来对情报工作的需求"。因此，"和平时期的正常开支"应当是1914年的两倍。

1919年的秘密投票开支为20万英镑。特勤委员会四处游说，希望将这一数字翻倍。1919年12月，尽管内阁认为这并不属于"和平时期的正常开支"，但仍将这一金额提高至40万英镑。

一批为将秘密投票支出增加至47.5万英镑而奔走游说的政治家，同时也在大声疾呼削减政府的总预算。为了调和增加开支和开源节流这两种意见，劳合·乔治将特勤委员会重组为"特勤开支审核委员会"。

在财政部沃伦·费希尔的领导下，新的委员会希望将"和平时期的正常开支"重新按通胀率调回到1914年的水平。但他们也同样意识到，推行这一举措绝非易事。

爱尔兰革命危机导致了大量的额外开支：一部分英国情报人员在爱尔兰共和军的暗杀行动中被斩首，重建情报系统成为当务之急。据1922年陆军编写的史料称：

> 发生在1922年11月21日的暗杀活动，曾一度造成了（都柏林地区）特别处的瘫痪。该部门好几名优秀的成员被刺杀，其他成员则被转移至城堡和中央酒店避难。但成员都集中在这种行动不便的地方，使得获取信息和重建情报系统的机会更为渺茫。

此前，不削减爱尔兰地区的开支是应对危机的基本常识。然而，费希尔领导的委员会也在军事情报方面确定了一个更重要的理念：情报部门应当为政治家所用，而非服务于军事目的。另一方面，想要剥夺"在外国领土上指挥英国军队的将领维持必要情报机构"的权力显然也不可行。于是，委员会确定了一种特定的情报类别，并称之为"战地情报"。战地情报包括使用特工人员和搜集军事信号情报。

如果行动是以将开支恢复到"和平时期的正常水平"为目标，即以1913—1914年的支出作为参考标准，秘密投票将承担相应费用。但如果只是为了将秘密投票金额降回"和平时期的正常开支"，就需要裁撤战地情报。这一情报类别由此不再是"秘密"或"特殊"的，而是军方常规行动，应当自行承担费用并说明。

从某些角度而言，高级公务员的想法并未与军事思想南辕北辙。比如当时正在编纂的《军事情报手册》，便对战地情报工作的地位予以了肯定。但军方将战地情报视为一种广泛的行为，在战争期间应当领导一切民事情报机构。而民事情报机构则视战地情报工作为一项有用但次要的活动，并认为随着英国在土耳其等地的战事结束，这一活动也应当退出历史舞台。

但这个观点并不是源自他们之前统计的数据。战地情报花费了约9万英镑，相当于整个秘密情报局的预算。确定哪种行动是核心情报活动、哪种行动属于外围活动，并不是基于实际的工作需求，而是出于明确的个人偏好。

所有这些审议的最后结果，是经财政部和国家支出委员会讨论决定，将五个民事情报机构"和平时期正常预算"严格控制在每年18万英镑以内。当休·辛克莱掌管军情六处之后，曾要求稳定的预算，这对他来说也算得偿所愿。辛克莱将自己一直领导的护照管理处称作"可能的第六号"情报机构。护照管理处其实只是一个幌子，它争取到的大笔经费同样进入了军情六处的账户。接下来的10年间，该预算解决方案一直固定不变。

财政部不仅以1914年的物价为基数设定了秘密投票的额度，还借此机会发布了英国的第一个价格指数。这样一来，计算情报机构在不同历史条件下的开支也变得相对容易起来。人们发现特工工作现金支出的峰值出现在高通胀时期，因此高达40万英镑的现金数字带有一定误导性。在支出高峰期，秘密投票的额度大概是1914年的3.5倍，1929年的支出则为1914年的2倍。

英国完成了自己在1919年需要达成的目标：情报工作的支出水平虽然远比预期要高，但也在可承受的范围之内。然而后来的历史却声称情报机构的资金逐渐捉襟见肘，并且相对其他部门而言，他们的预算真可谓少得可怜——秘密投票的全部金额尚不及皇家海军一艘巡洋舰预算的1/10；陆军战地情报部门的预算开支只占到陆军全部预算的0.1%。

但20世纪20年代负责审计情报部门的那些人可不这样想。在他们的分析报告中，这些受到严格界定的情报机构得到了更多的资金支持，境况比那些在残酷战争中挣扎的老前辈好得多——老一代情报机构的费用仅为一艘巡洋舰的1/12。而不管任务实际完成情况如何，新一代情报部门得到的评价永远是良好。

情报部门对即将爆发的战争毫无准备，国家对其的定位仅仅是服务于政治，似乎没人考虑过情报系统在未来的20年应当如何发展。

认为英国情报机构处于"偏执状态"是近年来的一种陈词滥调，这种偏执只是20世纪20年代左翼阵营的看法而已。对历年情报支出进行审核的人并不偏执，他们对英国情报机构的经费做出了"实质性改变"，这似乎与政治环境的变化相适应。

英国密码学家试着追踪过敌方的情报经费规模，结果在1920年，他们发现英国共产党（CPGB）在成立的第一年就从俄国苏维埃政府贸易代表团处获得了约6万英镑的资金，该代表团在很大程度上就是苏俄情报机构的掩护组织。英国方面虽然并不清楚这个情报机构的具体预算，但仅凭直觉也能猜测到是一笔巨款。现代的一项计算表明，苏联最主要的情报机构之一——苏联红军的格鲁乌（Glavnoye）[①]，在1925年的经费预算为100万英镑，而英国同年的秘密投票经费仅为其1/5。

筛选情报工作从业人员

什么样的人应当从事情报工作，以及他们该从事何种类型的情报工作？1925年，委员会明确认为应当将情报工作从武装部队中剥离。海军情报局的艾伦·霍瑟姆（Alan Hotham）[②]被传唤做证时，沮丧地回应称"叫我来问话纯粹是浪费委员会的时间"。他还进一步表示："海军情报局利用军情五处和军情六处来开展工作，就好比一个人用表来看时间，而不会去问手表到底是怎么计时的，因为后者不是我们需要关心的问题。只要这两个部门为海军情报局提供了需要的信息，我就不会管（他们的）闲事儿。只有政府密码学校是个例外，但我相信这不是现在要讨论的问题。"

尽管这样的态度令特勤委员会大为光火，但霍瑟姆的确如实反映了情报工作政治化后自己对其的看法。他虽然被迫参加了委员会，但在整届会议期间一言不发。

而霍瑟姆在英国陆军和皇家空军（RAF）中的同行则善于交流。他们

---

① 格鲁乌即苏联红军总参谋部情报总局（Glavnoye razvedyvatel'noye upravleniye），缩写为GRU，成立于1918年。它的最初名称是登记部，统管红军的战地情报部门，后来发展成为专门的军事情报机构，负责处理所有的军事情报工作，尤其是搜集来自海外的军事和重要政治情报。在苏联于1991年解体之后，该机构改称俄罗斯武装力量总参谋部情报总局。

② 艾伦·杰弗里·霍瑟姆（Alan Geoffrey Hotham，1876—1965），英国海军上将。

对现有情报系统的评价好坏参半。军事行动局主管（DMO）①对霍瑟姆关于剥离军队情报的意见表示赞同。但当他在紧急情况下需要情报部门提供切实帮助时，却遇到了麻烦，只得到了"很少的信息"。空军情报部门负责人、时任空军少将的斯蒂尔（Air Vice-Marshal Steel）②也提出了补充意见，他认为虽然情报部门指派给他们的政治任务没有任何问题，但问题在于招募不到能真正开展情报工作的人。斯蒂尔称航空情报具有"高度的技术性，唯有具备高度技术水平和经验的人员有能力完成这方面的任务。迄今为止，还未发现任何特工人员具备以上这些素质"。

由于斯蒂尔的论点后来被证明并不适用于一般情报机构，内阁便于1927年重新召集了特勤委员会。斯坦利·鲍德温要求特勤委员会重新审议斯特兰德斯案。

斯特兰德斯案让英国各界给予了情报人员极大关注。一位媒体评论员曾发表评论，称大量的情报官员在战后被遗忘："考虑到这些训练有素的前情报官数量众多——停战时双方都约有3000名，可为情报机构首脑所用。几天前在巴黎被判刑的维维安·斯特兰德斯（Vivian Stranders）③就是这样一名前专业人士，他虽然已经恢复了平民身份，但还依然保持着专业的'情报'头脑。"

维维安·斯特兰德斯是国防义勇军（Territorial Army）中一名训练有素的军官，后来加入情报部队。1918年英国皇家空军刚成立时，他就转入

---

① 军事行动与情报局（Military Operations and Intelligence），即改组的军事情报局，这一名称曾于1922—1939年使用，1939年又改回军事情报局（Military Intelligence）。

② 约翰·迈尔斯·斯蒂尔（John Miles Steel，1877—1965），爵士，英国空军上将。

③ 斯特兰德斯（1881—1959），英国陆军航空队（Royal Flying Corps）军官，退役后在巴黎经商。

其中并专门从事空军情报工作。他在情报方面最主要的成绩，是在战后担任协约国军控委员会（Military Allied Commission of Control）和赔偿委员会（Reparation Commission）的委员。他派驻德国期间主要在汉堡和基尔活动，并于1921年退伍。

不幸的是，斯特兰德斯被自己的调查对象迷住了，退役后仍继续留在德国，而且他还在伦敦、布里克斯顿、巴黎以及布鲁塞尔建立起私人空军情报机构。虽然这些机构的建立都是斯特兰德斯的个人行为，但他确实在替德国情报机构窃取别国的空军技术情报。他是一名经验丰富的空军情报官，拥有伦敦大学学院研究生文凭，专门负责搜集技术数据。

斯特兰德斯在英法两国都开展间谍活动。由于法国是他窃取情报的主要地区，1926年12月，他在巴黎被捕。1927年3月，法国法庭判处他间谍罪。鲍德温担心英法两国联合抓捕斯特兰德斯的行动向公众披露后会带来不利的政治影响，而这种"严重担心"正是他敦促重新召集特勤委员会的原因。

虽然斯特兰德斯案在后来被人遗忘，而且是少有被特勤委员会列入讨论的不涉及苏联政府的相关案件，但此案是将警察部门情报官列为重点调查对象的经典案例。因为在以往的秘密投票中，只包含5名警察部门情报人员的费用，而军情五处有30人，秘密情报局有33人，特别处则高达136人。

如果第一届特勤委员会设立的初衷，是为了将伦敦警察厅助理总监巴兹尔·汤姆森爵士推上情报界杰出人物的位置，那么后来的几届委员会则致力于摧毁他的声誉。因为种种原因，巴兹尔·汤姆森树敌太多。在不到两年的时间里，他便把1919年春天积累起来的丰富政治资本挥霍一空。但特勤委员会并不想和警察搞对立，汤姆森的死对头沃伦·费希尔只想除掉他，而非警察部门。费希尔在1921年表示伦敦警察厅完全有能力接管汤姆森建立的情报帝国。他认为军情五处没有必要独立出来，并建议将其纳入伦敦警察厅助理总监的管辖范围。

当休·辛克莱出任"C"之后，警察部门开始遭到指责。在20世纪20年代，辛克莱被誉为"效率非凡的秘密情报局领导人"。因而反对他的人都遭到了怀疑。汤姆森的继任者——伦敦警察厅助理总监菲多·蔡尔兹（Fido Childs）因爱尔兰南部情报工作管辖权问题与辛克莱发生了冲突。之后，辛克莱又将私人恩怨和工作分歧牵扯到一起，更加剧了这场冲突。但导致警察部门情报官员们声誉扫地的关键因素是——特勤委员会认为他们全是小丑。

问题存在于高层。在特勤委员会的众目睽睽之下，伦敦警察厅总监威廉·霍伍德爵士（Sir William Horwood）①公然将自己控制的特一科（SS1）、特二科（SS2）和特别处这三个情报机构搞混了。对此霍伍德哀叹称"一个人不可能永远对数月甚至两三年前发生的事情细节记忆犹新"。

特勤委员会希望从菲多·蔡尔兹那里了解一些实际情况。他们重点审查了三个案子：季诺维也夫的信、奥利里案（O'Leary case）以及阿文诺案（Avenno case）。从委员会的问询思路中可以清晰地看出，他们最关心的问题是各个特工机构是如何在"海外"、大英帝国和英国本土这三个区域协作衔接的。由于英国的"敌人"经常往来于这三个区域，因而这在他们看来是合理的调查思路。

但蔡尔兹对他们这些担忧不屑一顾。季诺维也夫的信令这个政治国度的每一个人感到不安，蔡尔兹却称其为"幼稚"。他不明白为什么委员会对奥利里案感兴趣：此案仅仅表明了军情五处和特别处在合作对抗爱尔兰恐怖主义，军情一处c科的参与度"微乎其微"。至于阿文诺案，他从

① 威廉·托马斯·弗朗西斯·霍伍德（William Thomas Francis Horwood，1868—1943），英国陆军准将。

未听说过。

蔡尔兹的看法具有一定公平性：后来证明季诺维也夫的信件确实是伪造的，是"C"极力向政府、保守党和媒体吹鼓这封信的真实性；而军情一处c科在处理这宗案件时采取的恶意方式可以说是"幼稚"。奥利里案则没有得到太多关注，只不过是其中有一名新芬党（Sinn Fein）[①]的组织者，以利物浦青年俱乐部做掩护，为爱尔兰共和军招募人员而已。阿文诺案则整个地被现代历史学家忽视了，这令我们在前人蔡尔兹面前相形见绌。但最重要的问题是，蔡尔兹提供的简报完全没有给高级公务员们留下什么印象。

高级公务员们坚持认为蔡尔兹和"C"都应当考虑如何合理地撰写和呈现自己的历史卷宗。除了季诺维也夫信件、奥利里案和阿文诺案之外，委员会还询问了另外两个案子。一个是海思案（Hais case），该案涉及捷克红色工会（Czech trade unions）的上级组织国际工会（MVS）[②]，以及在通过洗钱将布尔什维克的资金输送给英国工会的过程中他们所扮演的角色。另一个康赛尔案（Counsell case）也是类似情况。约翰·康赛尔（John Counsell）是一名加拿大律师，被称作"加拿大共产党的领导者"，其参与建立的掩护机构一直在资助亲布尔什维克的工会成员。

案件历史回顾会持续了三个多小时，最后由于无法得到明确结论只得不了了之。值得注意的是，委员会最后邀请特一科的米勒上尉

---

① 爱尔兰共和党人于1905年11月28日成立的政治团体，目的是结束英国在爱尔兰的统治。"新芬"即爱尔兰语中的"我们自己"，是爱尔兰最古老的政治运动。

② 国际工会（Mezinárodní všeodborový svaz）是捷克斯洛伐克的一个全国性工会组织，成立于1922年10月。在捷克斯洛伐克共产党被逐出捷克工会协会之后，国际工会便成为该党的工会部门，但与之并行的还有同样是共产党主导的红色工会。后来因路线分歧，红色工会取代国际工会成为捷克斯洛伐克共产党主要的劳工组织，而国际工会于1930年与捷克工会协会合并。

（Captain Miller）进入了会议室，因为蔡尔兹的汇报稿是米勒上尉为其准备的，而他又似乎无法就这份简报谈论更多细节，委员会只好在米勒的带领下完成案件历史的回顾。

委员会第三次厘清案件来龙去脉的尝试，是对伦敦警察厅副助理总监弗兰克·卡特中校（Colonel Frank Carter）[1]展开问询。卡特没有提供任何有价值的信息，他只是承认特一科和特二科是流氓集团，已完全不受自己控制。后者是致力于分析苏联威胁的部门，被他斥以"两位女士"。卡特例行公事地谴责了一番巴兹尔·汤姆森，试图以这种大家喜闻乐见的方式来迎合委员会。接着他又用自己在特别处内部创造了另一个"秘密部门"这种奇思妙想，试图让特勤委员会高兴起来。

此举终于让委员会明白：警察就是一群白痴，再对他们追问下去也是徒劳。于是委员会派财政部机构负责人罗素·斯科特（Russell Scott）对苏格兰场展开来势汹汹的调查，他曾长期担任费希尔和安德森的刀斧手。斯科特证实了委员会的猜疑，即苏格兰场下设有三家相互之间几乎没有联系的特工机构。

斯特德兰斯案的政治意义在于其揭露了特工机构之间明显无法协作这一难堪的事实。据媒体称，英国政府介入该案件还是因为《标准晚报》（Evening Standard）的一名记者在特拉法尔加广场地铁站听到两名警察在公共电话上谈论此事。总之，公诉机关主管阿奇博尔德·伯德金（Archibald Bodkin）的调查结果就是如此。当然，特勤委员会以及其他任何人都不会相信这种无稽之谈。他们认为，特别处将消息故意透露给他们的媒体朋友是理所当然的。

当特勤委员会召开最后一次会议时，菲多·蔡尔兹再一次颜面尽

---

① 约翰·菲利斯·卡雷·卡特（John Fillis Carré Carter，1882—1944），英国陆军中校。

失。1928年4月，工党政治家莱奥·莫尼爵士（Sir Leo Money）①在海德公园与一名妓女一起被捕。随后的庭审中，莫尼被宣判无罪。后来，在撰写庭审调查的少数派报告时，工党议员伯蒂·利斯-史密斯（Bertie Lees-Smith）发现警察对案件的追查表现出过度的热情。蔡尔兹由此受到谴责并引咎辞职，人们可能会觉得他只是倒霉而已，因为莫尼是个连续犯案，而且后来被定罪的性犯罪者。但后来，蔡尔兹以诽谤罪起诉《新政治家》（New Statesman）杂志并胜诉。

威廉·霍伍德爵士和蔡尔兹在同一天辞职。副助理总监卡特因而成为20世纪20年代警察界唯一保全声誉的部门高层。1931年，特勤委员会称卡特和他那些前同僚一样，是无能且效率低下的情报官员，并将由秘密投票资助的特一科和特二科移出警察部门的管辖。而在20世纪20年代忙于为自己谋求特殊头衔的弗农·凯尔在此时开始宣扬自己是"特别情报局领导人"，通过这个战时使用的旧术语，可以宣称军情五处就是所谓的"特勤局"。尽管1931年的委员会报告中空无一物，但显然，20世纪20年代的英国政府明确认为真正的情报机构不该接受警察部门的领导。

契卡崛起：英国与苏联的暗战

政府要求特勤委员会就英国情报部门做了多少实际工作做出最终评判。1918年，乔克·布鲁斯·洛克哈特用任务失败的道歉信作为自己的工作报告，并希望能用自己在搜集政治情报方面的出色表现进行弥补。这是一次

---

① 莱奥·乔治·基奥扎·莫尼（Leo George Chiozza Money，1870—1940），出生于意大利的经济学理论家，19世纪90年代移居英国，并成为知名的政治家、记者和作家。

自私的道歉。他为自己未能争取到布尔什维克党人支持协约国作战而道歉，也为自己尴尬地被逮捕而道歉，但并不认为自己该为这些失败负责。

不管怎样，洛克哈特对重要的政治情报非常重视。他亲自前往莫斯科，沦为契卡的阶下囚。他自己、他的下属以及那些声称自己是他下属的人，积累了"一场对整个文明世界都构成威胁的运动的珍贵材料和信息"。洛克哈特警告称，尽管有些报道有失偏颇或别有用心，但布尔什维克主义并不会在短期内消亡。

保罗·杜克斯对苏维埃内部传出的情报也相当偏执迷恋，将其奉为政治情报的权威来源。他的主张比洛克哈特更激进，认为只有秘密政治情报才是唯一有价值的东西。与苏维埃领导人进行面对面的会谈以判断他们的政治主张没有意义，只有在客观环境当中偷偷搜集的资料才真实可信。他明确谴责了自己的同事、军情一处c科的特工阿瑟·兰塞姆，因为后者以记者身份为掩护公开进入莫斯科。杜克斯还进一步警告当局切勿接纳苏维埃流亡人士。1919年10月，政治情报部为内阁所做的关于苏维埃情报的分析直言不讳地支持了杜克斯的理论。和来自现场的一手情报相比，其他情报存在的意义就是帮助佐证前者。

超级明星般的"前线特工"引领的时代是短暂的。1919年11月，政府密码学校实现了首次重大突破，成功破译了苏维埃的通信电文。20世纪20年代早期，政府密码学校又破译了苏维埃高级别的外交密电。从那以后，英国政府对布尔什维克的意图开始有了直接的了解，而不再依赖于情报机构或分析家提供的解释。

外交部常务次官艾尔·克罗爵士（Sir Eyre Crowe）[1]曾担任1921年和1925年特勤委员会委员，他在1922年表示，相比"特勤局的报告"，"截

---

① 艾尔·亚历山大·巴比·威察特·克罗（Eyre Alexander Barby Wichart Crowe，1864—1925），英国外交官，对德事务专家。

获的电报"明显是"具有更高价值的信息来源"。

但是，特工的报告和解密的苏维埃电报只能为布尔什维克威胁的形式和方向提供一般性预警。内阁大臣和媒体本身就可以对这些内容进行预判，当前的政治局势需要的不是有价值的情报，而是布尔什维克威胁的确凿证据。

同为外交部部长和特勤委员会委员的威廉·蒂勒尔爵士（Sir William Tyrrell）称，当前的主要任务是要将苏维埃"抓个现行，这样我们才能够争取到国际上的一致支持，将其势力彻底清除"。

正是出于这个目的，英国才愿意将自己在破译电文方面取得的零星成绩拿出来反复炫耀。为了让这一策略生效，工作必须针对苏维埃政府，而非特定的某个苏维埃情报部门。因此，特勤委员会看起来似乎并不关心到底是谁在真正威胁着英国。秘密投票的基础，是对1914年以来世界局势将如何变化做了大致的预测，而不是基于对具体威胁的分析结果。在超级明星特工最初的报告渲染之下，契卡已经名声远扬。但实际上它于1917年12月才成立，由费利克斯·捷尔任斯基（Felix Dzerzhinsky）[1]创立了这个机构并一直领导其到1926年。在这10年间，该机构的功能在逐渐演变。1919年2月，杜克斯和兰塞姆还在俄国活动期间，契卡成立了大量被称作特别处（OO）[2]的军事反间谍机构，作为与政治反革命部门并行的职能部门。杜克斯发展了一些非布尔什维克党员的演员作为特工，并对他们寄予了极高期望，但这些人后来都被特别处铲除了。1920年12月，特别处在继续执

---

① 费利克斯·埃德蒙多维奇·捷尔任斯基（Felix Edmundovich Dzerzhinsky，1877—1926），绰号"钢铁费利克斯"，出身于波兰贵族家庭，是苏维埃革命后秘密警察组织的创立者。

② 特别处（Особый отдел）是1918年成立的特别部门，由军队中的契卡和其他的军事管制部门合并，在苏联红军的各军兵种及其所属各级单位和各省契卡机关都设立了相应的分支机构，专门从事反间谍工作。

行军事反情报工作的基础上，形成了对外情报处（INO）①的基本雏形，即契卡海外情报分支。

当对外情报处成立时，列宁告诉捷尔任斯基，契卡的首要任务是摧毁境外的流亡势力。托拉斯（Trest/Trust）②是契卡实现这一目标的主要工具，它是一个国家全权控制的掩护机构，其目的是游说流亡保皇势力及其西方支持者，使其相信1920年初被苏维埃铲除的反对势力实际上依然存在。

对英国来说，最显而易见的是共产国际最终拥有了自己的秘密情报机构——共产国际外联部（OMS）③。当共产国际于1919年3月成立时，保罗·杜克斯就在彼得格勒严密观察着他们第一届会议的召开情况。他在1922年的报告里说，这次会议代表着"永远的世界革命"。

弗农·凯尔在1925年对特勤委员会称，自1920年8月英国共产党成立之日起，特别处、军情一处c科和军情五处都在招募线人，他们有的来自英国共产党，有的则来自OMS的行动基地——苏联公司（Soviet House）④。事实上，这些特工很容易互相牵连暴露。虽然破译电文和线人

---

①　对外情报处（Inostranny Otdel/INO）是1920年成立的契卡特别部门，用以改善对外国情报的搜集和传递。该机构几经演变，先后隶属于国家政治保卫总局、国家安全总局、内务部，最后归属克格勃。

②　十月革命后，契卡渗透掌握了最大的保皇势力"俄国中部保皇联盟"，并将其改造为反间谍机构，对外冠以"莫斯科城市信贷协会"（Moscow Municipal Credit Association）之名，引诱境外敌对势力回国并加以歼灭。该行动代号"托拉斯"，著名王牌特工悉尼·赖利便在该次行动中落网。

③　外联部（Otdel Mezhdunarodnoy Svyazi/OMS），也被称为国际联络部，成立于1921年。其主要职能是为俄罗斯之外的共产党提供支持、指导和援助。从1923年开始，苏联情报机构越来越多地介入了该部的活动。

④　全俄合作协会（All-Russian Co-operative Society），简称ARCOS，是苏联早期协调英苏贸易的主要机构，列宁新经济政策的产物。这是一家英国公司，但持股人都是苏联公民。公司总部所在地位于伦敦汉普斯特德，被人称为苏联公司或者俄国公司。1927年，英国政府以涉嫌进行间谍活动为由突击搜查了该公司总部，导致英苏两国在一个月之后断交。

信息可以监控英国共产党的敌对活动，但详细了解这些威胁后，谁都会明白，这些举措既是阻碍，也是帮助。

现在我们已经知道，对外情报处和特别处这两个契卡领导的部门、共产国际外联处以及红军第四局（Fourth Directorate of the Red Army）[①]都对英国有敌意。在苏联建立后的初期，所有这些情报机构在海外情报站都是混杂在一起的。直到1927年4月，苏联驻北京大使馆被一名中国军阀洗劫[②]，情报站被翻了个底朝天，大量的文件被查抄并公之于众后，这些机构才逐渐被外界所知。大量第四局和共产国际外联处的抄件被刊登在新加坡《海峡时报》（Straits Times）上。第四局是最为关注英国的情报机构，该机构经常以共产国际外联处为掩护，在从事间谍活动的同时开展政治渗透工作。

英国政府似乎对苏联情报机构知之甚少。或者说，即使英国情报机构中有一些强硬人物掌握了相关信息，也不会引发英国情报机关的思考。特勤委员会只知道契卡在1922年成为格别乌[③]，在1923年又进一步演变为国家政治保卫总局。1927年苏联公司里的一名线人提供了一份名单，上面开列了具体的格别乌人员。

---

① 红军第四局即格鲁乌，格鲁乌在发展过程中名称和隶属关系多次变更。1926年格鲁乌重组，改名为总参谋部第四局，该名称一直沿用到1934年。

② 1927年4月5日，奉系军阀张作霖为抵制国民党在苏联和中国共产党支持下进行北伐，在美英日法大使默许的情况下突袭苏联驻北京大使馆，并将大使馆未来得及转移和处理的463个卷宗、总计3000多份文件劫走。中国共产党创始人之一李大钊在此次事件中被捕，后遇害。

③ 格别乌，即国家政治保卫局（Gosudarstvennoe Politicheskoe Upravlenie），缩写为GPU，隶属于俄罗斯苏维埃联邦社会主义共和国人民内务委员会。1922年2月由契卡重组而成，其职责包括情报和内部安全工作。在苏联于1922年12月正式建立之后，该机构在1923年11月变成了苏联人民委员会下属的国家政治保卫总局（OGPU）。

军情一处c科当然也尝试着去了解自己的苏维埃敌人，但正如杜克斯警告的那样，英国情报机构发现自己在俄国外部的"黑暗"包围中试着朝内部窥探。1921年，英国派贸易使团前往莫斯科，其中一些成员为军情一处c科的特工。当1927年代表团撤回时，外交部注意到"在外交关系中断前，我们在苏联的情报工作都相当可靠，但现在他们传递的信息已经大大减少了"。从那之后，秘密情报局以设在波罗的海周边国家的护照管理处为掩护开展工作。护照管理官都是"终身特工"，但这些特工比以往任何时候都更倚赖于外籍的"老大"。

1927年底至1930年初，英国从对苏情报工作的反思总结中获益良多。1927年秋，约瑟夫·斯大林在苏联内部发动了筹备已久的政变，与喧嚣的共产国际行动关系最密切的那些布尔什维克领导人全部遭到了打压，其中就有1920年被英国驱逐的列夫·加米涅夫（Lev Kamenev）[1]以及1924年同名信事件中的格奥尔基·季诺维也夫。

政变反过来导致苏联情报机构的混乱。托拉斯被关闭，一些失去工作的特工不得不到国际就业市场上去寻找雇主。1927年6月，饱经托拉斯行动打击的海外流亡势力在苏联境内发动了一系列针对苏联人民委员会国家政治保卫总局的炸弹攻击。这些海外势力也得到了秘密情报局驻芬兰机构的资助。和以往一样，斯大林将自己近乎天才的偏执和精明的策略相结合，把这些炸弹袭击视为自己对手失败的证据。1927年6月，他警告莫洛托夫（Molotov）说："伦敦代理人采取的恐怖主义行动，使得局势发生了根本的改变。"

但在英国看来，现在时机不对。直到1927年特勤委员会退出历史舞台后，英国政府才开始采取行动。1927年9月，苏联方面声称自己的死对

---

① 加米涅夫（1883—1936），布尔什维克革命家，著名的苏联政治家。

头——现任赫尔辛基护照管理官欧内斯特·博伊斯是驻苏首席特工主管。博伊斯被迫从秘密情报局辞职。他与悉尼·赖利的一封信件被作为样本，写进了1931年由佩皮塔·邦巴迪拉（Pepita Bombadilla）①和乔治·希尔联合出版的《赖利回忆录》（Reilly Memoiors）中。

1927年11月，特别处逮捕了威尔弗里德·麦卡特尼（Wilfrid Macartney）②及其在伦敦的第四局负责人。麦卡特尼是"地中海俱乐部"的成员，曾在东地中海情报处服役。这是一个前英国情报官和"绅士"叛变的典型案例，就像斯特兰德斯案一样。

麦卡特尼事件是一个预兆。但整个20世纪20年代的情报史都是透过尤尔案（Ewer case）而非麦卡特尼案进行描述的。1929年4月，两名特别处的高级成员作为苏联特工被逮捕，这就是尤尔案的由来。这两名成员的"老大"是威廉·尤尔（William Ewer），这位毕业于剑桥大学的记者是英国共产党的创始成员，曾担任《每日先驱报》的海外编辑。还有一个确凿事实是，他在两个私人新闻机构的掩护下，运营着一个复杂的情报机构，而反间谍工作正是该机构尤为重要的职能。他得到了苏联政府的资助。该机构一名雇员的日记显示，尤尔不仅在特别处、外交部、印度事务部、殖民地部、邮局和海军部都发展了线人，并且积极针对英国五大"情报机构"开展工作，从中获取情报。

他的私人侦探严密地关注着"特工部门"的办公室，跟踪官员，记录他们的身份以及和他们接触的人。他们还采取针对反间谍行动的防范措施，以确保尤尔的身份不被暴露。军情五处撰写了"威廉·诺曼·尤尔领

---

① 邦巴迪拉（1891—1973），真名奈丽·柏顿（Nelly Burton），是英国著名剧作家查尔斯·哈顿·斯珀吉翁·钱伯斯（Charles Haddon Spurgeon Chambers）的遗孀。

② 麦卡特尼（1899—1970），曾参加过第一次世界大战，1919年以中尉军衔退伍后，逐渐有声音指控其为爱尔兰卧底。

导的在英俄罗斯情报行动的历史，1919—1929年"，尝试弄清过去的十年都发生了什么。但他们没有取得什么进展，虽然很确定尤尔是重要的苏联间谍，但一直没搞清楚他为谁工作。实际上，他的上级就是契卡对外情报处。

在所有线索都中断，并且再没有什么案件可以帮助英国整改的情况下，特勤委员会于1931年再度召开。由于相关记录过于简略，尤尔案在此届特勤委员会审议中到底扮演何种角色并不清楚，但特别处的声誉肯定不会因此有所好转。在应对更大的威胁方面，秘密投票的资金额度并没有增加，一切似乎都保持着老样子。

20世纪20年代支离破碎的历史记录说明，这一时期情报是对国家有用的，但还没有得到全面重视。左派的那些阴谋论或者说其实是右派的，除了让"警察国家"成为一个非常敏感的政治话题之外，对当时的历史没有产生太大影响。说到这里，情报部门的作用被定义成几乎完全是政治性的。它在获取军事情报方面作用甚少。因此，军事情报机构和军事情报都几乎不再被人提及。

另一方面，大家都普遍认为理想的情报官员应当由退役军官担任，但此时却开始犹豫：悉尼·赖利、维维安·斯特兰德斯以及威尔弗里德·麦卡特尼都曾在军队服役，但他们的不可靠性后来被证明是个人问题而非组织问题。"当时我对赖利的了解远不如后来的多，"洛克哈特在1932年写道，"他是一个毫无英国血统的……犹太人。"

巴兹尔·汤姆森曾在1922年警告，称英国共产党的建立可能导致"革命知识分子小团体在我们当中不知不觉地发展壮大"。新共产党员中"没有几个"是"前海军或陆军军官"。他们甚至还招募到了"未毕业的牛津和剑桥本科生，以及一两所公立学校的学生"。但不久后，大部分"知识分子"在1924年被清除出党，包括约翰·特纳·沃尔顿·纽博尔德（J.T.

Walton Newbold）[①]，1922年，他对大学展开渗透的计划被特别处侦破。1924年之后的英国共产党的组成人员就只有矿工、工程师和无业人员了。由于各个情报机构都在尽力渗透和调查共产党，所以他们很容易将一个军官绅士型的叛徒描述成一个偶然的异类。

英国政府对情报机构可能带来的回报并没有太高期望。1923年，随着在凡尔赛的最后一项条约被签署，英国立即固定了情报工作的预算，无论世界如何山雨欲来风满楼，这个预算都一直持平不变。特勤委员会和政府也对现状表示满意。

英国的情报工作也许算不上好，但就情报史的基础而言，人们也未给予过高的期望。1932年，当布鲁斯·洛克哈特还是比弗布鲁克勋爵（Lord Beaverbrook）手下的一名记者时，曾说过他的经历让自己"对情报工作产生了很糟的看法。毫无疑问，情报工作有自己的作用和职能，但政治工作并不是它的强项。收购信息使人造新闻得到重视，但人造信息不如诚实的报告危险，因为这些语言学家无论多么勇敢、多么有天赋，也常常无法提供可靠的政治判断"。

---

① 纽博尔德（1888—1943）是第一名当选议员的英国共产党员。

第三章 凝视上帝：战争之前的战争

情报也能绥靖？

1940年5月，莫里斯·汉基在对情报机构进行了为期八个月的调查之后总结道："情报工作的结果是其唯一评判标准，且只有在极端或紧急情况出现时，才有机会证明它们是否有用。"但偏偏和他的期望相反，就在他完成最后报告的前一天，德国入侵了法国和低地国家，引发了"极端或紧急情况"。

20世纪40年代初的英国情报历史有自己偏好的主题。这段历史往往围绕着失败展开，此时历史的核心问题不是"为何英国这么擅长情报工作"，而是"英国的情报工作是如何沦落到今天这个地步的"。

20世纪40年代初的历史就像重写羊皮书卷中的一页，虽然覆盖了之前的很多东西，但很快又被1945年的历史所覆盖。因此我们很容易忽视一个事实，即虽然后来的历史挪用了大量早期的历史案例，但那些年历史的目标和进程与后来几年相比是完全不同的。正是因为对早期历史的大量投入，所以后来的历史才会过度地关注战争初期。固然人人渴望胜利，但矛盾的是，失败的道德感似乎更加令人着迷。20世纪40年代初期的历史尝试在政策制定方面采取的措施可以说是无效的。德国的可怕威胁被广泛宣传，但德国情报机构的情况竟无人了解。

后来的情报史陷入了"绥靖模式"。到1945年，英国情报机构对德国情报机构的情况已经尽在掌握：作为战胜国，这些机构在英国眼里不值一提。只要英国愿意且准备充分，就可以将这些机构的负责人一网打尽。为了找出后期取胜的根本原因，1945年的情报史写作者们把1940年的历史翻了个遍，一心想找出奠定基础的功臣。

图 3.1 掌握秘密的人：莫里斯·汉基。这位前内阁秘书于 1940 年撰写了两份关于英国情报工作的报告。

然而，对20世纪40年代初历史的研究应用在某种程度上反而掩盖了其初衷。那些当时不被重视的案件在后来反倒显得极为重要。而那些后来"改革重组"的当时被认为令人满意的、曾经蓬勃发展的情报机构，在战争结束时却被看作是其他机构改革的一小块垫脚石。只是，在1940年时没人意识到这些。

但毫无疑问的是，早期的一些历史学家在1940年就开始为1945年撰写历史。如温斯顿·丘吉尔和以往一样，一边打仗一边写作。当军事情报局局长决定写日记，记录自己上任前五个月的"狂乱"时，相邻办公室的每个人都在写日记。军事行动局局长、帝国副总参谋长兼前军事行动和情报局局长同样在写日记。1941年底成为军事情报局上级的帝国总参谋长艾伦·布鲁克（Alan Brooke）①被证明是第二次世界大战中职位最高的日记作者。从1938年起，外交部常务次官亚历克·卡多根（Alec Cadogan）作为秘密情报局和政府密码学校的监督，开始写日记。安全局调查处的副处长盖伊·利德尔（Guy Liddell）②也在写日记。最值得注意的是，早在1940年，海军情报局局长约翰·戈弗雷就根据获胜的假设，委托他人编写了一本海军情报史。

情报界的道德游戏成为当年的一种现象。左翼对绥靖主义"罪人"的批评最早可以追溯到1940年7月，当时他们以"凯托"为标题，出版了一本小册子。但在更早之前，批判张伯伦的保守党就把火力集中到了情报工作方面。根据这个早期公开的版本，腐败的政客们背叛了英国情报部门。1939年4月意大利入侵阿尔巴尼亚，把英国打了一个措手不及，温斯顿·丘吉尔对此事进行了猛烈的抨击，声称英国皇家海军被撞见"在意大利的港口里闲逛"。

丘吉尔称情报部门并没有因为这样惊人的失误而受到指责。他说：

---

①　艾伦·弗朗西斯·布鲁克（Alan Francis Brooke，1883—1963），子爵，英国陆军元帅。

②　盖伊·梅纳德·利德尔（Guy Maynard Liddell，1892—1958）。第一次世界大战中他在英国陆军中服役，战争结束后进入苏格兰场工作，曾参与对间谍组织的侦破工作。第二次世界大战爆发后，他被调到军情五处担任反间谍部门的负责人。第二次世界大战结束后，因几名密友被查出是苏联间谍，他一度也被怀疑，被迫提前退休。

"在经历了25年的战争与和平之后，我相信这是世界上最好的情报部门，错的是政治家对情报的玩弄。"丘吉尔谈到了"一只隐藏的手……它干预、筛选或扣留大臣们获得的情报"。对此，丘吉尔总结道：

在我看来，如果大臣们允许筛选和篡改情报部门搜集的信息（我相信情报是第一时间发送给他们的），以降低其后果和重要性，那么只要他们陷入自己希望世界维持和平的诚挚愿望中不可自拔，且一腔情愿地只重视那些符合自己期望的信息，他们面临的风险便是不可估量的。

1938年10月慕尼黑阴谋发生时，对张伯伦政府最有效的抨击也是关于反间谍工作的。用贵族政治家和军人悉尼·赫伯特爵士（Sir Sidney Herbert）①的话说，英国政府只是一个小型的"坦慕尼协会（Tammany Hall）②"，滥用情报人员来诋毁其国内政敌，而不是维护军事安全。他甚至能听到这些"蝗虫"的"碎嘴"在大臣们背后窸窣作响。英国的反间谍工作一无所获，全拜张伯伦及其集团所赐。英国的军事弱点不仅被"希特勒先生"看得一清二楚，而且对"自己村里的孩子"来说也同样明显。

赫伯特和丘吉尔这些言论并非是门外汉之谈。由于丘吉尔已经出版了自己的情报史，因此他在情报界的背景人尽皆知。此外，工业情报中心负责人德斯蒙德·莫顿（Desmond Morton）③还向他递送了一些非法渠道获得的、极度敏感的秘密情报。赫伯特则代表安东尼·艾登（Anthony

---

① 悉尼·赫伯特准（1890—1939），男爵，英国保守党政治家。曾加入英国陆军参加第一次世界大战，丘吉尔任陆军大臣期间，他曾担任其私人秘书。

② 坦慕尼协会，又被称为哥伦比亚团，是一个成立于1786年的美国政治团体，该团体曾是民主党在纽约的主要政治机构，在纽约市和纽约州有着很大的影响力。

③ 德斯蒙德·莫顿（1891—1971），爵士，英国陆军少校和政府官员。

Eden）①发言，这位大臣在1938年2月辞职之前，一直监管秘密情报局和政府密码学校，他本人曾是斯坦利·鲍德温的私人秘书。

"蝗虫"汉基

莫里斯·汉基是赫伯特所指的"蝗虫"之一。他从内阁秘书的位置顺利爬升到内维尔·张伯伦的内阁，担任"无职务"大臣。从1939年9月起，他的任务之一是监管需要额外财政资金支持的秘密情报局的行动。也就是这个月起，他发起了对秘密情报行动的更多历史调查。至此，历史和业务开始并驾齐驱。

张伯伦命令汉基在1939年12月对秘密情报部门做了一次全面调查。汉基的调查团队包括卡多根的首席私人秘书格拉德温·杰布（Gladwyn Jebb）②，外交部所有与秘密情报局有关的事务都上报至他手中处理。另一名成员是财政部负责处理秘密情报局事务的官员赫伯特·布里顿（Herbert Brittain）。他们都与最近被任命为"特勤局局长"的斯图尔特·孟席斯（Stewart Menzies）③"紧密合作"。

内维尔·张伯伦的幕僚霍勒斯·威尔逊爵士（Sir Horace Wilson）警告情报部门要严肃对待自己的工作，因为白厅的许多人都对1939年11月外交部将孟席斯任命为军情六处主管的行为怀恨在心。这种做法使休·辛克

---

① 罗伯特·安东尼·艾登（Robert Anthony Eden，1897—1977），男爵，英国保守党政治家。

② 休伯特·迈尔斯·格拉德温·杰布（Hubert Miles Gladwyn Jebb，1900—1996），男爵，英国著名公务员、外交家和政治家。曾于1945—1946年担任联合国代理秘书长。

③ 斯图尔特·格雷厄姆·孟席斯（Stewart Graham Menzies，1890—1968），爵士，英国陆军少将。

莱在结束长期任职时，也没有人进行适当的评估。辛克莱爵士在弥留之际仅仅提出了一个想法，即他下辖每个部门的负责人如果想接替他的职位，都必须就自己的工作效率和价值进行自我评估。孟席斯是履历高度相关的候选人：他曾长期担任秘密情报局第四科（陆军）的负责人。

的确，汉基的报告早该进行评估。报告初稿于1940年2月中旬完成，随后于1940年3月11日提交。接着，他立即开始了对反间谍工作的第二次调查。

汉基谨慎地在他的个人历史中称自己为长期"保密者"。在他的第一份报告中，他似乎很随意地提到自己是"海军情报部门的前成员"。他的术语很准确：作为一名皇家海军陆战队军官，他曾于20世纪初在海军情报部门工作，当时该部门还没有被重新归并于海军参谋部之下。在他的第二份报告中提到一则逸事：在第一次世界大战期间，他乘坐过一辆军情五处的汽车。购买此车的费用是一个谎称运营、并不存在的情报网从德国海军情报部门支取的。

汉基在20世纪20年代是特勤委员会的固定成员：1919年委员会首次成立时便确定了他的职权范围和工作程序。最值得注意的是，军队的情报机构作为证人被传唤：调查的主题被狭义地称为"特工部门"。然而，他是第一个提出"情报机器"这一称呼的重要调查人员。

汉基明确地将1909年来的特工部门历史作为第一份报告的开头。第二份报告则帮助读者对第一份报告中提供的历史进行回顾。汉基将1909年定为"特勤局"的法定成立日期：1909年，特勤局应帝国防务委员会一个小组委员会调查的结果而成立。他还从特勤委员会过往的历史回顾中提炼出了对历史背景的分析性叙述，这些回顾材料之前都是交由约翰·安德森勋爵发表。这位"时髦超人"现在是汉基的内阁同事，担任内政大臣。

汉基认为1909年的《霍尔丹报告》（Haldane Report）已经对特工部门应扮演的角色进行了细化："应对间谍活动，并在外国间谍和政府官员之间充当屏障。"另一方面，《霍尔丹报告》还建议设立一个单独的特工处。该处"很快"就变成了两个部门。在汉基的叙述中，这一良性的变化是不可避免的。

他接着从这些早期历史材料中总结出一些关键性区别。比如，特工工作天然会分成"国外情报"和"国土安全"两个部门。历史回顾则着重在"外国情报"上。他声称英国已经建立了一个"秘密的国外情报机构"，该机构有两个分支——"特勤局本身"和政府密码学校。

汉基接着说，随着经验的积累、科学、战争经验和技术的发展，他们周围已逐渐形成了一批其他的秘密或准秘密部门。这种历史建构的重点是首要地位和合法性。核心的特工部门是"秘密国外情报局"以及"国内安全局"。"秘密国外情报局"有两个分支，即秘密情报局和政府密码学校，当然也有其他特工部门，但它们是衍生。

这些核心特工部门在执行任务时，并不使用汉基所起的这些名字。1940年，没有"秘密国外情报局"，也没有机构叫"国内安全局"。历史的模糊性造成了这种理想状态。汉基的设想在很大程度上是秘密情报局、外交部和财政部混合起来的历史版本。尽管许多参与调查的人怀疑其实际性，并向汉基提出疑问，但它逐渐并最终成为情报史的主导版本。

尽管汉基的主要关注点是历史的连续性，他显然也对随着时间的推移而发生的变化极为敏感，特别是"科学的进步"。他仔细调查了科学情报工作的状况，并对布莱切利园进行了一次实地考察，随后做出了正确的报告，称有"一群其他的秘密或准秘密机构"。这些机构最重要的工作是密码学、无线电侦听、无线电测向以及侦测非法无线电报台。

汉基用了相当篇幅来讨论政府密码学校，即构成他所谓的"秘密国外情报局"的一个长期主体元素。尽管他经常说这个机构过于机密，不能写出来。他说他不愿意进一步讨论他的发现，除非"在一个没有记录的会议上口头讨论"。他敦促在内阁可以阅读的文件中删除所有关于政府密码学校的内容。

汉基不愿记录的历史是1939年7月的佩里会议。在那次会议上，波兰军事情报部门交出了他们复制的德军的恩尼格玛机械密码机，而这段历史揭示了某些有趣的事实。

第一，政府密码学校破解恩尼格玛的手段和结果都不尽如人意。

第二，波兰的成功复制又是建立在20世纪30年代法国情报行动的基础上的。法国的情报行动依靠的是"恰当的秘密工作"，而英国秘密情报局一样可以做到，但他们没有做。法国人在德军的密码局（Chiffrierstelle）[①]腐蚀并拉拢了一个线人：此人向他们出售了破译恩尼格玛所需的信息。

第三，佩里案一开始并不完全是秘密情报局负责，而是由英国海军情报局提名的海军部技术信号情报部门负责人，陪同政府密码学校的负责人一道前往波兰。

第四，也是最重要的一点，从更广泛的角度来看，政府密码学校被删节的历史并未体现其基本特质。在20世纪30年代，政府密码学校在破译机械加密方面以技巧精湛和精力旺盛著称，因而它对德国的失败并不具有代表性。也同样在20世纪30年代，政府密码学校在破译日本以机械加密的外交通信信息时取得了最大的成功。

在汉基撰文的时候，"致瘾药物"并不是指恩尼格玛而是指"蓝夹克"——因为恩尼格玛更像是前景展望而非事后回顾。"蓝夹克"即用

---

① 即德国国防军最高统帅部密码局（Oberkommando der Wehrmacht Chiffrier-abteilung），该机构为德国武装部队的信号情报机构，负责分析破译敌国和中立国的通信报文，并为本国的关键流程和设备提供安全控制。

蓝色的文件夹呈递破译的外交信函。由于德国和日本在1936年11月签署了《反共产国际协定》（Anti-Comintern Pact），意大利也在1937年加入了协定，日本外务省（Gaimushô）被破译的文件就成了欧洲乃至亚洲情报的重要来源。

在外交情报方面，丘吉尔在1939年4月揭露了一个事实，即张伯伦和他的盟友并不缺少这方面的情报，而是故意选择忽视"情报部门"的工作。政府密码学校的一位日本首席情报专家指出，《泰晤士报》曾一字不漏地将密码破译者的分析刊登了出来，稍微对此有点兴趣的政治家都不会被误导。然而，日本外务省在1939年5月启用了一套新的密码系统，英国对日外交情报的"大丰收"就结束了。政府密码学校试图破解新密码，但并未成功，最后极不甘心地承认了自己的失败。

汉基在谈到密码技术时写道："众所周知，在战争后期，由于运气好再加上能力出众的工作人员耐心努力，它是我们所有秘密信息来源中最为可靠的那一个。"但他指的是军队的密码工作，由军队主导并只为军队服务。

1939年8月，政府密码学校搬到了位于布莱切利园的"战时台"。当战争于次月爆发时，布莱切利园有200名工作人员。这个规模不小的"黑室"其实是一个小型的军事情报机构。同时期德国最高效的密码机构——德国海军的监听处（B-Dienst）已有500名工作人员。因此，德国海军的信号情报工作在1939—1940年整整比英国高出一个数量级也就不足为奇了。

汉基写这篇文章时，解密作为情报工作的主要驱动力，其极端脆弱性似乎非常明显——这种情况不仅存在于英国，也同样存在于英国的那些盟友中。然而，很少有人相信英国的战争宿敌会愚蠢到重蹈第一次世界大战的覆辙，让英国的海军和陆军情报部门再次破译他们的通信。

1940年2月，约翰·戈弗雷写信给汉基称："我对我们是否还有像上一次战争后期那样获得宝贵信息来源的能力表示怀疑。德国现在警惕性极高，并且他们所开发的一项加密技术，可能达到了我们无法破解的高度。"戈弗雷不仅表达了海军情报局局长期以来的观点，而且也是当时秘密情报局的主管休·辛克莱爵士在战前主持的最后一次侦听协调委员会上正式表达的立场。40号房在第一次世界大战期间通常是作为一个黑室运作，这似乎也是政府密码学校未来最有价值之处，更是创立它的初衷。

尽管汉基对"国外秘密情报局"以外的技术情报机构及其从事的工作都非常了解，但他并没有强调这些机构。他主要担心的是政府密码学校作为一个黑室本应受到重视，但所有"Y"业务台站都对它的协调作用视而不见。他的解决方案是成立一个跨机构的"Y"委员会，由一个强有力的独立主席来领导。

除了政府密码学校之外，他特别提到的技术情报机构是秘密情报局的第八科。第八科作为休·辛克莱的最后一项举措，从私人机构引进了天才的通信专家。这些专家研发出了相对便携的无线电设备，使得秘密情报局的情报站站长能够与伦敦保持联系。这些先进的无线电台即使在危急情况下也能继续工作，因此深受秘密情报局以外那些官员的追捧。此时的他们急需通过无线电和总部沟通。第八科的卓越表现得到了大家的一致称赞。约翰·戈弗雷向汉基表示"这确实是一个了不起的亮点，所有的赞美都应归功于甘比尔–帕里上校。"这位理查德·甘比尔–帕里（Richard Gambier-Parry）[1]是第八科的负责人。

最值得注意的是，汉基对技术情报的描述中没有提到成立于1939年9月的军事情报机构——无线电安全局（Radio Security Service/RSS）。该局由军事情报局的军情八处管理，其招聘的负责人都是第一次世界大战中从

---

① 理查德·甘比尔–帕里（1894—1965），爵士，英国陆军准将。

事军方无线情报工作的军官。而这些负责人招募的新人大多数是邮局的公务员和业余无线电爱好者。但它最重要的成员是套用秘密情报局甘比尔–帕里的模式而招募的英国私营无线电公司的管理人员以及牛津大学的学者。休·特雷弗–罗珀（Hugh Trevor-Roper）是军情八处在牛津发掘的明星。他从牛津大学的军官训练团（OTC）[1]来到无线电安全局，是一个现役军官而不是平民间谍。

1940年3月，当汉基正在编写他的第二份报告时，军情八处召集无线电安全局、军情五处和政府密码学校举行了一次会议。报告称尽管德国间谍没有在英国使用无线发射器，但通过监听和破译德国与其他国家之间的无线电信息，他们开始了解德国军事情报机构阿勃维尔（Abwehr）[2]的组织情况。

就在汉基于1939年11月开始工作的时候，英国皇家海军和英国皇家空军情报部门取得了战时最重大的情报成就之一。驻奥斯陆的海军武官收到了一份书面探询，问他是否需要关于德国技术武器发展的机密信息。接着，他如约收到了两份备忘录，并将其送往伦敦的海军情报局。没有人知道这些备忘录的来源，之后也再未有进一步的联系。

这些文件是由德国西门子公司的研发科学家汉斯·迈尔（Hans Mayer）[3]撰写的，他当时正在奥斯陆出差，但这一细节直到20世纪50年代才被人所知。鉴于备忘录的来源未知，海军自己对这份情报的可靠性也持怀疑态度。

然而正如汉基的证人之一、空军情报局局长、空军准将巴斯（Air

---

① 军官训练团（Officers' Training Corps），或称大学军官训练团（University Officers' Training Corps），是由英国陆军运营的军事领导能力训练单位。其重点是培养成员的领导能力，让他们有机会在大学体验军事生活。

② 即德国军事情报局，全称为国防军最高统帅部国外情报与保卫局。

③ 汉斯·费迪南德·迈尔（Hans Ferdinand Mayer，1895—1980）。

Commodore Buss）①所解释的那样，自1937年以来，由于得不到关于德国武器发展的任何机密情报，RAF在秘密情报局任命了一名科学联络官。秘密情报局第二科（空军）的负责人曾告诉巴斯，航空科学情报工作"严重干扰"了他在秘密情报局的其他工作。新上任的科学联络官雷金纳德·维克托·琼斯博士（Dr Reginald Victor Jones）②相信奥斯陆备忘录内容的真实性和准确性。他们对德国空军在雷希林（Rechlin）③的研究设施，以及正在开发的轰炸导航辅助设备进行了讨论分析。备忘录还提供了德国雷达防空系统的技术细节，英国之前对这个系统闻所未闻。于是，琼斯开始着手将备忘录披露的信息编入空军情报报告中。

某种意义上而言，奥斯陆档案并不能算作秘密情报。它不过是一笔通过海军武官传递，并由一个新部门的科学联络官支持的意外之财。不过自19世纪90年代以来，英国派出海军武官的目的就是为了发这种横财，而英国皇家空军也达成了任命琼斯的目的。

与无线电安全局一样，军队也希望得到"秘密国外情报局"无法提供的机密情报，因此他们派特工开展这方面的工作。在20世纪30年代，海军和陆军情报部门有自己的消息来源，其中最重要的角色便是驻外武官。

汉基表示，他对秘密情报局是否在搜集军队需要的情报感到"不安"。他试图通过平衡各部门之间的关系来抚平这种不安的情绪。巴斯向他简述了空军技术情报工作的失败。同一时期海军情报局主管对情报工作的不满也溢于言表。可是，军事情报局局长帕迪·博蒙特–内斯比特

---

① 肯尼斯·卡伦·巴斯（Kenneth Caron Buss，1887—1961），英国空军准将。

② 琼斯（1911—1997），英国物理学家和科学军事情报专家。

③ 雷希林是位于柏林北部米里茨湖南岸的一个小镇，1918年8月，德意志帝国首次在这里建设了军用机场，第二次世界大战中，德国空军的实验室和研究中心就设在此地。

（Paddy Beaumont-Nesbitt）[①]却说自己"相当满意"，新成立的经济战部新上任的情报部门负责人德斯蒙德·莫顿也这么认为。莫顿虽然是前秘密情报局高级官员，但毫无疑问也就是个"客户"，他因此被推出来敷衍巴斯和戈弗雷的抱怨。

汉基第一份报告发表时，海军情报局的约翰·戈弗雷是当时对英国秘密情报工作最主要的批评家。这一点在后来的历史中被掩盖了。这是因为戈弗雷在几个月后改变了立场，成为秘密情报局的坚定捍卫者。在他的历史著作中，自己显然也为这一变节而忧心忡忡：几乎整个20世纪40年代，他都在为自己的改弦更张进行辩护，他花费10年时间仅仅为了得出自己在"1939年是正确的"这一结论。尽管戈弗雷并没有因为海军部提名的候选人竞选"C"失败而感到遗憾，但该职位从已故的海军情报局前局长休·辛克莱，传给自第一次世界大战以来就是秘密情报局成员的斯图尔特·孟席斯，无疑让他深感不安。

戈弗雷对海军情报部门的历史有着浓厚的兴趣：由于在海军部的文件中没有发现什么有价值的东西，他便从该部门管理人员的个人回忆录中搜寻信息，特别是在第一次世界大战期间担任海军情报局局长的"眨眼"霍尔、霍尔的个人助理——股票经纪人克劳德·塞罗科尔德（Claude Serocold），以及ID25/40室的负责人"泡泡"詹姆斯。

戈弗雷的结论并不乐观。尽管他声称"1914—1918年我们的系统表现极好"，但1939年的海军情报部门比1914年的海军情报部门糟糕太多，已经失去了运作特工系统和进行密码技术研究的双重能力。尤其是荒废了对厄勒海峡（Oresund Strait）的监控——通过这条位于丹麦和瑞典之间的狭窄水道，船只可以从波罗的海进入北海，是追踪德国海军动向的关键节点。

---

① 弗雷德里克·乔治·博蒙特–内斯比特（Frederick George Beaumont-Nesbitt，1893—1971），英国陆军少将。

1939年8月，戈弗雷亲自巡视了秘密情报局在波罗的海的办公室。尽管这些"特工头子"都很配合，但在战争爆发前不到一个月，他们的精力还完全集中在政治情报上，很久都没有搜集到关于德国潜艇计划的最新信息。在第一次世界大战中，海军情报部通过瑞士追踪德国潜艇的建造情况，因为德意志帝国为潜艇发动机购买了瑞士的保险。但到了纳粹德国时期，德国已不再为潜艇动力装置投保。

英国得不到任何有用的机密情报，不知道德国海军的战备状态，也几乎不知道去哪里寻找德国舰船。战争开始后三个月，戈弗雷明白，他已经可以肯定地向海军部委员会报告海军情报工作的失败。他承认："我深感遗憾的是我无法告诉委员会任何有价值的信息。"

戈弗雷提出重新组建皇家海军特工系统的方案遭到了丘吉尔的否决，一个重要的原因是戈弗雷暗示应该在第一次世界大战结束后立即寻找"罪人"。当时丘吉尔是陆军和殖民地事务大臣，与海军部没有交情。"建立海军自己的特工机构这种想法不会成功。"丘吉尔简明扼要地评论道。他还驳回了戈弗雷的下一个计划，即在秘密情报局里大量启用高级海军军官。他让戈弗雷尝试将一些海军新人安排到秘密情报局担任相对低级的职务。派去的一名下级军官随后在报告中称秘密情报局"毫无价值，而且通常一无是处到令大家哄笑不已"。

当戈弗雷为了调查的目的与汉基见面时，他已经受到了重重制约。丘吉尔掣肘戈弗雷，并将指责的焦点从第一次世界大战后转移到了20世纪30年代末，正是在"休·辛克莱爵士的衰落期"。

海军事务的情报工作出现了问题。"关于德国舰船的动向和潜艇的建造数量，以及最重要的，他们主力舰完工日期的信息"都"贫乏到可悲"。密码工作"到目前为止都是空白"，而且"破译的都是些政治情报"。"除了"C"传递给我的信息之外，海军情报局不能向我提供任何原始情报"，丘吉尔对此表示"震惊"。英国现在的情报工作"和我们在上一次战争中取得的成果判若云泥"。

秘密情报局与《军事情报手册》修订版

汉基称帕迪·博蒙特–内斯比特相当满意，是基于对证据的故意误读。博蒙特–内斯比特个人也许更乐于任命一名前陆军军官、一名禁卫军同僚到秘密情报局任职——毕竟陆军借调到秘密情报局的军官比任何其他部门都多。但他并不比戈弗雷更钟情于这个组织，与海军同行一样，他告诉汉基，秘密情报局是一个讲究政治性而非军事性的情报机构。但博蒙特–内斯比特读过史料，因此他抱有不同于戈弗雷的期望。与海军情报局不同的是，军事情报局的存在没有延续性，直到1939年9月才由军事行动和情报局重组。

在新的军事情报局独立出来之前，博蒙特–内斯比特作为军事情报局的副局长，主持了《军事情报手册》的更新工作。该手册对陆军的历史经验进行了总结提炼，认为尽管秘密情报局在开战后会继续存在，但陆军依然会像第一次世界大战期间那样独立开展情报工作。而且陆军"在战场上"有自己的情报机构，1939年这种机构被称为GSI，即总参情报处。作为其前身的远征军总部情报处已经建立起自己的特工机构，陆军理应如法炮制。

但只围绕技术情报进行信息搜集是这类情报机构一贯的问题。正如博蒙特–内斯比特的副手所言："现在的特工遇到的困难太多，令他们已经无法发挥作用。"

根据历史经验，无线侦听（"Y"）和战俘审讯是搜集情报的两个最重要的手段。陆军部已经有了自己的"Y"机构，总部设在查塔姆：

更重要的是，每支将被派往海外的陆军部队都会配备由若干通信兵组成的"Y"情报小组。

1939年3月，陆军部与海军部、空军部、内务部和军情五处召开了一次会议，对第一次世界大战期间的战俘审讯工作进行调查。第一次世界大战中，每个军种各自审讯了自己的战俘，到1918年则有一些初步的讨论要求对战俘进行集中审讯。

与会的五个部门一致认为，他们应该拾起前辈的遗留工作。陆军部承诺以部门间的协作为基础，建立一个设在英国的战俘审讯中心。其他部门很高兴看到陆军带头，因为第一次世界大战的经验表明，陆军的战俘居多。战争爆发后，由军情九处管理的联合军种详细审讯中心（CSDIC）在伦敦塔启用。就在汉基访问博蒙特–内斯比特的前几天，该中心搬到了伦敦北郊一座宏大的住宅中。博蒙特–内斯比特的继任者认为"卡克福斯特斯"是他最能让人记住的成就。

但这并不意味着英国陆军的一切都是甜蜜和光明的。在陆军的中高层有一群情报"激进分子"，他们认为《军事情报手册》设想的还不够多，只有进一步推动权力下放才行。问题即出在陆军部和看似无关紧要的秘密情报局与政府密码学校。伦敦作为一个整体，就像"一团凝固的脂肪"。

最著名的激进派领袖是阿奇博尔德·韦维尔（Archibald Wavell）[1]，他从1939年8月起担任中东地区总司令。1939年11月，韦维尔称武装部队应当忽视伦敦那个无效的中央情报组织，而要根据第一次世界大战，尤其是1917—1918年艾伦比勋爵领导下征服中东军队的经验，建立自己的战地情报系统。其中陆军更应该带头发展跨军种的情报机构，搜集情报并开展欺骗和破坏行动。韦维尔明白白厅为了维护自己的权力，会试图阻挠他的

---

[1]　阿奇博尔德·珀西瓦尔·韦维尔（Archibald Percival Wavell，1883—1950），伯爵，英国陆军元帅。

举措，但他并不打算妥协。

汉基的历史证明，自第一次世界大战以来，英国获取的情报主要是政治情报。他认为这是一个完美的辩护点，有力地证明了英国在战时的盲目状态，所以针对这一不幸的"技术立场"，必须要采取补救措施。

当然，汉基仍然需要对政治情报工作进行解释，这可是一项爆炸性任务。他写道："人们普遍对一般的情报工作和政治性的情报工作感到满意。"每个人都认为"获取了充足的政治情报"。这样的说法，对应于他搜集到的证据以及在报告中引用的案例，不过是一种牵强的解读罢了。

政治情报系统的中心显然是所谓的护照管理官。1921年，秘密情报局就控制了护照管理处。此后，设在世界各国首都的护照管理官就一直是秘密情报局情报站站长的专属掩护身份。这个系统的问题在于：该掩护身份很容易被识破。

该系统时不时会暴露出丑闻。秘密情报局战后派驻柏林的第一任情报站站长因挪用公款而被迫辞职，他后来移居美国，并撰写了大量自己于第一次世界大战期间在比利时运营军情一处c科情报网的文章。欧内斯特·艾伯特·多尔顿（Ernest Albert Dalton）曾于1924—1936年间任荷兰的护照管理官，并于1936年7月自杀。多尔顿从1917年起就在军情一处c科任职，被大家认为是一个"能力卓越"的人。当时，犹太人拼命想要获得前往巴勒斯坦的签证，他便趁机捞钱。经过调查，秘密情报局将多尔顿造成的"严重亏空"偿还给了殖民地部。

很明显，所有的外国势力都明白，护照管理官即代表秘密情报局。1938年，秘密情报局第二科科长弗雷德里克·温特博特姆（Frederick Winterbotham）①说："每个在中国的人都知道谁是'斯特普托'

———

① 弗雷德里克·威廉·温特博特姆（Frederick William Winterbotham，1897—1990），英国空军上校。

（Steptoe），以及'斯特普托'是什么身份！"

斯特普托时任秘密情报局上海情报站负责人。

同年肯德里克案也遭到了曝光。纳粹德国和奥地利合并之后，盖世太保在维也纳逮捕了护照管理官托马斯·肯德里克（Thomas Kendrick）[①]，在对他进行了几天的审讯后，把他作为间谍驱逐出境——他确实是间谍。因为肯德里克及其类似身份的人员很容易成为敌方政治警察的猎物。

协助汉基调查的秘书格拉德温·杰布（Gladwyn Jebb）撰写了肯德里克案件的报告。随后在对海牙护照管理官的调查中他进一步证实，"荷兰政府显然早就洞悉了护照管理官的一切"。他还发现，陪同这些护照管理官出国的妻子们，在其社交圈中谈论她们丈夫所从事的秘密工作。

汉基不得不提的案件是1939年11月的芬洛事件（Venlo Incident）。1939年11月9日，几个身份不明的德国人在荷兰边境城市芬洛绑架了海牙的护照管理官和另一名秘密情报局官员。同时，他们还杀害了当时陪同秘密情报局人员的荷兰军事情报官员。

秘密情报局曾向被他们认为是反纳粹的国防军军官团体提供了一个无线电信号。1939年11月22日，"德国秘密警察"通过该信号发送了一条信息："与自负和愚蠢的人通信，久而久之会变得很无聊。"德国人继续写道："你们会理解我们为何要与你们决裂。你们在德国对手中的朋友向你们致以最美好的祝愿。"同时，德国的新闻和宣传机构将这两名被绑架的英国人称为"英国情报局"的官员。

经过内阁的激烈辩论，外交部在一次"非正式"的新闻发布会上确认，失踪的人是情报人员。外交部的主要目的是驳斥德国的第二项指控：被捕的这些英国情报人员在慕尼黑组织了对希特勒的暗杀行动。外交部将

---

① 托马斯·约瑟夫·肯德里克（Thomas Joseph Kendrick，1881—1972），代号为"华莱士上校"的英国情报官。

媒体宣传的策划案交予了曾在苏联潜伏过的英国"首席特工"、《每日先驱报》的海外编辑威廉·诺曼·尤尔。1939年12月，德国告诉荷兰他们活捉了英国政府官员。

芬洛事件揭示了20世纪30年代英国政治情报工作的一些突出特点。首先，也是最重要的一点：秘密情报局从德国搜集不到什么好的政治情报。因此，英国的外交政策只能以外交官和政治家们自己的经验、观察和预期为基础。而英国从德国取得的政治情报一直也不重要，哈利法克斯勋爵（Lord Halifax）[①]在回应一份由杰布编写的关于德国政治情报状况的报告时说："我们正在一种儿童般的精神氛围中前进，在这种氛围中，所有的事情都有可能，但也不能确定，没有理性的指导规则。"

其次，对政治情报感兴趣的决策者，往往只能自己搜集情报。如普特利茨案（Putlitz case）便是一例。英国在海牙有一个能干的间谍，即德国大使馆的第一秘书沃尔夫冈·楚·普特利茨（Wolfgang zu Putlitz）。普特利茨于1934年被招募，是英国政治情报的一个来源，但他不是秘密情报局特工。相反，他被军情五处作为"私人"情报组织的一部分来管理，该组织是由1930—1938年间外交部常务次官罗伯特·范西塔特爵士（Sir Robert Vansittart）[②]创建的。虽然外交部常务次官也负责监管秘密情报局，但从他在德国建立了自己的政治情报网可以说明，他并不信任秘密情报局。

海牙的危险动荡当然令普特利茨坐立不安，他于1939年9月飞往英国，在范西塔特的乡间别墅避难。芬洛事件发生时，关于普特利茨地位的

---

① 爱德华·弗雷德里克·林德利·伍德（Edward Frederick Lindley Wood），哈利法克斯伯爵（1881—1959），英国保守党高级政治家。

② 罗伯特·吉尔伯特·范西塔特（Robert Gilbert Vansittart，1881—1957），男爵，英国高级外交官。

争论还在继续。

芬洛事件表明英国情报部门对他们德国对手的所作所为知之甚少。1939年11月，休·辛克莱在最后遗嘱中声称英国情报部门面临着一个"强大而无情的反间谍机构"。但他们甚至不知道他们真正的敌人——保安处（Sicherheitdienst）[①]的名字。

上述因素的结合使得芬洛事件在后面几年中成为英国政治情报历史调查的核心。关于芬洛事件的更多信息得到曝光，但仅凭杰布搜集的历史资料，汉基也不得不承认问题的存在。他的结论是护照管理官们"得到的信息并不充分"，无法有效地开展情报工作。他对目前的"人员聘用制度感到不满"。

为了回应这个新的结论，斯图尔特·孟席斯当即决定向汉基提供一个"我们现在所掌握的秘密情报局的历史简报"。汉基将这份简报全文都作为自己报告的附件。这是特勤局对其自身历史的看法，最终以书面形式呈现，而不再仅停留在口头简报形式。除其他事项外，该报告还显示，秘密情报局将自己的成立日期定为1909年10月，当时特工处成立仅两个月就分成了国内和国外两个部门。它还强调了特勤局在1919年赋予自己的"宪章"的重要性，即"向所有被授权的政府部门提供他们可能需要的、无法通过官方渠道获得的任何信息"。秘密情报局的历史还澄清说，秘密情报局现在的名字是在1921年采用的，此后它便更乐意使用这个名字，而不是其官方名称——军情一处c科。

孟席斯解释说，这段历史的目的是要证明，"我们一次又一次地得到同样的教训，即必须为未来做计划。情报工作只有多年耐心积累才能获得

---

① 保安处是1931年由海因里希创立的情报机构，也是纳粹党的第一个情报机构。该机构全名是"元首党卫队保安处"，主要与盖世太保密切联动。1939年该组织成为德国保安总局的一个部门。

成功，而不是即兴发挥"。由于这项工作尚未完成，戈弗雷等人所说的"即兴发挥"是无法实现的。孟席斯实际上承认了秘密情报局在战争中没有什么用处，因为没有人沉下心去深挖。特勤局一直是一个政治情报机构，因此不能指望它成为一个有效的军事情报机构。

之后秘密情报局的历史迅速朝相反的方向发展。它坚持认为自己主要是一个军事情报机构。它不是为政治情报而设立的，在第一次世界大战期间，外交部也阻止它插手这类事务，而更倾向于让自己的政治情报部去做。特勤局为证明自己作为主要军事情报机构的地位，引用了三个历史权威资料。这些权威资料被复制在附录中，并被汉基纳入最终报告。

按照时间顺序，第一个历史证据是在秘密情报局早期记录材料中发现的，由军情五处的麦克多诺中校（Colonel Macdonogh）[①]于1910年10月所做的"经典"会议记录。麦克多诺在其中指出，"我们的特工系统与其他一流大国的特工系统相比不尽如人意"，并称"重中之重是在和平时期对系统进行彻底的梳理"。乔治·麦克多诺作为历史权威是一个怪胎。他早期是特工处的坚定拥护者，但也担任过远征军总司令部情报部门的负责人，后来又担任军事情报局的负责人。他创建了自己的特工团队，而将军情一处c科牢牢地压制在它固有的位置上。

第二份历史权威资料是《军事情报手册》。该手册"包括了在统一领导下进行情报工作的基本原则，无论战时的哪个司令部开展情报工作都需要遵循这些原则"。刚刚在博蒙特-内斯比特领导下修订的《军事情报手册》，可能是比麦克多诺更为奇怪的选择。《军事情报手册》明确承认秘密情报局是战时不可或缺的机构，同时又提出了各种可以绕开它的方式方法，以便陆军可以自行搜集情报。1939年的修订本指出："秘密情报局有

---

① 乔治·马克·沃森·麦克多诺（George Mark Watson Macdonogh，1865—1942），爵士，英国陆军中将。

时被认为是情报系统之外的东西，通过各种密不告人的手段，以一个独立的实体运作。"《军事情报手册》认为这一说法是错误的，"秘密情报局"只是"众多相互依存的有机体中的一个，指挥官通过它来获取关于敌人的信息并给敌人造成损失……而不是一个独立的部分"。

第三份权威材料最为奇怪，也最引人注目。这份材料的提供者不是别人，正是失势的德意志第二帝国陆军最高统帅部下属情报处的前负责人尼古拉上校。似乎大家都忘记了詹姆斯·埃德蒙兹对他的狡诈、含糊其词和无能的无情揭露。由于孟席斯过于频繁地引用尼古拉1924年的作品，以至于大家搞不清这是在用他的观点来建议英国人应该如何行动，还是以他的话作为德国人会如何行动的最佳佐证。当然也许两者都是。至少有一位该文件的热心读者约翰·戈弗雷认为，从尼古拉那里获得的材料是汉基报告中最引人关注的内容。

秘密情报局选择了四条主要的尼古拉式原则。第一，"间谍活动源于军事。在任何时候和任何地方，通过在敌人中进行间谍活动而获得的准确信息都是军事斗争中不可缺少的辅助手段"。第二，为了有效进行情报活动，特工部门必须"在战争爆发时处于全面工作状态"。第三，"世界大战证明，国与国之间的斗争已经超越了武器决定的狭窄范围，而成为一场……人民灵魂的较量。在军事情报局的位置上，出现了一个针对周边国家的国家情报局。它关注所有可能给国家带来优势的事物，同样关注经济、政治和军备。它不再局限于纯粹的被动的调查工作，而是在经济斗争和国内外政治宣传中展开积极的行动"。第四，"情报局是为绅士服务的"。

除了对特工工作历史理念的梳理，孟席斯还为秘密情报局的表现提供了一个更加务实的历史辩护——它的资金不足。休·辛克莱在1935年首次将这一说法记录在案，他曾在1935年争论过，而孟席斯在1940年又重复了这一观点，即1914年英国只面临一个战略威胁：德国。而现在，他们面临着四个敌人：德国、日本、意大利，还可能有苏联。这就忽略了一个事实——在1914年，奥匈帝国也是一个重要敌人。在汉基的调查中，他出于相当深奥的法律原因不得不处理这一点，意大利也是一个可能的敌人，但读者可以接受他的观点。

辛克莱和孟席斯认为，一个围绕着政治上重要的中心组织起来的护照管理官系统组织只是个小型情报机构，根本没有能力应对巨大的威胁。1935年，辛克莱希望从重整军备中分得一杯羹。他痛苦地表示，他的预算"只相当于每年花在本土水域的所有皇家海军驱逐舰的维护费用（不是成本）"。他当时认为，每年维持一个像样的秘密情报局需要50万英镑费用。

虽然赫伯特·布里顿（Herbert Brittain）为汉基调查组做了大量的财务分析，并提供了秘密投票的明细表，但他并没有提供太多历史背景。布里顿将当前的财政年度设定为基线，即1939—1940年，随后便是向前而不是向后预测预算。当辛克莱在1935年提出他的意见书时，秘密投票的金额为17.9万英镑，其中秘密情报局得到了2/3。布里顿的数字显示，1939年初确定的秘密投票金额为70万英镑，尽管此后得到了大量的补充。在这个总数字中，9万多英镑被分配给军情五处，其他机构收到的金额则可以忽略不计，如印度政治情报局。政府密码学校的费用不是由秘密投票支付的：它是从外交部自己的预算中获得的资金，其费用只相当于秘密情报局预算的一小部分。因此，秘密情报局在和平时期的最终预算约为60万英镑，比辛克莱所抱怨的增加了五倍，而且远远超过他所声称的维持一个一流特勤局所需的资金数额。

因此，关于资金的争论在于资金到账太晚，而不是太少。虽然秘密情报局以与武装部队相同的速度重新武装起来，但无法明智地使用这笔钱，因为特工网络需要多年的维护，不能像水龙头一样被打开和关闭。在对休·辛克莱爵士的证词中，"C"解释说这笔钱资助了两件有意义的事情："无与伦比的"第八科和"对中立国特工部门的渗透以及利用他们的特工"。

财政部的数字显示，1939年，秘密投票的实际金额比1914年高出7.5倍以上。尽管如此，汉基的结论仍是："战前的资金并不充足。"他写道："我不认为孟席斯上校的解释可以得到验证。"今天我们可以确认，从某种意义上说，汉基是对的。与他的许多其他判断不同的是，当时或后来，他对秘密情报局业绩的财务解释没有受到质疑。

无论是情报工作的历史还是当代史都没有随着汉基第一阶段的调查结束而停止。在他开始进行下一阶段的工作时，作家、剧作家和"地中海俱乐部"的主要成员康普顿·麦肯齐又出版了一卷关于第一次世界大战中军情一处c科的回忆录。

麦肯齐案并没有在1933年结束，麦肯齐仍然受到监视。他与奥斯瓦尔德·莫斯利（Oswald Mosley）①、激进的苏格兰民族主义者和共产党人的会面都被深深怀疑。在慕尼黑阴谋之后，维维安和军情五处的贾斯珀·哈克（Jasper Harker）②终于说服了总检察长和检察长，"作为一项既定政策，我们不能允许情报官，特别是那些被委托从事特工工作的情报人员公布从官方文件或他们自己的经历中获得的信息，这些信息可能以任何方式妨碍特工部门的工作"。

麦肯齐的信念以及20世纪30年代末的总体气氛，使他更加谨慎，但这

---

① 奥斯瓦尔德·厄纳尔德·莫斯利（Oswald Ernald Mosley，1896—1980），准男爵，英国政治家。

② 奥斯瓦尔德·艾伦·哈克（Oswald Allen Harker，1886—1968），英国陆军准将。

并没有阻止他。1940年3月的《爱琴海回忆》（*Aegean Memories*）将东地中海特别情报处的故事延续到第一次世界大战后期，并没有对他采取任何行动。秘密情报局的瓦伦丁·维维安（Valentine Vivian）[1]评论说："因为它的品位，我对这种作品的出版感到遗憾，而且可能产生同样令人遗憾的影响。它只是在一个更关键的时刻做了'希腊记忆'所做的事情，即：邀请外国关注一个旧的情报系统，而我们目前的系统跟这个旧系统有着许多关联，算是它的直系后代和继承人。"

正当汉基为他的第二份报告做最后的润色时，里克曼案爆发了。里克曼案在整个调查过程中一直在发酵，这主要是因为汉克和格拉德温·杰布与里克曼被派去执行的行动有密切关系。

弗雷迪·里克曼（Freddie Rickman）是秘密情报局第九科的一名"非法"情报官，不久前在中立国瑞典被捕。

里克曼在瑞典的目的是要炸毁瑞典的铁矿设施，在他被捕的同时，储存的炸药也被起获。瑞典是一个中立国，如果里克曼成功，他将会杀死许多瑞典人。除了这个尴尬的外交问题，里克曼被证明只是英国在瑞典的情报工作的一部分。通过他携带的文件和他自己的陈述，他设法向瑞典人、德国人、英国媒体和白厅的重要部门透露出的信息，不仅包括护照管理官的行动，还有其他"非法人员"的行动。里克曼让每个人都显得很业余，他甚至成功地强调了英国情报部门的恶名。像许多第一次世界大战回忆录的作者一样，里克曼获得了一个秘书——情妇（共犯）。

汉基调查的第二部分是在与第一部分不同的背景下进行的。斯堪的纳维亚半岛所发生的事件比秘密情报局在斯德哥尔摩的愚蠢行为更深刻。1940年4月9日，德国入侵了丹麦和挪威。作为秘密情报局历史的补

---

[1]　瓦伦丁·帕特里克·特雷尔·维维安（Valentine Patrick Terrell Vivian，1886—1968），英国陆军上校。

充，斯图尔特·孟席斯编写了一部关于挪威的情报史，汉基也认可了这一做法。

德国与英国的渗透与反制

与此同时，第二份汉基报告的主要历史重点是德国对英国的渗透和英国采取反制措施的历史。其中提出的重要观点是，英国有德国特工在活动，且最近一次对德国间谍的起诉是在1939年5月。1939年9月2日，军情五处监听德国大使馆，发现有电话打到唐宁街10号的新闻办公室，接到电话的新闻官员此前曾因向德国特工传递保密信息的行为受到警告。

德国人当然有情报部门。由戈培尔（Göbbels）领导的宣传部下属的新闻局，即DNB就负责搜集情报并运作特工系统。而里宾特洛甫（Ribbentrop）领导下的外交部也在运作特工系统。英国人最了解而且在很多方面最惧怕的是德国国家社会主义工人党海外组织（Auslands-Organisation of the NSDAP）[①]即纳粹党海外组织。该组织利用居住在外国的德国人和纳粹分子的潜力开展工作。此外，德国还有强大的信号情报机构针对英国，包括德国海军情报局的监听处、德国外交部的密码部门（Pers. ZS）[②]、德国国防军最高统帅部密码局（OKW/Chi）和德国空军无线电监听部队（Funkorchdienst）等。1938年，德意志汉莎航空公司航空照相B处

---

① 纳粹党海外组织是纳粹党的一个支部，成立于1931年，持有德国护照并居住在德国领土之外的纳粹党员都被集中到这个支部。

② 此处指德国外交部下属的两个密码部门：外交部人事司Z处（Sonderdienst des Referats Z in der Personalabteilung des Auswärtigen Amtes）和外交部密码处（Personal Z Chiffrierdienst des Auswärtigen Amtes）。前者负责分析破译国外的外交密码和电文，后者负责编制、分发和保护本国的外交密码。

（Hansa-Luftbild-Abteilung B）开始在英国上空进行秘密摄影侦察飞行。

1939年9月，海因里希·希姆莱（Heinrich Himmler）成功地推动了纳粹国家安全机构——帝国保安总局（Reichssicherheitshauptamt/RSHA）的建立，由他的门徒莱因哈德·海德里希（Reinhard Heydrich）指挥。帝国保安总局是国家和党派的机构的合并，包括作为政治警察的盖世太保和作为特工机构的党卫队保安处。帝国保安总局第六处是一个积极的海外情报机构，它对芬洛事件负责。

德国人也采用了休·辛克莱建议的做法：利用别人的情报机构。1939年8月，他们从英国外交部的"可靠来源"那里得到情报。该来源就是被苏联人控制的外交部密码员约翰·金（John King）。

然而，汉基调查中所说的"德国情报局"，是德国国防军最高统帅部国外情报和保卫局（Amt Ausland/Abwehr），又称阿勃维尔。直到1940年9月，他们才试图通过秘密手段向英国派遣特工，第一处负责间谍活动，第二处负责破坏活动，派往英国的特工来自第二处。

汉基依靠尼古拉来了解第一次世界大战中德国情报的历史，表明英国人对敌方情报历史的掌握是那么的不完善，更不用说弄清其对手目前的现实状况了。1940年的英国分析家接受了"极权主义"的概念，这就回避了寻求他们未掌握的情报的要求。

汉基没有要求军情五处提供反间谍的历史。然而在调查的第一次正式会议上，弗农·凯尔就以"历史简述"作为开场。正如他自第一次世界大战以来所做的那样，凯尔重述了1914年在英国的22名德国间谍中有21人被抓获的故事。他继续解释说，军情五处正计划对德国人采取欺骗行动，就像它在1914—1918年所做的那样，尽管他抱怨道："上次战争后安全局的前成员有过不检点的行为，因此我们现在无法再次利用某些宝贵的方法来欺骗敌人。"至于最近的历史，凯尔表示军情五处在1931年从警察手中接管了反颠覆工作。

汉基随后根据自己的记忆对这些事件进行了阐述。就像他对秘密情报局案例的看法一样，汉基得出结论：军情五处之所以重要，是因为其一直在从事"纯粹的军事工作"，尽管在过去10年中，它是一个致力于打击苏联颠覆活动的小机构。凯尔说，军情五处在1937年就开始为战争做准备。但根据他对所招募人员——大律师、小律师及退休的印度和殖民地警官的描述，军情五处仍然忙于针对平民进行打击颠覆活动，并不是一个致力于支持战争的特工机构。

当被问及安全问题时，武装部队表示，军情五处在他们的范围内几乎没有存在感。他们正在迅速建立军情五处以外的安全机构，如三军联合安全局和军情十一处。陆军部通知汉基，计划将军情五处并入负责安全的军事情报分局。

另一方面，凯尔本人现在认为，他自己的历史学家在第一次世界大战结束时得出的结论应该被忽略。军情五处最重要的部门现在已变成由贾斯珀·哈克领导的"侦查"或"调查"部门，而不是安全部门。

然而，凯尔进行"历史素描"的主要目的是表明过去被别人误解了，这种对历史的误解正在使当代的政策陷入瘫痪之中。据凯尔说，1914年，英国共有4万名外国人，这是一个相对稳定的人口数字，而且很少有人是难民。而现在在英国的外国人达到了7.5万名，其中有3/4是难民。凯尔呼吁立即拘留这些外国人。

在凯尔的口头历史涉及了这个问题之后，军情五处关于外国人问题的书面历史也随之而来。这段历史概述了1914年政策的不确定性。它证实，1914年9月，阿斯奎思（Asquith）[1]政府决定拘留在本国军队中登记为预

---

① 赫伯特·亨利·阿斯奎思（Herbert Henry Asquith，1852—1928），伯爵，英国政治家和自由党政治家，1908—1916年担任英国首相。

备役的敌国侨民；解释了在1915年5月"卢西塔尼亚号"（Lusitania）沉没后，这种拘留是如何扩大到包括所有适龄的男性敌国侨民的。那时，超过3.2万名德国人和奥地利人被拘留。

汉基调查了这段历史，产生了一个解释关于1914年和1939年之间差异问题的"回应"附录。1939年，英国逮捕的可疑德国人实际上比1914年多得多。但由于没有人真正了解德国的情报工作，因此"远远不能满足安全的要求"。

外国人问题主导了第二次汉基调查的历史层面。汉基宣布，这个问题非常关键，他不能仅仅局限于调查军情五处内部，他将把自己的调查转变为对外国人问题的调查。

这造成了两个直接问题。首先，这使汉基与他在特勤委员会的老同事约翰·安德森发生了冲突。内政大臣并不欢迎他擅自染指自己的领域。其次，汉基对于宣传军情五处关于外国人政策的解决方案热情极高，这使他忽略了军情五处并没有为实施这一政策做好准备的事实。汉基访问过的沃姆伍德·斯克拉布斯监狱的登记处已经出现了崩溃的迹象，因为大规模拘禁的现实使它内部爆满。汉基的一些证人意识到有问题并警告过他。但他没有听从这些警告，而是不遗余力地赞扬军情五处的登记处及其负责人。

这段一厢情愿的想法和他写的其他东西一样，让汉基显得很可笑。丘吉尔从张伯伦那里继承的私人秘书对汉基的努力做出了同一时期最为严厉的评价："汉基勋爵被任命来整顿秘密情报部门，但他的报告没有什么帮助，事实上，他提出的唯一建议也是微不足道的。"

丘吉尔解雇了弗农·凯尔和莫里斯·汉基，并任命德斯蒙德·莫顿为自己的个人情报顾问。为英国情报部门创造确定历史的持续尝试随着汉基的下台而结束，修辞的重点从捍卫过去转移到了否定过去。

然而，更具体的历史反思工作仍在继续，对未来调查的建议也是如此。汉基的临别赠言是：情报方面的潘多拉魔盒是武装部队的情报工作，而不是民事情报机构。这个结论很难被忽视，因为汉基的观察来自失利的挪威战役，此役暴露出作战军事情报方面有着明显的不足，军事情报工作也存在着更刺眼的缺陷。事实上，在1940年5月灾难性的法国战役中，军事方面可谓一败涂地。

1940年5月前撰写的情报史与此后撰写的情报史形成了一条主要的分界线，体现了军队地位的变化。战时的调查传统侧重于文职特工部门，并将军事情报人员视为无私的证人。1940年5月后，陆军、海军和皇家空军成为挑剔的文职官员的写作对象。这样做的结果就是，反过来又在军方内部形成了一种辩护性的历史写作模式。这也使人们在将陆军和海军历史视为情报史资料的权威性方面产生了明显的差异。

当一名调查和统计局局长——向陆军部常务次官汇报的文职官员给即将离任的军事情报局局长帕迪·博蒙特–内斯比特打出低分时，后者显然很失望。而且，他抱怨说这位调查局局长逾越了红线。

陆军部的审查是基于对军事情报局和军事行动局官员的问卷调查和询问。它承认，军情局仍然存在博蒙特–内斯比特向汉基描述的问题：秘密情报局毫无用处。但军事情报局本身是否组织得当，这也很值得怀疑。局里并不缺情报人员，现在的军事情报局要比1918年时"大多了"。但博蒙特–内斯比特"使分支机构的数量成倍增加，远比1914—1918年战争中建立的必要机构多得多"。有一些部门在整理那些永远不会有军事行动的地方的情报。据调查和统计局声称，许多军事情报部门完全可以打包给民事机构，基本不会有任何损失。

更糟糕的是，调查和统计局的人公开怀疑军事情报人员是否真的有用，甚至怀疑他们是否需要在军队中任职。其实，军事情报局的大多数官员都持有战时委任状。调查人员不相信情报工作的职责"最好由身穿国王制服并遵守纪律的军官来履行"的说法。不管是拥有永久军衔的现役人员还是挂临时军衔的招募人员，陆军军官都没有真正接受过执行这种任务的训练。"能干的情报人员"堪称"稀世珍宝"。由于这些稀缺人才供不应求，他们在其职业生涯的大部分时间里都只能从事情报工作。但令人不快的结果是："情报机构被认为是一潭死水，雄心勃勃的军官不愿意去从事这项工作。"为此，博蒙特-内斯比特很生气，他争辩说："情报部门必须保持一个军事组织的本色，军事思想和方法应在其中占主导地位。它决不能堕落成一个被阉割的文职部门。"

1940年11月，各军种参谋长更广泛地审查了他们的情报机构。就总体而言，他们声称自己和1940年5月时一样满意。内阁中的工党高级成员克莱门特·艾德礼（Clement Attlee）①在阅读了他们的报告后向丘吉尔表示，武装部队都安于现状。参谋长们似乎决心捍卫一个未能履行职责的现状。

军事情报的这些失误不仅在内部，在议会和新闻界也成为批判的对象。1941年4月，有一连串的媒体文章询问英国的军事情报工作会如此糟糕的原因。当时的情况是隆美尔（Rommel）和德国军队"出乎意料"地来到了利比亚，彼时那里正是英意两国的战场。伦敦的军事情报局和韦维尔建立的独立自主的情报机构都遭到了媒体的炮轰。

在隆美尔第一次进攻引发的危机中，负责管理公共关系的大臣写道："利比亚的新闻比我预想的还要糟糕……我们对利比亚新闻的管理进行了认真调查……我们极度震惊……手头的信息非常少，开罗方面用最愚蠢和

---

① 克莱门特·理查德·艾德礼（Clement Richard Attlee, 1883—1967），伯爵，英国政治家，1945—1951年担任英国首相，1935—1955年担任工党领袖。他在温斯顿·丘吉尔领导的战时联合政府中担任副首相，并在1935—1940年和1951—1955年两次担任反对党领袖。

多余的虚饰来遮羞……事实上，我们被打了个措手不及。"几天后，在阅读了报纸上的文章后，他又说："挪威的失败是一个严重的打击，但利比亚的失败则是更沉重的一击。大家问：'德国是如何在利比亚登陆四个师的？'对这一壮举有许多解释，但没有一个能真正解决这个问题。"军事情报局自己的"检讨会"得出了结论，他们的"推论在一定程度上是正确的，尽管我们经常向帝国副总参谋长发出口头警告，但并没有明确以白纸黑字的形式呈现"。

在这场危机中，政府密码学校首次对德国恩尼格玛密码机有了惊人的突破。军事情报局局长弗朗西斯·亨利·诺曼·戴维森（Francis Henry Norman Davidson）[1]描述了他自己看到斯图尔特·孟席斯和德斯蒙德·莫顿在会议期间将精心挑选的"消息"——被破译的由恩尼格玛加密的短讯放在丘吉尔面前时引起的反感：对此，首相含糊地宣布，有了这样的信息，韦维尔一定会打败隆美尔。戴维森想知道：首相能看穿这些人的"骗子"身份吗？戴维森把自己说成是一个演员，现在正在参与一场历史剧，而其他人将写下这段历史。

德斯蒙德·莫顿写道，他们正在进入一个新世界。与过去相比，"我们情报部门的错误远不在于信息的匮乏，而在于没有整理和理解可用的信息"。在文职情报官员莫顿看来，这是由于"错误地认为情报部门主要是发挥作为服务部门的职能。它是国家的一项职能"。英国犯了"过分强调情报部门主管组织和搜集信息责任"的错误。各部门在情报工作方面并不称职，他们只能怪自己"派到'情报部门'里的人都是能力较差的参谋军官"。最迫切的需要是由一个文职"核心"来管理情报机器。

在这个新世界里，新的评论员可以把自己推向前台，其中第一个人

---

① 戴维森（1892—1973），英国陆军少将。

是雷金纳德·维克托·琼斯。琼斯在1941年5月才被正式承认为"情报官"。经过一番努力，他终于获得了从科学研究到情报工作的调动。他被授予科学情报助理主任的头衔，直接向新设立的负责情报的空军参谋长助理报告。

在空军参谋长情报助理负责的部门中，琼斯的小组只占很小的一部分，但它在某些方面做得特别好，使它在白厅的意识中显得更重要。从情报史的角度来看，琼斯最引人注目的能力是针对普通人构建可读的科学情报案例史。他以1942年2月布吕内瓦尔①突袭（Bruneval Raid）的历史完善了这一艺术。布吕内瓦尔是维尔茨堡（Würzburg）的操作站，这是一种新型的德国雷达，用于短距离探测穿越德控领空的飞行器。

与了解雷达系统本身的成就同样重要的是，琼斯仔细展示了这台科学情报机器的每一部分是如何与其他部分联动的。他解释说，奥斯陆档案对雷达的开发提出了警告；破译的恩尼格玛密电证实了雷达正在部署；皇家空军的摄像侦察单位已经开始搜索雷达；三军联合总判读部门确定了雷达已经安装完毕。联合行动司令部已同意发起一次突袭，夺取德国雷达的一个工作型号。联合行动司令部司令路易斯·蒙巴顿勋爵（Lord Louis Mountbatten）②明白这样一次突袭在白厅的宣传价值。他想对"情报工作的公共关系"做出一些推动。

这次突袭发生在1942年2月27日。突击队在缴获了雷达的同时俘虏了一名雷达操作员。随后，该设备被送到了位于法恩伯勒（Farnborough）③的技术研究机构，俘虏则被交给皇家空军负责审讯战俘的情报助理主任。

---

① 圣茹安–布吕内瓦尔（Saint-Jouin-Bruneval）是法国诺曼底大区滨海塞纳省的一个公社。

② 路易斯·弗朗西斯·艾伯特·维克托·尼古拉斯·蒙巴顿（Louis Francis Albert Victor Nicholas Mountbatten，1900—1979），伯爵，英国海军元帅，英国王室的亲戚。

③ 法恩伯勒位于英国汉普郡东北部。

技术研究和审讯报告由科学情报助理主任进行了整理。调查完全查明了雷达的性能。因此，皇家空军也确定了适当的应对措施：制定躲避雷达的飞行曲线并使用"窗口"技术，即投放在雷达屏幕上产生"干扰"的铝箔条。

在突袭后的几天内，琼斯完成并分发了一份完整的案例记录。丘吉尔特别要求得到一份报告，阅后称作者值得"高度赞扬"。至少有47份报告被分发到白厅，送达每个已知的情报部门和许多"用户"。

琼斯是一个案例史的创新者，在主题、方式和方法方面都是如此。事实上，他也是指出布莱切利园对会更广泛的情报体系产生影响的第一人。然而，琼斯在他的历史方法中是一个个人主义者，制度创新来自白厅的其他地方。

查尔斯·摩根（Charles Morgan）[1]于1942年2月完成了《海军情报：1939—1942年》（*Naval Intelligence, 1939-1942*）一书的初稿。这个出版日期很重要，因为正是在1942年初，布莱切利园解密德国通信的能力首次瘫痪，而悲观主义者曾警告过这一点。1942年2月，孟席斯解雇了自1919年以来一直担任政府密码学校主管的阿拉斯泰尔·丹尼斯顿（Alastair Denniston）。这一策略使"C"得以持续控制布莱切利园，但从短期来看，这也是在承认布莱切利园需要作为一个武装部队的情报行动运作。

布莱切利园的瘫痪给海军情报工作带来非常大的影响。1942年2月1日，大西洋德国潜艇舰队改用四转子恩尼格玛密码机，有效地抹杀了英国追踪潜艇的努力。德国潜艇创造了越来越多的成功猎杀纪录，并在1942年12月达到一个高潮。同样在1942年2月，德国海军和德国空军成功地策划了所谓的"海峡冲刺"，即将战舰沙恩霍斯特号（Scharnhorst）、格奈泽瑙号

---

① 查尔斯·兰布里奇·摩根（Charles Langbridge Morgan，1894—1958），英国小说家和剧作家。

（Gneisenau）以及欧根亲王号（Prinz Eugen）从法国大西洋沿岸的布雷斯特转移回他们在德国波罗的海的母港。一场大规模的无线电屏蔽和干扰行动蒙蔽了英国情报部门。这场对决的政治影响如此之大，以至于大臣们开始公开讨论英国情报部门的失败，恩尼格玛机的内情险些被公之于众。摩根在《海军情报：1939—1942年》中专门为"英吉利海峡冲刺"写了一节，明确指出因为海军情报局需要证明它并非"毫无防备"。

摩根是约翰·戈弗雷在战争开始时带入海军情报局的平民之一。海军情报部门的秘密历史有一丝虚荣心，因为它侧重于约翰·戈弗雷本人的言行。军情十四处的负责人肯尼斯·斯特朗（Kenneth Strong）[1]后来将戈弗雷斥为"排笔大师"。"海军情报部门有一种倾向，认为自己在效率和影响力方面优于其他两个军种的情报部门。"斯特朗写道，"但事实上，这种态度完全没有道理。"然而，最值得注意的是，戈弗雷坚信，从一开始，战争就需要"正确"的历史。

戈弗雷从《泰晤士报》招募了摩根和来自"地中海俱乐部"的皮里–戈登（Pirie-Gordon）[2]，以及最终面向公众的海军情报历史学家唐纳德·麦克拉克伦（Donald Mclachlan）[3]。摩根是一位中等知名度的中高级小说家和剧作家——他的小说《航行》（*The Voyage*）在1940年获得了詹姆斯·泰特·布莱克奖。在整个第二次世界大战期间，他一直为《泰晤士报》文学副刊写作。

戈弗雷最初设想海军情报局资料科的"历史"角色是为最终的海军战

---

[1]　肯尼斯·威廉·多布森·斯特朗（Kenneth William Dobson Strong，1900—1982），爵士，英国陆军少将。

[2]　查尔斯·哈里·克林顿·皮里–戈登（Charles Harry Clinton Pirie-Gordon，1883—1969），英国记者、海军情报官和地理学家。

[3]　唐纳德·哈维·麦克拉克伦（Donald Harvey McLachlan，1908—1971），苏格兰记者和作家，《周日电讯报》创始编辑。

史保存战争日记。他敏锐地意识到，在整个20世纪20年代，关于科比特历史的冲突，尤其是关于谁以及何时能接触海军部的文件，对皇家海军内部的个人关系造成了非常严重的伤害。

由于戈弗雷在汉基调查中的经历，他改变了主意。当摩根开始着手编写海军情报局的历史时，他正在写一部纯粹的情报史，而不是为皇家海军未来的官方战史提供情报方面的资料。事实上，他对这样一个项目大加嘲讽，称之为"在尼尼微（Nineveth）和提尔（Tyre）的废墟中挖掘"，指出当历史记录被转移到海军情报局之外时，只不过是"移走一具尸体"而已。

尽管摩根在担任情报历史学家时否认了自己的小说天赋，但他还是很认真地完成了海军历史。1942年11月，当戈弗雷在海军情报局的任期结束后，摩根继续工作，1944年8月，他为戈弗雷的继任者"急速"拉什布鲁克（"Rush"Rushbrooke）①编写了第二版历史。然而，尽管后来有一些反思，这一版历史仍然聚焦在戈弗雷本人和戈弗雷在海军情报局的任期。

图3.2 查尔斯·摩根。小说家和开创性的情报史学家。他于1942年完成第一版海军情报局的历史。

---

① 埃德蒙·杰勒德·诺埃尔·拉什布鲁克（Edmund Gerard Noel Rushbrooke，1892—1972），英国海军中将。

　　摩根收集的大量材料与海军部为汉基调查所提供的如出一辙。事实上，他的目的有一部分是为戈弗雷在这些调查中的行为写道歉信。在这些调查中，他最终站在民事情报机构一边来反对他在军中的同事。

　　摩根历史的第二大主题，是海军情报局在建立英美情报联盟方面所起到的先锋作用。它特别关注约翰·戈弗雷和伊恩·弗莱明在1941年6月对美国的访问，以及他们如何试图向当时持怀疑态度的美国人推销一种理想化的情报机器。

　　摩根的历史是一个转折点，它是最后一部必须处理英国人为什么在情报方面变得如此无能的老问题的历史。当摩根撰写第二版历史的时候，他提出英国人在情报方面非常出色的观点，早期的战争失败只是由于缺乏资源和政治意愿而导致的一个不幸的小插曲。因此，英国的情报组织需要记住自己的失败，以便在未来避免。

　　最重要的是，摩根为情报史开创了一种新的创作方法。这类情报史将是一种关于情报工作本身的历史而不是贡献史。

第四章 1945：为自己喝彩

第二次世界大战情报史

第二次世界大战情报史的初稿是在1945年之前完成的。按照通常的理解，大多数的情报史，在那个时候还没有完成，甚至可以说还没有开始。然而，从某些方面来看，早期的历史写作比后来的历史写作更有说服力。1945年的"即时历史"创造了一个模具，大部分熔化的填充物在圣诞节前就已经开始硬化了。

及时性很重要。当军情五处的职业情报官杰克·库里（Jack Curry）开始深思熟虑地撰写自己组织的历史时，高级公务员芬勒特·斯图尔特爵士（Sir Findlater Stewart）①认为自己正在进行的安全问题调查需要一个坚实的历史基础，也委托自己的助手约翰·德鲁（John Drew）编写一份相关的历史。库里不得不匆匆忙忙地去找德鲁，分享他的笔记。于是尚未完成的军情五处的历史，其基因却由此进入了《芬勒特·斯图尔特报告》。在该报告中，斯图尔特宣称，英国从1919—1945年整个时期的"安全史""已

----

① 塞缪尔·芬勒特·斯图尔特（Samuel Findlater Stewart，1879—1960），爵士，印度事务部公务员。

成定论"。

1944—1945年的历史学家是一个在热情和态度上各不相同的群体。他们中的一些人非常有才华。牛津大学基督堂学院的历史教员约翰·塞西尔·马斯特曼（John Cecil Masterman）[1]撰写了一本关于欺骗的历史，他以前教过的本科生将他招入军情五处。而其他一些人则准备成为历史学家：布莱切利园的哈里·欣斯利（Harry Hinsley）[2]、杰克·普拉姆（Jack Plumb）[3]、第21集团军群的比尔·威廉姆斯（Bill Williams）[4]以及秘密情报局的休·特雷弗-罗珀。

一些历史学家是利己主义者，决心展示自己的战时成就，特别是海军情报局的马斯特曼和尤恩·蒙塔古（Ewen Montagu）[5]。有些人则希望写出一份自辩状。其他人则是不情愿的历史学家。杰克·库里认为："如果他承担了部门历史的写作任务，他就会被其他任何工作忽视。"这一看法相当正确。

尽管1945年的历史成果对于构建情报工作的过去和未来至关重要，但这项工作本身是苦差事，各个参与者从这项工作中获得的满足感也不尽相同。他们的历史写作绝不是独立的：委员会或其他的上级监督着大多数历史学家的工作。

许多人撰写历史只是奉命行事，这导致不同的作者对同一段历史的描述参差不齐。例如，利用航空照相生成影像情报的总判读科，其历史主要是由一系列仓促完成的流水账构成，唯有穆迪少校撰写的关于铁路情报的

[1] 马斯特曼（1891—1977），著名的学者、运动员和作家。

[2] 弗朗西斯·哈里·欣斯利（Francis Harry Hinsley，1918—1998），爵士，英国历史学家和密码分析家。

[3] 约翰·哈罗德·普拉姆（John Harold Plumb，1911—2001），爵士，英国历史学家。

[4] 埃德加·特雷弗·威廉姆斯（Edgar Trevor Williams，1912—1995），爵士，他的朋友称呼他为"比尔"，英国陆军准将和历史学家。

[5] 尤恩·爱德华·塞缪尔·蒙塔古（Ewen Edward Samuel Montagu，1901—1985），英国法官、海军情报官和作家。

叙述让读者有不一样的体会——他显然很喜欢自己的工作和写作。事实上，他在官方给总判读科下达指令之前几个月就已经完成了这段历史的撰写。

尽管每段历史都有各自的特点，但仍有一些可以确定的线索将它们串联起来。所以，历史有秘密情报局版本的、有布莱切利园版本的、有海军情报局版本的、有联合情报委员会版本的、有特别行动处版本的，最后还有军情五处版本的。虽然这些是不同方面的历史，但是创造它们的过程是交织在一起的。

不过那些主流历史版本遗漏了很多东西。1945年9月，丘吉尔的个人情报顾问德斯蒙德·莫顿面对他以前所属的机构——工业情报中心的忽视，讽刺道："没有什么比人类的忘恩负义更冷酷无情了。"

最值得注意的是，陆军情报部门发现自己再次被冷落。与此同时，皇家空军的情报部门在某种程度上也是一样的境遇，这是他们自身抉择所导致的结果，他们的行为符合他们做出的这些抉择。至于警察，甚至没有人考虑过他们。

1945年的英国情报史是一部关于某些喉舌如何为情报工作代言的历史。它划定了该领域的界限，努力界定谁是"圈内人"，谁是"外人"。雷金纳德·维克托·琼斯在自己对情报工作的反思中指出"世故的智者都是这样的恶棍"。

《布兰德报告》

内维尔·布兰德爵士（Sir Nevile Bland）①就是"世故的智者"。布

---

① 乔治·内维尔·莫尔特比·布兰德（George Nevile Maltby Bland，1886—1972），爵士，英国外交官。1938—1948年担任驻荷兰特使和全权公使。

图 4.1　内维尔·布兰德爵士。外交家，关于秘密情报局的《布兰德报告》的作者。

兰德是受命对英国情报工作的过去、现在和未来加以叙述和分析的三人组中的老大。1943年10月，外交部常务次官亚历克·卡多根爵士（Sir Alec Cadogan）[①]委托布兰德撰写了一份关于秘密情报局的报告。1944年10月，布兰德提交了《布兰德报告》。在20世纪20年代，布兰德是特勤委员会的秘书。1939年，他就任驻情报热点地区海牙的大使，也因此被卷入了芬洛事件。1944年，当他还是荷兰流亡政府的大使时，就英国在德占荷兰的情报活动被德国人控制一事，曾密切地参与了有关真相的揭露。

　　负责调查英国情报历史的另外两个人都和内维尔·布兰德一样世故。芬勒特·斯图尔特主持着本土防务执行委员会工作，他曾是印度事务部的常务

---

　　① 　亚历山大·蒙塔古·乔治·卡多根，又译为贾德干（Alexander Montagu George Cadogan，1884—1968），英国外交官和公务员。

秘书，受到上级公务员的信任，在1941年被"点名"加入情报部门，"一是因为他的正式职位是执掌国土安全部的约翰·安德森爵士的助手，二是因为他为政府履行的那一类职责，三是因为他的个性、经历和在印度时对相关工作已有所了解"。1942年，当秘密情报局和特别行动处之间的关系变得极为恶劣，令人无法忍受时，他被吹捧为官方"调解人"。

丹尼斯·卡佩尔–邓恩（Denis Capel-Dunn）是一名陆军军官，服役前的身份是律师和绅士俱乐部成员。他从1941年开始担任联合情报委员会的助理秘书，然后又担任秘书。1943年11月，他将联合情报委员会的日常工作移交给另一名军官，但仍负责组织该委员会和一系列其他委员会的工作。不过，即使在情报界，卡佩尔–邓恩也不太为人所知。另外，他也曾担任过内阁办公室政府部门安全保障小组的秘书，该小组的主席是芬勒特·斯图尔特爵士。

图 4.2　芬勒特·斯图尔特爵士。公务员，关于军情五处的《芬勒特·斯图尔特报告》的作者。

卡佩尔–邓恩和联合情报委员会主席维克托·卡文迪许–本廷克（Victor Cavendish-Bentinck）[①]在1943年8月开始讨论一份关于联合情报委员会的报告。卡文迪许–本廷克是一名外交部官员。1945年1月，卡佩尔–邓恩向联合情报委员会提交了他们的最终报告。当时，卡多根和内阁秘书爱德华·布里奇斯爵士（Sir Edward Bridges）[②]已经命令芬勒特·斯图尔特对安全局进行调查。芬勒特·斯图尔特在卡佩尔–邓恩报告后几周开始工作，并在1945年11月完成了调查。用卡多根所说的一句俏皮话来总结，那就是"所有的猪都入圈了"。

在即将完成的第一份报告中，布兰德指出，假装他一直在调查一个"秘密机构"已没有任何意义。用布兰德的惯用语来说，秘密情报局已经变成了一个普尔钦内拉[③]的秘密而已。他自信地期望他的读者能够理解来自戏剧《普尔钦内拉的秘密》（*The Secret of Pulcinella*）中的典故，这是卡尔·沃尔夫（Karl Wolff）[④]于1903年创作的，是关于通奸的滑稽谎言。"普尔钦内拉的秘密"是一个"公开的秘密"。如同之前的汉基勋爵一样，布兰德对护照管理官制度大加嘲讽。在他看来，他们还不如在门上挂个铜牌，上面刻着"英国特工"的头衔。

布兰德以一种不那么滑稽的方式指出，战争使"特工部门"的成员成为白厅的知名人物。因为他们分发情报，与聚集在伦敦的外国政府联络，并为其他部门的安全操心。大多数情报人员的身份"不需要过分保密，实

---

①　维克托·弗雷德里克·威廉·卡文迪许–本廷克（Victor Frederick William Cavendish-Bentinck，1897—1990），波特兰公爵，英国外交官、商人和贵族。

·②　爱德华·埃廷德尔·布里奇斯（Edward Ettingdere Bridges，1892—1969），男爵，英国公务员。

③　普尔钦内拉是一个喜剧人物，出现于16—17世纪的意大利，这个人物是不能保守秘密的。他会以各种方式将自己要发誓保守的秘密传得人尽皆知。

④　沃尔夫（1876—1952），德国作家。

际上也不可能做到非常保密"。

布兰德认为，试图闩上这扇门是没有用的。秘密情报局仍将是一个半秘密的机构，或者说是一个"半公开"的组织。布兰德转而考虑如何尽可能地利用这种地位来获取更大的好处。他建议说服英国的某些关键人物公开颂扬"特工部门"在确保胜利方面发挥的关键作用。他的候选人是1944年时三位伟大的领导者：温斯顿·丘吉尔、伯纳德·蒙哥马利爵士和阿瑟·哈里斯爵士（Sir Arthur Harris）。

布兰德也由此触及了将成为相关历史工作核心的三个因素：其一是白厅和威斯敏斯特（Westminster）①对情报部门的广泛了解；其二是某种更广泛的公众意识；其三是与两者相关的最重要的一点，需要证明情报在军事胜利中发挥了重要作用。他意识到，如何处理这三方面的关系，构成了微妙的挑战。

1943年，一向愤世嫉俗的丘吉尔宣称："每一个在战争期间表现出色的部门现在都在考虑如何在和平回归后无限制地向政府提供其官员。我们越不鼓励这种幻想，情况就会越好。"他还说："为我们需要的安全部门或秘密部门招募必要的人员是一件很容易的事情。"秘密战争的历史并没有成为定局。在早期阶段，用理查德·奥尔德里奇那颇具洞察力的眼光来看，白厅、威斯敏斯特和新闻界都确定了进行"积极的信息管理"的必要性。

在应对布兰德的第三个挑战时，历史是助力，也是阻碍：如何确定特工部门对军事上的胜利做出了贡献。1940年的历史已经认定英国的情报部门在战间期并没有真正专注于协助国家的军事行动。同样引人注目的是，在《布兰德报告》出台时，大多数情报机构正忙于将他们的工作重点从协

---

① 英国议会上议院和下议院的所在地是威斯敏斯特宫，作者在这里用威斯敏斯特指代英国议会。

图 4.3　事情的核心：百老汇大厦。这里是秘密情报局、政府密码学校以及护照管理处所在地（通过一个内部通道可达）。

助国家的军事行动中转移出来。这个转折点发生在1944年6月，当时德国潜艇已经被击败，而一支远征军已安全地驻扎在欧洲大陆上。

亚历克·卡多根的意图是防止出现一个拥有更大职权范围的独立主席，以免他进行更广泛的调查。到了1944年，卡多根已经把许多情报线索收拢到自己的手中，这主要是因为他的上司安东尼·艾登一边声称自己的工作过多因而对此提不起兴趣，一边却负责越来越多的情报机构。外交大臣长期以来一直是负责秘密情报局的大臣。1943年12月，艾登因其个人能力又肩负起了军情五处的责任。1944年1月，外交部接管了经济战部的情报部门——敌国处。1944年11月，艾登宣称作为大臣，对特别行动处负有责任。

卡多根的私人秘书彼得·诺埃尔·洛克斯利（Peter Noel Loxley）[①]是《布兰德报告》的主要起草人，同时维克多·卡文迪许-本廷克也提供了

① 洛克斯利（1905—1945），英国外交部秘书，在参加雅尔塔会议的途中因飞机失事而丧生。

大量的意见。卡文迪许–本廷克是一名忠诚的外交部官员，而非诚实的中间人。卡文迪许–本廷克建议《布兰德报告》加以修饰，使其看起来不像外交部的文件。不过，该文件毋庸置疑地出自外交部之手。否则，它将招致各部门对情报部门进行更全面的调查，而这正是《布兰德报告》力图避免的。卡文迪许–本廷克设法让他在联合情报委员会的同事们陷入一种虚假的安全感当中。他将就《布兰德报告》与他们进行简短的"磋商"，然后把这些讨论当作"纯粹的军事磋商"。

　　《布兰德报告》的作者们面临着一项棘手任务，他们既需要证明秘密情报局为英国进行这场战争发挥了重要作用，同时要摆脱军事方面的影响所带来的困扰。他们需要揭露秘密情报局的低效率，以证明英国迫切需要一个文职政治情报机构。在卡文迪许–本廷克看来，秘密情报局"非常失败"。他把这种失败归咎于战争爆发前"人员素质平平"和"资金匮乏"，只是通过"好运气给我们带来了'超级机密'，'超级机密'存在了五年之久而德国人一直蒙在鼓里，这堪称奇迹。也正是这次的成功，才使秘密情报局的高层保住了他们的饭碗"。

　　他认为，自反攻欧洲以来，秘密情报局才开始输出优质的特工情报。但这完全是因为他们得到了欧洲情报机构的协助，如法国的中央情报与行动局（BCRA）[①]。"在真正的敌国……我们没有特工，只能从逃出来的中立国侨民那里获得情报。"卡文迪许–本廷克感叹道。其实，不担任联合情报委员会的主席也能洞悉秘密情报局的问题，在白厅和各部门中，秘密情报局的无关紧要和信号情报的主导地位是众所周知的，"掌握这一秘密

---

　　① 　中央情报与行动局（Bureau Central de Renseignements et d'Action，缩写为BCRA）是第二次世界大战时期法国的情报机构，由自由法国的参谋长于1940年创建。该机构搜集军事和政治情报，并进行秘密行动。第二次世界大战后，该机构改组为法国对外情报和反间谍局。

的人很多"。

很有可能，秘密情报局的版本只是一块"精美的糕点"。在调查开始之前人们就已经得出了这些结论。回过头来看，作者的动机是相当明显的，当然他们有时出于策略上的考虑而掩盖了这些动机。外交部希望有一个秘密机构来搜集政治情报，而战前秘密情报局的工作实际上是有效的，有希望成为那种有效的、资金充足的政治特工机构。把对失败的历史分析推到1940年5月之前的时期，主要是为了避免讨论战争时期的历史。也就是说，待英国情报部门从1943年秋季开始处于优势地位时再来讨论这个问题，这符合所有人的目的。另一方面，洛克斯利和卡文迪许–本廷克确实对情报工作最近的历史有大量的了解，而且他们有效地运用了这些知识。他们所撰写的秘密情报局的历史对情报工作和各机构之间的相互关系有了更广泛的认识，而不是仅仅局限于秘密情报局。

另外，许多问题都与1942年3月军队坚决要求指派秘密情报局副主管的那段历史密切相关。军队之所以要这样做，是因为他们发现秘密情报局没有能力为他们提供对战争有用的信息。卡文迪许–本廷克声称自己策划了副主管的任命，因为他对军队的抱怨感到非常"厌烦"。士兵、水手和飞行员的愤怒无疑将落到他们自己人的头上。

秘密情报局自己撰写了有关秘密情报局的"真实历史"。主要撰稿人包括孟席斯和马尔科姆·伍尔科姆（Malcolm Woollcombe）。伍尔科姆是退休的第一科负责人，该科是为外交部整理情报的政治部门，他也是洛克斯利在伊顿的一个同辈，写了一篇"宝贵而有趣的论文"。伍尔科姆指出，"就像几乎每一个政府部门一样，秘密情报局里也有一些优秀者，只要及时向他们发出邀请，他们很有可能在战后继续工作"。秘密情报局需要高薪，因为最优秀的情报官可以在工业领域获得更好的条件，"他们不可能是退役的印度陆军军官或不适合服役的人员"。

《布兰德报告》的草案认为，"秘密情报局的官员被匿名和保密的需要压得喘不过气来，以至于他们都成了无足轻重的人——完全靠平庸和微薄的收入生活在无名之辈中，整个环境往往是一个单调的二流世界"。

孟席斯自己的说法是问题出在钱上。他的目标是确保和平时期的秘密投票中分配给秘密情报局的资金是1939年时的两倍。他所说的秘密投票中的秘密情报局，是指那个纯粹的秘密情报局，不仅不包括他所控制的其他情报部门，也不包括他希望继续控制的政府密码学校和无线电安全局，更不包括秘密情报局的第八科。实际上，现在仅第八科的预算就比战前秘密情报局的预算多出一倍。因此，孟席斯所想象的和平时期的秘密情报局预算，按实际价值算应是1914年的12倍之多。可以说他在幻想一个由他人支付的，更广阔的"秘密情报局帝国"。

除了缺乏资金外，孟席斯还把秘密情报局糟糕的历史表现完全归咎于各军种情报部门。"我想提醒您，"孟席斯写道，"在两次大战的间歇期，陆军部曾多次强调不需要来自意大利的情报，而海军部则规定不应将日本列为敌人。"

孟席斯争辩，秘密情报局并没有效率方面的问题，它过去有一个公共关系的问题，而且这个问题现在仍然存在。秘密投票是作茧自缚。政治家们认为，投票的大部分资金都花在了安全方面，但事实并非如此。因为秘密情报局消耗了绝大部分资金。而孟席斯提出了一个想法，随后由布兰德和卡文迪许–本廷克阐述，即丘吉尔应在战争结束时向"秘密情报战线"公开致敬。

在秘密情报局有一个布兰德首先发现的、出人意料的情况，并由芬勒特·斯图尔特确认，进而在孟席斯和其他人所支持的外交部团队之间引起了争论，这就是投入间谍活动的资源很少，而用于反间谍行动资源却很多。卡文迪许–本廷克认为，是孟席斯的副手瓦伦丁·维维安带来了这种变化，相关数据令人震惊。1939年，秘密情报局在伦敦的流通部门（circulating branches）[1]中有20%的官员从事反间谍工作。到了1945年，流通部门里从事反间谍工作的官员达到了65%。同时，秘密情报局对于政治情报的报告评价如下："90%的报告都没有用，因为它们很多都是从参考书中得来的。"

此后，秘密情报局开始转向如日中天的布莱切利园。以前第一科是主要的"情报机构"，主要为外交部整理和分析政治情报，而现在第五科成了主要的"情报机构"，为秘密情报局整理和分析反间谍的情报，排除了其他分析人员和消费者。

因此，情报部门中最令人讨厌的可能是负责反间谍的第五科科长——约翰·费利克斯·考吉尔（John Felix Cowgill）[2]。人们在私下里称他为情报部门的"沙壳大脑"。毫无疑问，考吉尔不是一个有魅力的人，而且"C"的私人秘书也称他为"病狗耳朵褶皱里的虱子"。据卡文迪许–本廷克说："在过去26年的时间里，我在任何机构或组织，都没有遇到像这样不同成员如此互相抱怨的情况。"所有人对考吉尔的厌恶已经发展到相当程度，以至孟席斯在1945年1月将其撤职，用自己更喜欢的副手取代他，才解决了人际关系问题。然而，真正的问题不在于个人性格，而是秘密情报局的结构性转变。在撰写《布兰德报告》时，第五科的部分在有关秘密情报局的章节里以压倒性的优势占据了主导地位。

在布兰德调查进程结束时，维克多·卡文迪许–本廷克回顾了相关的工作并得出结论，情报工作的核心是"渗透到敌人的情报系统当中"。对此，孟席斯引用了卡文迪许–本廷克的一句话来强化自己的观点，即秘密

---

① 该部门确定情报需求并将相应的情报传递给客户部门，主要是陆军部和海军部。

② 考吉尔（1903—1991），英国陆军中校。

情报局的历史是一部长期资源匮乏的历史。孟席斯写道："对外国情报组织的渗透不可能在短时间内实现，秘密情报局的有关部门，或许更有必要比其他的机构付出持续的努力。"

布兰德挑出并引用的历史案例涉及危害或渗透，最主要的当然是芬洛事件。洛克斯利的前任，即卡多根的私人秘书亨利·霍普金森（Henry Hopkinson）[①]早在1941年就撰写了一份关于芬洛事件的文件。秘密情报局对此的回应则是对事件的另一种历史层面的描述。然而，时间很重要。洛克斯利在起草《布兰德报告》时已经掌握了这些早期的战史，但第一个参与芬洛事件的德国人在布兰德提交最后文件后的一周才被俘。

总体来说，布兰德在他的报告中利用历史为建立一个如愿以偿的政治情报部门提出了理由。他不建议恢复第五科应有的地位，相反，应将资源注入负责政治情报的第一科。

布兰德将秘密情报局的失败归咎于历史上的资金不足和不明智的人员招募。他写道："我们决不能再试图以1920—1938年期间那种食不果腹的水平来运营秘密情报局。"他认为，秘密情报局必须停止招募拥有私人资金或退休金的人。他争辩说，战前秘密情报局的前军官过多，而那些了解外国情况的人手却不够。它现在需要"最好的人"，有"一流的薪水和前景"。事实上，这些人往往看起来非常像外交部的人。孟席斯本人正是布兰德所批评的制度下引入的前陆军军官，他认为这种分析是无稽之谈。他在俱乐部里吹嘘说："他真正依赖的人是那些和自己一起工作了20年的人。"然而，为了弄到钱，他愿意接受历史的批判。

布兰德承认，大部分情报不是来自秘密情报局，而是来自布莱切利园。然而，他又回到了战前的论点，即"我们不能无限期地指望通过政

---

① 亨利·伦诺克斯·奥比涅·霍普金森（Henry Lennox D'Aubigne Hopkinson，1902—1996），科利顿男爵，英国外交官和保守党政治家。

府密码学校来获得大部分最有价值的秘密信息"。因此，在《布兰德报告》出炉的那一刻，政府密码学校开始对自己的历史产生浓厚兴趣。这绝不是巧合，而是1944年秋天的一个新发展，以前布莱切利对历史没有什么明确的兴趣。坦率地说，其员工经常忙于处理机器所生产的情报，没有时间去管别人的事情。1943年9月，布莱切利的负责人爱德华·特拉维斯（Edward Travis）①写道："我们现在不想进行任何历史编写工作。"

然而，在1944年末，特拉维斯的思想敏锐地集中于历史，他特别想阻止其他组织的历史工作。这个问题在他的一份简报中得到了精辟总结："我们必须控制文件。"政府密码学校的产品已经像风中的糠秕一样散落在白厅和英国在海外的各个司令部。任何人都会用到它，而且很明显，许多人早就已经开始撰写这些历史了。

孟席斯和特拉维斯感觉到，要么应该销毁所有关于解密过程的描述，要么应该带回布莱切利。因此，孟席斯在1944年底下达了这条命令。尽管这场运动的动机显然是为了保护"超级机密"，但它确实迫使布莱切利对有关历史性质的一些推论产生兴趣——应该只有布莱切利被允许撰写"真正的"情报史。对其他所有人来说，情报史只是书写敌人历史的一种手段。其他情报组织将"像上次战争后一样，编纂自己的情报史"。然而，由于只有类似布莱切利的40号房和军情五处在这方面做了彻底的工作，所以这并不是一个大问题，布莱切利将控制英国情报的历史。

与特拉维斯本人一样，政府密码学校历史倡议的三位推动者有两位对情报史有长期的个人经验，可以追溯到第一次世界大战，即海军科负责人弗兰克·伯奇和现任政府通信局主管阿拉斯泰尔·丹尼斯顿。新人

---

① 爱德华·威尔弗雷德·哈里·特拉维斯（Edward Wilfred Harry Travis，1888—1956），爵士，英国密码专家和情报官。

则是威廉·戈登·韦尔什曼（William Gordon Welchman）[1]——布莱切利的助理主管。

伯奇是第一次世界大战中唯一的情报史学家，将继续成为第二次世界大战的情报史学家。他认为自己是在重复40号房时的经历，梳理所有累积的解密文件，以产生一个明确的、逐一的说明。这样一个过程曾历经多年，并将再次花上很多年的时间，主要是因为布莱切利园的规模比40号房大得多。

伯奇在布莱切利是一个经常被嘲笑的人物，他的绰号是"屯溪寡妇"（Widow Twankey），取自一个滑稽的哑剧角色，因为他在1944年底制订布莱切利基本计划的关键政策委员会中没有起到任何作用。然而，在1945年初，伯奇被推到了一个更重要的位置上，当时美国在3号小屋——布莱切利的"情报中心"的代表特尔福德·泰勒（Telford Taylor）[2]提出了一个"英美关于欧洲'超级机密'和'超级机密'处理技术的研究项目，将生成一个关于信号情报在欧洲战争中所起作用的历史纪录"。该项目于1945年3月初获得批准。随后，来自美国陆军军事情报部门（G-2）和海军作战部通信处第20科G组（OP-20-G）的情报官一同抵达布莱切利园，帮助其开展工作。

一个"历史委员会"将监督这项工作，由伯奇担任主席的布莱切利园历史委员会于1945年8月正式成立，伯奇的海军部门于1945年10月成为"历史任务部门"。他本人最终于1946年1月获得"历史部门负责人"的称号。

丹尼斯顿从布兰德对黑室的辩护中得到了启发。根据维克多·卡文迪许–本廷克关于《布兰德报告》的笔记中的记录，正是丹尼斯顿的"蓝夹

---

① 韦尔什曼（1906—1985），英国数学家。

② 泰勒（1908—1998），美国律师。

克"解译的外交通信报文让丘吉尔感到很高兴，甚至超过了"超级机密"所带来的喜悦，同时也让斯图尔特·孟席斯得以幸免。然而，孟席斯让他接替了政府通信局负责人的职位，该局设在伦敦，但从它的主要地址来看，大家都知道其位于伯克利街。政府通信局与战前的政府密码学校完全一样，也是一个黑室，丹尼斯顿直接向孟席斯报告，而不是向布莱切利园的负责人报告。

布莱切利园

丹尼斯顿决定，不应该将早期的政府密码学校描述成失败的余烬，进而诞生出战争后期的布莱切利园这只胜利的凤凰。不过，布莱切利园3号小屋负责人埃里克·马尔科姆·琼斯（Eric Malcolm Jones）①的一句话还是令他感到非常不安。琼斯说："如果政府密码学校重新陷入战前那种境地，那么对整个情报部门来说将是一个悲剧性的倒退，对国家的未来也是如此，这并非夸大其词。"丹尼斯顿想要一部强调政府密码学校长期致力于军事情报的历史，而不是将它描绘成一个单纯的黑室。这部历史将把琼斯的话视为"对政府密码学校在战时发展出从源头上获取'情报'这一新职能的热情赞扬，而非对学校战前活动的概括性严厉批评，我相信没有一个部门会对这种赞扬表示异议"。

丹尼斯顿根据自己的记忆完成了第一部政府密码学校的历史，并在《布兰德报告》发布后的几周内将其提交。其公开的目的是为了让休·辛克莱在"那些即将建立新政府密码学校的人"眼中恢复名誉。政府密码

---

① 琼斯（1907—1986），爵士，英国皇家空军准将。

学校在战间期被转给了外交部和外交情报机构，只是因为各军种不愿意为其提供经费。因为无论如何"都没有值得流通的军事情报"。由于缺乏资金，而且武装部队控制了侦听工作，因此政府密码学校一直被搁置。军队在国内和战地都能自己完成解译，而学校总部只有一个侦听站，其位置还在偏僻的丹麦山（Denmark Hill），且是1924年从伦敦警察厅手里获得的。直到第二次世界大战前夕，学校才在桑德里奇（Sandridge）开设了由邮政总局（GPO）运营的第二个侦听站。在1920—1939年期间，电报公司尽职尽责地移交了所有途经英国的报文资料：这些资料从来没有被阅读过，因为在1938年之前，没有一个部门想要阅读它们。

政府密码学校很清楚德国的恩尼格玛密码机，但各军种对努力从德国军事通信中获取情报的兴趣并不大。不过无论如何，了解恩尼格玛和破解它是两件不同的事情。武装部队在1937年才开始发送一些截获的信息，而政府密码学校明智地利用了这些稀少的资料。丹尼斯顿写道："我认为或许可以准确地指出，1938—1939年所付出的努力使布莱切利园的工作人员在战争爆发后的五个月内即读懂了德国空军当时的通信信息。"

在这三人中，剑桥大学的数学家戈登·韦尔什曼在政府密码学校中是相对较新的成员。然而作为机器解密的负责人，在布莱切利历史的三位设计师中，韦尔什曼是最具影响力的一位。当时他对历史本身并不特别感兴趣——尽管后来他在某种程度上痴迷于此。但他对历史影响未来的力量有着敏锐的认识。韦尔什曼相信，布莱切利所书写的或者说所允许书写的一切都很重要，因为这些历史将是争取有效控制英国情报的开端。

布莱切利取得伟大胜利的历史必须被强行植入英国行政、军事和政治精英的信仰体系中，《布兰德报告》中已列出了这个原因：布莱切利拥有巨大的文化资本。"当具体的结果以大量且有价值的形式输出作为证据时"，产生这种资本是很容易的。但是，韦尔什曼警告："为另一场战争制订一个适当的框架在很大程度上是一个抽象的计划问题，而要在这种问题上树立威望并不容易。"

1944年9月，韦尔什曼与在海军部任职的剑桥大学历史学家哈里·欣斯利以及1943年9月被调入布莱切利的军事情报官兼文学评论家爱德华·克兰克肖（Edward Crankshaw）①一起，完成了一份计划，他们将其发送给特拉维斯和孟席斯。

韦尔什曼、欣斯利和克兰克肖直言不讳地指出：经过五年的战争，在英国"并没有一个合适的情报组织的概念"。正如他们所写的那样，以他们的观点来说："当前正是一个明确而短暂的机会，可以利用在某一情报领域所积累的战时经验以求在所有的情报领域取得适当的发展。"布莱切利园应该是该情报组织的典范和中心。

作为理想的情报组织，布莱切利园却正处于危险之中，因为"高层很少有人知道这一成果的存在和价值"，所以布莱切利园的模式必须在不久的将来被推销出去："这些想法所基于的所有经验都是在几年全力以赴的工作中秘密获得的。要向少数被允许知道机密的高层人士解释所学到的一切并非易事，而那些不知道秘密的人将会对这一切表示高度的怀疑。"

情报中心的主要作用将是搜集、分析和分发政治情报，因为"战后的外交政策将非常困难，所以对外交情报的需求很大"。即情报中心未来将会是"海外情报局"的核心，并向外交大臣负责。该中心的次要作用是搜集、分析和分发科技情报，因为新式武器将使突袭战术比以往具有更大的破坏性。

韦尔什曼和他的共同作者们特别坚决地主张将武装部队排除在情报中心之外，或者让他们在情报中心扮演一个非常次要的角色。部队在情报工

---

① 克兰克肖（1909—1984），英国撰稿人、作家、翻译家和评论家。

作中并没有发挥重要的作用，只是"用户"，军队最多在战场上需要一些战术性的信号单位。1945年春天，这些论点在白厅得到了明确体现。

尽管他们的动机和方法截然不同，但韦尔什曼、丹尼斯顿和伯奇都认为，布莱切利在1944年的状况是个问题。他们担心，如果根据目前的表现做出决定，就不能反映他们自己所喜欢的"现实"，即由受过高等教育的文职情报人员组成的专用骨干队伍。1944年的布莱切利是一个军营，专门从事武装部队的情报工作，此前在1942—1943年的改革已经完全改变了这个组织。布莱切利已经将自身军事化，它不再与特立独行的平民天才有关，艾伦·马西森·图灵（Alan Mathison Turing）[1]早已不是8号小屋的负责人。

根据伯奇整理的数字，截至1942年夏天，布莱切利还是一个以文职人员为主的组织。而到了1943年夏天，它的规模已经扩大了一倍多，其人员也变为军民各占一半。到了诺曼底登陆的那天，它的规模又扩大了一半，其中军人明显占多数。到1944年秋天，文职人员实际上在减少，而军事人员则继续快速增长。到了欧洲胜利日（VE Day）[2]，布莱切利已有63%的人员身着军服。许多被派往布莱切利的军官以及其他拥有军衔的人员，背景与文职人员相似：他们中很少有那种"职业军人"。然而他们的存在表明，英国的武装部队完全有能力调动人员开展有效的情报工作来获取作战情报。

布莱切利的历史学家们希望通过他们的主张来扭转这一军事化进程，即声称民事的政府密码学校不仅进行解译，还进行侦听、通信分析——用老式行话说就是无线电情报以及情报分析。布兰德调查进程所带来的影响使布莱切利的历史学家们得以敲定他们的情报史版本。而孟席斯的有关指

---

① 图灵（1912—1954），英国数学家、计算机科学家、逻辑学家、密码学家、哲学家和理论生物学家。

② 1945年5月8日，盟国正式接受纳粹德国的无条件投降，由于时差的关系，苏联和南斯拉夫的一些加盟共和国在5月9日举行相关的庆祝活动。

示使这项工作立刻就有了意义，他要求为政府密码学校的未来提出一个合适的计划。同时，特拉维斯决定成立一系列工作组来充实这一计划。显然，工作组的主要关注点在于未来而非过去。然而，他们必须先厘清大量历史枝节，才能开展工作。韦尔什曼和欣斯利参加了"B小组委员会"，该小组由约翰·赫塞尔·蒂尔特曼（John Hessell Tiltman）①担任主席，爱德华·克兰克肖和杰克·普拉姆也参与了其中一些报告的撰写。

他们面临的第一个挑战是如何定义他们一直在做的事情。从某种意义上说，布莱切利园显然是一个情报组织，"因为它的目标是生产'情报'"。但在布莱切利自己的通用语言中，"情报"以前一直被用来"描述该组织的部分工作"；3号小屋和设在4号小屋的海军第六科类似于"制造公司的装配部门"，其作用是"向用户交付产品"。问题是，"即使在几年之后，传统的密码学家仍然认为情报官是一群素质较差的人，他们所从事的工作很容易"。约翰·蒂尔特曼仍然倾向于在不顺利的时候表现出这种成见。按照这种说法，情报官是一个失败的密码学家，一个无法应付密码学在数学、逻辑和语言方面的严格要求的人。

任何有用的历史叙述都必须进行追溯，以包括对情报和情报人员更详细的解释。不是每个在布莱切利工作的人都是情报官，但情报官、密码学家和通信分析员现在都可以被视为是相同的。成为情报官是一种奖赏，而不是一个安慰。到了1944年，同意这一点很简单，但必须说出来以明确"政府密码学校应该对所有情报工作和所有情报人员负最终和绝对责任"。

丘吉尔政府在1945年春天同意布莱切利的角色是"信号情报中心"。之所以这样做，是采纳了韦尔什曼的论点，即"所有在战争期间有过长期服役经历的人都会发现信号情报的价值"。它虽被高度评价，"但人们会

---

① 蒂尔特曼（1894—1982），英国陆军准将。

遗忘，政府会更替，战间期那些年的事情又会重演"。他们现在必须要把故事讲清楚。

在做出这一决定之后，政府立即颁布了布莱切利"历史计划"。该计划有两个方面。第一，描绘"信号情报"的发展，特别是"密码分析"，发明这个术语是为了取代"密码学"这个以前用于密码和密码破译的词，触及了"情报机器"的动力源泉。第二，控制信息流向那些不属于布莱切利的历史学家。1945年，伯奇的历史委员会最初的工作就是控制这种流动。任何人，尤其是其他的情报史学家，都不能得到任何来自布莱切利的文件——伯奇将建立一个"过滤流程"，以防止虚假的陈述。

对于更广泛的领域，特拉维斯在1945年4月发布了他那条臭名昭著的"法律与荣誉"保密指令。它首先提出了过滤历史记录的必要性，特拉维斯写道："绝对不能给德国人任何可能的借口来曲解他们被武力彻底击败的事实。他们会抓住任何借口，坚持认为自己并没有被敌方以令人信服的公平手段所击败，而我们的情报部门不可思议的成功将为他们提供这样一个借口。"他只是接着列举了各种行动上的理由，说明为什么任何人都不应泄露布莱切利的情况。因此，从1945年4月开始，布莱切利篡改历史的意图已毫不隐讳。

担当了情报史学家看门人这个新角色的弗兰克·伯奇，他的工作其实并不容易，这主要是因为1945年的情报史是在一种"狂野西部"的氛围中撰写的。然而，布莱切利作为"信号情报中心"的新地位无疑对其他信号情报机构的历史产生了直接影响。特别联络组（Special Liaison Unit）[①]虽

[①] 该单位是为了向战地的盟军指挥官和部队传递"超级机密"而组建的。为避免泄密的危险，特别联络组由军情六处组织和监督，每组由一名陆军或空军军官领导。当传递信息时，通常由联络官将情报摘要交给所属司令部的指挥官或者其他获得授权的人员，接收者研究情报时在一旁等待，待研究完毕后将原件取回并销毁。

是一个由军事人员组成的部门，但为秘密情报局的第二科和第八科所控制，负责处理布莱切利和战地军事指挥官之间的通信。在特拉维斯的直接领导下，安东尼·戈尔–布朗（Anthony Gore-Browne）正在撰写其历史。在"韦维尔模式"中，军事指挥官一直保持运作具备完全功能的侦听和解译单位，被描述为一个死胡同。

海军情报局

一份拟议中的无线电安全局的历史胎死腹中。它的结论是，该部门与布莱切利的合并可能是一个错误："没有人否认政府密码学校完成了一项出色的工作，但这并不是由于组织的原因，而是因为它自身的存在。如果组织工作做得更好，就可以用更少的人力取得成果，并能更聪明地加以利用。"它还认为：尽管特雷弗–罗珀的部门在1941年正式从无线电安全局中分离出来，是因为该部门"被视为情报部门而不适合作为技术组织的一部分"，从而归属于秘密情报局第五科，而无线电安全局则置于秘密情报局第八科的控制之下，不过这并没有引起什么实际差别。情报和鉴别部门仍然留在巴尼特（Barnet）一起办公，"协调统一"地从事情报工作。无线电安全局的主要目标是阿勃维尔、党卫队保安处、德国外交部的情报部门以及意大利的秘密情报局（Servizio Informazioni Segrete）[①]。从1942年起，他们将在伦敦的盟国政府——波兰、捷克、南斯拉夫、法国以及苏联也加入目标名单当中。

另一方面，英国皇家海军也没有感到拘束。尤恩·蒙塔古为海军情报

---

① 这是意大利海军的情报机构。

局第十二科撰写了一部冗长而又刻薄的历史，该科是负责分发"超级机密"的部门，他从1943—1945年一直担任该部门的负责人。蒙塔古没有把他的文件送回布莱切利，他把它们拿出来又重读了一遍。而海军中校盖伊·厄斯金·休斯（Guy Erskine Hughes）[①]所撰写的海军信号情报机构——海军情报局第九科的历史，也一样尖酸刻薄。特别联络组的历史指出，海军从来不会"公平竞争"，海军部的行为"自成一体，不受世俗约束"。

因为这样一种情绪，海军信号情报史的观点认为，在1940年真正需要情报的时候，政府密码学校的黑室并没有什么用处，而当它的实用性已降得越来越低的时候，它的产出才变得丰富起来。"在战争开始时，我们需要我们能得到的每一份情报；在战争临近结束时，我们可以将情报人员减少90%，但仍能取得胜利。"从1943年7月开始，人们并不需要特别的情报来了解德国的困难程度。

休斯的结论是：各军种必须控制国家的信号情报工作，通信军官必须学习越来越多的知识，而且只有通信军官才能聪明地制作通信情报。1939年，海军"Y"处有200人，与政府密码学校一样：1944年，海军"Y"处有5500人，虽然没有布莱切利园的人手多，但也处于同一数量级。

休斯曾苦笑着承认，他在很大程度上是一个穿制服的平民，自称"不需要解释什么是正确的，只需要解释什么是错误的"。在休斯看来，出错的主要原因是通信兵和情报人员之间的信任破裂，职业的海军军官看不上"该死的业余人员"。反过来，那些自命不凡的情报人员又为自己所掌握的"超级机密"而欣喜若狂，所到之处都是一副鼻孔朝天的模样，最终激发了双方的不信任感。

因此，许多海军军官都知道他们得到的是高等级的解密文件，但他们

---

① 休斯（1904—1980），英国皇家海军中校。

往往被当作白痴。达成最终妥协后，所有的军官都被告知"特殊机密"的存在，尽管"他们早就猜到了"。

蒙塔古也提出了大致相同的观点。他的对头是海军军械署署长、海军上校奥利弗·贝维尔（Oliver Bevir）①，后者向手下的军官们分发了"超级机密"。在被训斥后，他给海军情报局写信，言道"供您参考，并作为在这些事情上采取了谨慎措施的一种表示，我可以告诉您，我在口述这封信时一直戴着假胡须"。蒙塔古总结说："显然不可能让抱有这种态度的官员得到这样的信息。"

另一方面，他把海军经济战部门的主管说成是一个没有被公平对待的"白痴"。海军上校奥斯瓦尔德·欧内斯特·哈利法克斯（Oswald Ernest Hallifax）②"知道"有关"超级机密"的消息，因为他在经济战部门的合作者告诉他自己的情报来自何处。无论如何，"经济战部门的主管像其他许多人一样读过'眨眼'霍尔在上次战争中的工作故事"。然而，"当蒙塔古海军中校和主管一起研究他所撰写的伪装故事时，主管表现得太像绅士了，以至不敢展示他的知识"。直到1943年11月，海军情报局才说服孟席斯对经济战部门主管坦诚相待。

休斯指出，直到1944年情况才稳定下来，因为海军情报局局长和信号处处长都在信号委员会任职，所有学习舰长课程的军官都被带到布莱切利，被告知"生活的真相"。有许多海军军官对情报工作了解甚多，现在，"无知和怀疑的有害迷雾已经被清除了"。

然而，休斯自信而又悲观地预计历史将会重演，尤其是因为"信号情报中心"的主张。他指出：他的历史"不是讨论战后信号情报体系对与错的场合"。然而，他想象着"信号情报中心的主管"很快就会被各军种

---

① 贝维尔（1891—1967），英国皇家海军中将。

② 哈利法克斯（1888—1984），英国皇家海军上校。

"激怒"并"开始思考为什么他要与现役军官分享自己的职业秘密"。考虑到布莱切利所写的关于武装部队的内容，这是一个合理的解释。

休斯的历史不仅仅有关海军的自尊心。布莱切利自己的分析证实了他对信号军官所受待遇的描述，以及潜在的灾难性后果。休斯发布了自己所撰写的历史。就在同一个月，坐在他旁边的海军部同事——时任海军中校的威尔弗雷德·杰弗里·斯图尔特·泰伊（Wilfred Geoffrey Stuart Tighe）①也发表了他自己关于德国海军监听处对英国信号系统渗透情况的清醒报告。泰伊的报告只做了三份，但这份报告被认为具有如此令人不安和重要的性质，以至于在海军部的高层中广为分发。

简而言之，缴获的德国文件和对战俘的审讯表明，纳粹时代的德国海军几乎完全掌握了英国海军的密码。从1938年中期开始，他们就利用这种掌控来破译英国的密码电文。与布莱切利一样，德国海军的监听处有时也会错失破译的机会，但截止到1943年底，它在重新破译方面有着出色的记录。英国人对德国人做的事，德国人也对英国人做过。两者都是在同样的条件下发展起来的：情报人员和通信军官未能有效地相互沟通。

英国和德国的区别在于，在更广泛的层面上，英国已经找到了协调其情报工作的方法。在1944年和1945年，联合情报委员会这个协调的支点无疑受到广泛关注，它构成了1945年情报史的第三个重要部分。

为联合情报委员会"写作"的是维克托·卡文迪许-本廷克和丹尼斯·卡佩尔-邓恩。由于卡文迪许-本廷克和卡佩尔-邓恩在形成《布兰德报告》方面也发挥了如此重要的作用，令联合情报委员会的版本不可避免地与秘密情报局的版本纠缠在一起。卡佩尔-邓恩的天才之处在于，他为解释情报工作在第二次世界大战中的作用提供了一个合理的、总体性的框

---

① 泰勒（1905—1975），英国皇家海军少将。

架，他还正式提出了"情报机器"这一具有重大意义的说法。

联合情报委员会

这种构造的反作用是，在1945年的新兴历史中，联合情报委员会成为武装部队情报工作的代理，从而确保武装部队实际的情报工作很少受到关注。武装部队占主导地位的领域，特别是战俘情报和摄影情报，被称为价值日益减少的资产，与未来基本没有什么关系。

当他们开始讨论如何撰写联合情报委员会的历史时，卡文迪许–本廷克和卡佩尔–邓恩必然会对如何展示自己和自己的作用进行大量的思考和算计，以达到最佳效果。他们的第一个想法是需要完全脱离军方的指导，成为一个由文职人员控制的组织。但卡佩尔–邓恩凭直觉认识到这并非明智之举：因为无论战争结束后国家会以何种方式重建，参谋长们凭借他们在情报以外的领域中不断增长的巨大威望，必然会生存下来。而联合情报委员会作为一只杜鹃待在军方的巢穴中则要安全得多。

武装部队被排除在主要的联合情报叙述之外，其本身起到重要的作用。1942年8月，作为海军情报局历史计划的一部分，约翰·戈弗雷向当时的联合情报委员会秘书建议应该为自己的组织写一部历史，以便其他人能够了解它的工作。在试图拼凑联合情报委员会的历史时，他发现只有少量的相关文件和一些不稳定的记忆。当时，丹尼斯·卡佩尔–邓恩是该委员会的助理秘书。1944年3月，查尔斯·摩根回归，与卡佩尔–邓恩一起负责《海军情报》的第二版。卡佩尔–邓恩说"海军对历史的兴趣促使他建立健全的历史记录，以支持自己将来在联合情报委员会的工作"。

戈弗雷是联合情报委员会早期的推动者之一，主要是因为他似乎符合海军情报局的利益：鉴于"海军情报局主管在三军联合情报组织中有着显著的影响力，如果政策迫使他采取任何可能削弱军种间合作的行动，那就是坏政策"。在拉什布鲁克时期，各种疑虑浮出水面。主要是因为戈弗雷一走，卡文迪许–本廷克就开始充当"校长"，把新任海军情报局主管及其副手当作不听话的小学生对待。在后来这些年里，海军情报局逐渐相信卡文迪许–本廷克和卡佩尔–邓恩太急于歪曲情报报告以符合他们上司的预想。海军情报局第十七科负责人指出："允许循规蹈矩的逻辑来取代情报的暗示，这真是令人沮丧。"然而，这种怀疑从未完全取代以戈弗雷为中心的历史观，只是些喃喃低语罢了。

弗朗西斯·亨利·诺曼·戴维森曾在1940年11月至1944年2月期间担任军事情报局主管，他也看到了战争早期中联合情报尝试的惨痛失败，因此对联合情报委员会的理念和工作都很欣赏。他在1943年10月写道："现代战争不再是小型职业军队的事情……与战前一系列独立的、重叠的、经常相互冲突的情报机构相比，我们已经在联合情报方面取得了长足的进步，根据现代战争的本质，没有其他类型的情报机构可以满足这个要求。"他认为，联合情报委员会应该协调许多联合情报职能，包括信号情报。

戴维森自己对历史的关注完全是狭隘的，他最热衷的是陆军的情报部队。该部队在第一次世界大战中首次成立，然后于1919年解散，随后又在1939年重新组建。戴维森决定，它应该成为陆军战斗序列中一个永久的固定组成部分。他说："如果我们要保障情报部队在未来的利益，我们就非常有必要在目前创建一个关于其历史的记录。"问题是，没有真正隶属于情报部队的单位，最多只有一些配属于其他单位的分队。因此，戴维森的解决方案是："尝试建立一些系统，然后我们就可以通过这些系统去记述与情报部队有关的一些更重要的事件。"他要求："所有由他任命的高级军官为此进行合作。"当戴维森准备离开伦敦去华盛顿担任陆军的情报代表时，他亲自出马，招募愿意加入这一事业的军官。

有意思的是，最热衷于撰写军事情报史的军事情报官员发现自己处处受到联合情报委员会的阻挠。达德利·兰格尔·克拉克（Dudley Wrangel Clarke）[1]的主要兴趣是给予"韦维尔模式"——总参情报处下放到在战区一级运作应有的评价。克拉克是1941年被韦维尔召到中东的情报官之一，他到任是为了建立控制欺骗行动的A部队。

正如克拉克对联合情报委员会所说的那样，这种进行情报战的手段"完全是英国人的构想，是英国一名伟大的战时领导人（韦维尔元帅）的想法，完全由英国工作人员开发，随后真心实意地分享给了我们的盟国"。韦维尔后来在远东建立了一个类似的组织，即由罗伯特·彼得·弗莱明（Robert Peter Fleming）[2]领导的总参情报处D科。他认为每个人都必须认识到，总参情报处并不是"一群'顽固的保守分子'"。

1943年，随着战争的重点转移到西北欧，伦敦开始与主战场毗邻。参谋长们成立了他们自己的伦敦管制处（London Controlling Section），做着与A部队和总参情报处D科一样的工作。克拉克有雄心勃勃的计划来讲述这个故事，故事中不仅包括内部历史，还包括流行的公共历史甚至纪录片。这种过头的做法使他很容易被拒绝——他得到通知，他的历史仅限于对A部队的叙述。

至于空军参谋长情报助理空军少将弗朗西斯·弗雷德里克·英格利斯（Francis Frederic Inglis）[3]，他说自己志在尽可能多地将情报工作移交给联合情报部门，以便能集中精力"处理对空军来说仅仅涉及作战重要性的

---

① 克拉克（1899—1974），英国陆军准将。

② 弗莱明（1907—1971），英国冒险家、记者和旅行作家，陆军中校。

③ 英格利斯（1899—1969），英国皇家空军少将，毕业于桑赫斯皇家军事学院，第一次世界大战末期开始在英国陆军服役，1921年转入皇家空军学习飞行，1937年开始从事情报工作，1942年成为空军情报部门负责人。

'空中'事务"。他还想让空军情报局退出历史工作，把一切都交给空军历史科，这样就可以编写常规的战史。他的继任者托马斯·沃克·埃尔姆赫斯特（Thomas Walker Elmhirst）①说，空军参谋长情报助理的"历史工作"将在1945年8月结束。

这并不是说皇家空中没有一些非常敏锐的情报史学家。在这些人当中最积极的是主管空军战俘审讯的情报主管助理，即空军情报局K科负责人空军上校塞缪尔·德尼斯·费尔金（Samuel Denys Felkin）②。费尔金早在1943年就开始为编写历史积累资料，这主要是因为他怀疑联合情报的长期性。1943年8月，K科的情报主管助理同时负责战俘和缴获文件的情报。从1944年6月起，文件开始大量涌入他们在伦敦的办公室。因此，费尔金在1945年开始坐拥一个金矿般的情报来源。

1939年，武装部队在没有任何自上而下的推动下建立了一个联合审讯情报机构，即三军联合详细审讯中心（Combined Services Detailed Interrogation Centre，CSDIC）。军事情报局以建立军情十九处这种形式来管理三军联合详细审讯中心。

在整个战争期间，三军联合详细审讯中心的负责人一直是一名陆军军官——托马斯·肯德里克。然而，肯德里克既不是正规军也不是战时招募的新兵。《布兰德报告》中曾提及这位负责人，他就是1938年在维也纳被德国人逮捕的无能的护照管理官。除了管理三军联合详细审讯中心之外，肯德里克还兼职作为秘密情报局团队的一员，在奥尔德肖特（Aldershot）③附近管理一个审讯营——那里只关押了一名囚犯，即1941

---

① 埃尔姆赫斯特（1895—1982），爵士，英国皇家空军中将。

② 费尔金（1894—1973），英国皇家空军上校。

③ 奥尔德肖特是英格兰汉普郡的一个城镇。在两次世界大战期间，这里拥有英国最大的陆军营地。

年5月空降到苏格兰的纳粹德国副元首鲁道夫·赫斯（Rudolf Hess）。三军联合详细审讯中心于1945年11月关门后，肯德里克便回到了秘密情报局。

英国的战俘情报工作是战争中伟大的、成功的情报故事之一。维克多·卡文迪许–本廷克写道，这是迄今为止战争中最有效的军事情报机构，也是"最宝贵的情报来源之一"。为了进行有效的情报工作，军方招募的人员正是《布兰德报告》所建议的民事情报机构所需要的那种人——优秀的语言学家，受过良好的教育，善于察言观色，是无情的"深通世故之人"。

然而，费尔金本人认为，联合情报机构已经形成了一种倾向，即单纯为了搜集和囤积情报而进行情报活动。这对于情报工作来说是一种糟糕的方式。费尔金写道："时间因素非常重要，因为在一场快速进行的战争当中，许多信息在某一天是情报，在第二天就变成了历史。"关键是要通过直接审讯迅速击垮俘虏。在费尔金看来，三军联合详细审讯中心高估了隐藏的麦克风和密探。而且，好情报的关键是要迅速把它写出来，并发给那些可以使用它的人。空军情报局K科与空军参谋长情报助理所统辖的其他部门以及每个皇家空军司令部都有直接的电话和电传打印机联系。K科的每一个报告都会分发约200份的副本。费尔金认为，情报部门的主要作用是拯救英国人的生命。他当然不会采纳卡佩尔–邓恩的观点，即随着世界大战的结束，俘虏情报将逐渐消失，因为"审讯涉及人性中永恒的不可靠性"。

费尔金的观点与皇家空军的有关人士是一致的。外交部的第二把手哈罗德·奥姆·萨金特爵士（Sir Harold Orme Sargent）[①]曾判定，应忽视皇

---

① 萨金特（1884—1962），英国外交官和公务员。

家空军的情报秘诀。萨金特在1944年7月写道："我不理解以这种方式思考的人的心态。我相信外交部应该尽其所能，以防止人们接受并成为英国外交政策的基础。"

当卡佩尔–邓恩来写他关于联合情报的调查结果时，他认为不能相信武装部队能提供所需的那种情报。原因有两个方面。第一，历史表明，不能相信军方会给予情报或情报人员足够高的优先权。他指出："在本次战争前，情报部门在三个军种中都不是很受青睐的单位。事实上，到了战争的第六个年头，如果还要假装情报部门也没有很多批评者，那就太愚蠢了。"

第二，军事情报机构的历史表明，它们只有在出现全面战争的条件下才能蓬勃发展。例如，无论三军联合详细审讯中心多么有效，它都是由源源不断的战俘来维持的。卡佩尔–邓恩写道："很难看出这样一个机构在和平时期有多大的发展空间。"他建议将审讯工作移交给秘密情报局和军情五处。

卡佩尔–邓恩提出了一个巧妙的构想。它与《布兰德报告》和芬勒特·斯图尔特调查的结论相吻合。它对军事情报官员的描述与这些军官产生了共鸣：他们感到自己并不受自己所在军种的重视。作为戴维森在军事情报局的继任者，现任军事情报局主管约翰·辛克莱被任命为秘密情报局的副主管，他预期会成为下一任"C"。而盟国远征军最高司令部（Shaef）的情报主任、英军最著名的情报官肯尼斯·斯特朗决定跳槽，先是成为政治战执行处的负责人，然后执掌联合情报局。当经济战部敌国处被移交给外交部时，该部门的负责人、维多利亚十字勋章获得者杰弗里·维克斯（Geoffrey Vickers）①少将辞去了自己的军职。在1945年，陆

---

① 维克斯（1894—1982），爵士，英国律师、行政人员、作家和开创性的系统科学家。

军的高级情报军官以成为民事情报机构的负责人作为自己职业生涯的下一步规划。

特别行动处

情报史的第四部分是关于特别行动处的，而这一部分又是前面联合情报委员会的产物。特别行动处是另一个情报机构，非常符合联合情报委员会的说法，是一个必须被安乐死的军事组织。虽然特别行动处坚称自己不是一个军事机构，但它从来就是一个高度军事化的情报机构。

1940年7月，军事情报局的"研究"部门、秘密情报局的D部门以及一个被称为伊莱克特拉宫（Electra House）的由外交部和信息部共同领导的黑色宣传单位进行了合并，这三个现有组织的合并诞生了特别行动处。该部门和布莱切利园一样，在1942年之后方才具备成熟的组织形式。负责黑色宣传的部门被抽调出来成立了文职的政治战执行处。而1944—1945年存在的特别行动处，则来自1940—1941年被称为特别行动二处的机构。

要弄清特别行动处的地位，特别是该组织中由女皇委任的那些军官的历史是一个非常棘手的问题。在发展的早期，特别行动处决定，本组织所有的英国军事人员都应该是军官。然而，"委任军官"这个词涵盖了一系列可能性。一些军官是借调到特别行动处的陆军军官，而早期的一些强壮的年轻人先以平民身份加入，然后再应征入伍并被送回特别行动处。第三类人，即"假军官"，只是因为加入了特别行动处而获得委任。更糟糕的是，这些军官不仅为自己争取到越来越高的军衔，还通过谈判获得了远超其名义军衔的特殊工资待遇。那些在1941年4月之前加入的人还可以享受免税待遇，被称为特别行动处的"腐败期"。而这一切并没有特别的保密，事实上，有人在下议院对这些做法提出了质疑。

到了1944年，特别行动处的军事人员——基本上是整个组织——绝大多数都是普通士兵。然而，军官的比例仍然很高，在伦敦和海外的指挥部工作人员完全由军官组成。其总部负责人——科林·麦克韦恩·格宾斯（Colin McVean Gubbins）[1]少将是真正的军事家。行动主管埃里克·爱德华·莫克勒–费里曼（Eric Edward Mockler-Ferryman）[2]是肯尼斯·斯特朗的前任，曾在艾森豪威尔的非洲司令部担任情报主任。甚至杰拉尔德·沃尔特·罗伯特·坦普勒（Gerald Walter Robert Templer）[3]，这位在意大利负伤的师长也曾在特别行动处工作过。坦普勒在战后成为军事情报局局长。1945年，战地军事指挥官们认为，特别行动处不仅是一个有用的"特种部队"团队，而且是一个比秘密情报局更好的情报机构。

1945年的历史对特别行动处造成了双重打击。在其军事化的形态下，它与诸如三军联合详细审讯中心之类的军事情报机构混为一谈，因而被认为是一个只有在战争状态下才非常有效的组织，其重要性将随着和平的到来而消失。因其政治形态，特别行动处又被描绘成一个腐败、无效又危险的组织。

特别行动处的成员并非不知道别人如何看待他们，他们的防卫心理催生出一个特别行动处版本的情报史来为自己辩解。特别行动处也由此为情报史展示了最明确的愿景。该机构的一位主管助理詹姆斯·汉伯里–威廉斯认为他们的受众是"有限的'外部公众'"。这个"有限的'外部公众'"并不是"大众"，而是那些对特定情报机构的活动有所了解，但本

---

[1] 格宾斯（1896—1976），爵士，英国陆军少将。

[2] 莫克勒–费里曼（1896—1978），英国陆军准将。

[3] 坦普勒（1898—1979），爵士，英国陆军元帅。

身并非"情报机构成员"的人。可以说，他想到的是大臣、公务员和国会议员。

负责经济战的历任部长爱德华·休·约翰·尼尔·多尔顿（Edward Hugh John Neale Dalton）[①]和托普·塞尔伯恩（Top Selborne）[②]也负责特别行动处，从1941年春天推翻南斯拉夫政府开始，将他们认为特别成功的行动写成情报史并供人传阅已成为一种惯例。这类行动有两个最著名的例子，分别是1943年的"深入希腊"（Inside Greece）和1944年的"重水"（Heavy Water）。

"深入希腊"是特别行动处试图发现希腊抵抗力量的历史。1942年9月，埃迪·迈尔斯（Eddie Myers）[③]准将被空降到希腊。迈尔斯是特别行动处里一名"真正的军官"，他作为皇家工兵部队的一员而被特别招募。因为他是大家能找到的唯一一名既受过伞兵训练，又能熟练地爆破大型建筑的高级军官。迈尔斯需要这些素质，因为他被期望作为一名情报官，去查明希腊国内的实际情况；作为一名颠覆者，鼓励建立希腊抵抗运动；还要作为一名破坏者展开行动。

1942年11月，迈尔斯把一些抵抗组织拼凑起来，炸毁了戈尔戈波塔莫斯（Gorgopotamus）高架桥，该桥位于从希腊北部到雅典的主要铁路线上。在被德国占领的欧洲地区中，炸毁戈尔戈波塔莫斯高架桥是第一个重要的反德抵抗行动。而在这之前，抵抗行动主要是冗长乏味的讨论，而不是战争。

---

① 多尔顿（1887—1962），男爵，英国工党的经济学家和政治家。

② 塞尔伯恩即朗德尔·塞西尔·帕尔默（Roundell Cecil Palmer，1887—1971），塞尔伯恩伯爵，英国行政官员、情报人员和保守党政治家。1942—1945年任职于经济战部。

③ 埃德蒙·查尔斯·沃尔夫·迈尔斯（Edmund Charles Wolf Myers，1906—1997），英国陆军准将。

1943年6月，迈尔斯又重施故技，炸毁了另一座南北向的主要高架桥——阿索波斯（Asopus）高架桥。对阿索波斯高架桥的攻击并不是由希腊抵抗力量实施的，而是由迈尔斯手下的"英国小分队"单独完成的。这是一个关于"耐力、纯粹的'勇气'和决心"的故事。

迈尔斯本人体现了特别行动处的情报、政治和军事身份。因此他修建了一条飞机跑道，并于1943年8月溜回了开罗，在那里他有理由被奉为英雄而受到欢迎。然而，他带来了一个希腊抵抗运动代表团，制造了无穷无尽的麻烦。

"重水"是情报机构破坏德国核武器计划的历史。在戈尔戈波塔莫斯行动和阿索波斯行动之间的1943年2月，特别行动处在欧洲的另一端炸毁了位于维莫克的挪威水电公司的部分设施，作为德国原子弹计划的一部分，德国人在那里制造重水。一年后，来自同一个行动组的幸存人员炸毁了将剩余的库存重水运往德国的渡船。在维莫克行动中，特别行动处的特工都是挪威人，这些袭击是在挪威流亡政府的军事情报机构——国防最高司令部四处（FO.IV）[①]和挪威抵抗组织米洛格（Milorg）[②]的密切配合下组织的。

如果说有什么行动能给这个被人们称为"特种部队"的单位提供一个铁证，那么肯定非维莫克莫属。毕竟，特别行动处拯救了西方文明——这无疑是1945年夏天提出的论点。欧洲战事结束两星期后，《每日快报》（Daily Express）发表了一篇来自其驻斯德哥尔摩记者的报道，题为《地下军大战纳粹原子弹》（Secret Army Fought Nazi Atom Bomb）。这是在盟

---

① 挪威流亡政府于1942年在伦敦重建了其国防最高司令部（Forsvarets Overkommando），第四处是其下属部门，负责挪威武装力量在挪威的作战行动以及与米洛格的合作，也包括与特别行动处的合作。

② 米洛格是挪威最大的抵抗组织，成立于1941年5月。

军高级机密的超级武器——第一颗原子弹试验前两个月发表的。随后的调查发现，奥斯陆的挪威人在欧洲战事结束的当天就向该记者提供了完整的故事。

维莫克故事的发表并没有导致任何形式的保密运动。当盟军在广岛使用第一颗原子弹时，新闻头条也没有关注日本而是将焦点对准了挪威。1945年8月6日晚，当时的首相克莱门特·艾德礼和他的前任温斯顿·丘吉尔都就核武器的历史发表了声明。《每日邮报》（*Daily Mail*）的标题将首相的声明概括为"间谍、皇家空军、突击队参与的一场智斗"。艾德礼的声明指出了"情报部门"，他说"德国人在任何时候拥有这种打击力量都有可能改变战争的结果"。丘吉尔给出了攻击特别行动处的确切日期——1943年2月，并表示我们将会"抢在德国人之前几个月动手"。

在这些声明之后，特别行动处寻求并获得许可，向BBC提供了1944年版本的历史。核情报部门的负责人埃里克·韦尔什（Eric Welsh）①不客气地表示，这个故事"挪威人已经说了很多遍了"。因此他们质疑特别行动处是否真的有必要再讲一遍，以达到突出个人的目的。答案很明显，还是有必要的。这些报道都没有写出"特别行动处"这个品牌，但它在有限的外部公众中是众所周知的。特别行动处的历史学家希望他们接触到的每个人都知道维莫克，因为"报纸和广播已经充分描述了它"。

1944年8月，在特别行动处领导层正式决定推进一系列历史时，该机构已经习惯于撰写从自身角度出发的历史。这些历史是由一个非常了解"有限的外部公众"的组织构思的，因为它知道现在必须推销自己才能实现发展。

但不幸的是，其他的组织往往都比特别行动处抢先一步。特别行动

---

① 韦尔什（1897—1954），英国化学家。

处的大部分历史记录发生在1945年秋季一个非常集中的时期。这主要是因为作者们知道他们的组织已在劫难逃，他们想尽可能多地留下相关的记录。正如特别行动处总部参谋长哈里·斯波伯格（Harry Sporborg）[①]所言："就像波旁王朝灭亡前一样，每个人'什么也没学到，什么也没忘掉'。"

早在1944年4月，《布兰德报告》就已经提及了特别行动处。外交部和秘密情报局几乎不需要讨论他们将采取的路线，因为大家的意见一致——"秘密行动"是一种非常有用的特工手段。这种思想应该保留在秘密情报局，不过一旦战争结束，应尽快撤销特别行动处。为了强调历史案例，洛克斯利计划采用雷克斯·利珀（Rex Leeper）[②]的证词，他正是埃迪·迈尔斯在自己那本讲述希腊经历的回忆录中所谴责的外交部官员。利珀认为迈尔斯是一个危险的傻瓜，而迈尔斯则将利珀视为一个软弱的极端利己主义者。1943年10月，利珀设法剥夺了迈尔斯在希腊开展任何行动的权力。

在外交部和秘密情报局最终举起他们的屠刀之后，特别行动处的历史将会立刻终结。一如既往，维克多·卡文迪许–本廷克是这项工作的核心，在他的上司准备采取行动之前，他一直在耍弄特别行动处和军方。当卡文迪许–本廷克最后告诉格宾斯，自己一直在与联合情报委员会合作以撤销特别行动处时，格宾斯除了暴怒之外已无计可施。

在1945年秋季产生最直接影响的那部特别行动处的历史是所谓的"普及版"。1944年夏天，格宾斯和他的顾问们设想了特别行动处历史的两

[①] 哈里·纳撒·斯波伯格（Harry Nathan Sporborg，1905—1985），英国律师和银行家。第二次世界大战中，他是特别行动处的副主管。

[②] 雷金纳德·怀尔丁·艾伦·利珀爵士（Reginald Wilding Allen Leeper，1888—1968），英国公务员和外交官。

个版本："详细版"和"普及版"，后者是将前者内容中挑选出重点进行描述。他们希望"普及版"能够广泛发行，甚至公开发行。为此，他们委托著名编剧莱昂内尔·黑尔（Lionel Hale）进行编写工作，他曾创作过《嘲弄的鸟：奢侈的三幕剧》（*The Mocking Bird：An Extravagance in Three Acts*）和《她经过洛林：三幕喜剧》（*She Passed Through Lorraine：A Comedy in Three Acts*），黑尔是战时BBC上一个熟悉的声音。

图4.4 莱昂内尔·黑尔。剧作家，受欢迎的播音员，也是特别行动处的首席历史学家。

黑尔著作的主题是，特别行动处已经完成了1940年时赋予它的使命：它在纳粹的欧洲占领区组织起了政治和军事抵抗运动，烽火从雅典一直燃烧到奥斯陆。他引用艾森豪威尔的参谋长沃尔·比德尔·史密斯（Walter

Bedell Smith）[1]的话说，如果"没有特别行动处提供的组织、物资和训练，'抵抗'就不会有任何军事价值，在一些国家甚至可能不再存在"。这种抵抗运动为打败德国做出了四大贡献：破坏工业设施，如维莫克；破坏交通线，如戈尔戈波塔莫斯和阿索波斯；直接支持正规军以及影响占领结束后的政治解决。黑尔所编写的这一版特别行动处的历史具有持久的影响力，尤其是1946年1月秘密情报局接管了特别行动处，并使其再次成为自己的D部门后，它还在继续流传。

黑尔区分了"牢房中的秘密组织"和"准军事或游击队组织"。通过对后者的关注，他能够抚平前者所遭受的磨难。然而，特别行动处版历史的最后一段正是聚焦于这些苦难上。

《布兰德报告》从历史中获取了最重要的教训，"渗透进敌人的情报机构"是所有情报工作的核心。有人认为，这种渗透是非常困难的，需要长期的计划和大量的资源。然而，特别行动处的历史表明，尽管被鄙视的德国人在对英国进行间谍活动方面没有什么建树，但在渗透敌人的情报组织方面却卓有成效。

军情五处

从某种意义上说，渗透特别行动处的历史构成了情报史第五部分的第一要素，而这第五部分就是"军情五处版"的历史。1944年秋，军情五处主管告知大家，组织最紧迫的任务是积累"关于德国渗透到英国情报组织"的信息。

---

① 史密斯（1895—1961），美国陆军上将。

在撰写渗透历史时，军情五处，特别是军情五处B科倾向于掌控全局。他们的证据主要来自两个方面：缴获的德国文件和对德国情报官员的审讯。

当反攻欧洲的计划正在进行时，秘密情报局坚持，其特别反间谍单位（SCI）和秘密情报局在伦敦的"作战室"将配合盟国远征军最高司令部的行动。特别反间谍是在军方掩护下由秘密情报局展开的一项行动，不过该行动是由军情五处借调来的官员迪克·戈德史密斯·怀特（Dick Goldsmith White）①以"准将"身份指挥的。

然而，到了1944年秋天，盟国远征军最高司令部情报部门的肯尼斯·斯特朗得出结论，秘密情报局的工作做得不好，并要求重组作战室，整理和分析有关纳粹深层集团的信息，使军事反间谍官员受益。

军情五处B科官员塔尔·罗伯逊（Tar Robertson）②被任命为盟国远征军最高司令部新作战室的负责人，在重整后的作战室，军情五处和秘密情报局配备相等数量的人员，其余人员由来自美国战略情报局（OSS）③的官员和法国情报机构——情报处（DSDOC）④的代表组成。作战室明确其目标是精准地反映帝国保安总局的真实情况。如潮水一般涌来的文件和审讯记录构成了作战室报告的基础，这些报告被广泛地传播。罗伯逊写道："随着反间谍人员在抓捕和利用德国情报机关的重要成员方面取得了越来

---

①　怀特（1906—1993），爵士，英国情报官。

②　托马斯·阿盖尔·罗伯逊（Thomas Argyll Robertson），英国陆军中校。

③　战略情报局（Office of Strategic Services）是第二次世界大战期间的美国情报机构，属于美国参谋长联席会议，负责协调美国武装部队所有部门在敌后的间谍活动。战略情报局的其他职能还包括宣传、颠覆和战后规划。第二次世界大战结束后一个月，战略情报局即宣告解散，其功能由国务院情报研究局和中央情报局继承。

④　情报处（Direction des Services de Documentation）是自由法国情报机构研究与调查总局下属的反间谍部门，第二次世界大战结束后与调查总局一同被并入对外情报与反间谍局。

越多的成功，作战室已基本完全了解德国情报机关。"在作战室于1945年11月关闭之前，罗伯逊写下了关于它的历史。

军情五处还控制着设立于1940年的020营的情报输出，由"锡眼"罗宾·斯蒂芬斯（Robin 'Tin Eye' Stephens）①管理，负责审讯可疑的间谍。其结果由B科的一个小组在巴斯特·米尔莫（Buster Milmo）的指导下进行分析。1945年夏天，盟军俘虏的德国高级情报人员被从欧洲大陆转移到020营进行详细审讯，其中包括帝国保安总局局长恩斯特·卡尔滕布伦纳（Ernst Kaltenbrunner）②、1941年之前一直担任帝国保安总局第六处处长的海因茨·约斯特（Heinz Jost）③以及他的继任者瓦尔特·弗里德里希·舍伦贝格（Walther Friedrich Schellenberg）④，他担任该职务直到战争结束。相关审讯结果被当作020营的"祸乱"四处流传，以至于020营的副司令在1945年底撰写了一份运营史。

对德国情报部门的调查主要集中于阿勃维尔三处F科（Abwehr III Feind）的活动情况。当阿勃维尔在竞争对手希姆莱所掌握的帝国保安总局的压力之下解体时，阿勃维尔三处F科作为帝国保安总局第六处Z科保留了下来。然而，参与渗透行动的大部分人员此时已经分散到了保安总局的军事处中。该处的军事辅助部队侦察突击队（FAK）⑤，隶属于野战部队。侦察突击队继续开展渗透行动，并且"拥有大量关于盟国情报部门的资料，因此

---

① 斯蒂芬斯（1900—? ），英国陆军中校。

② 卡尔滕布伦纳（1903—1946），纳粹时期奥地利党卫队领导人。

③ 约斯特（1904—1964），纳粹时期德国党卫队官员。

④ 舍伦贝格（1910—1952），纳粹时期德国党卫队官员。

⑤ 侦察突击队（Frontaufk lärungs kommandos）前身是阿勃维尔所建立的战术情报单位，其下的精锐战术情报单位不同于普通的侦察部队，他们跟随着野战部队前进，负责在战线附近确保文件的安全，搜捕敌方特工，审讯战俘并建立间谍网络。其主要作用是搜集情报并评估局势。

他们总是对法国、荷兰和比利时等地抵抗运动的发展情况了如指掌"。

德国俘虏中还包括阿勃维尔三处F科荷兰办公室前负责人赫尔曼·约瑟夫·吉斯克斯（Hermann Joseph Giskes）[①]，他于1945年6月抵达020营。吉斯克斯于1938年加入阿勃维尔，是由三处F科汉堡办公室的负责人费尔德曼少校招募的。费尔德曼后来继续在巴黎负责阿勃维尔三处F科法国办公室的有关工作。费尔德曼本人于1945年9月初被捕，并接受了"恰当"的审讯，在巴黎负责日常渗透行动的三处F科官员乌戈·布莱歇尔（Hugo Bleicher）[②]也受到了审讯。

当作战室开始撰写阿勃维尔和帝国保安总局六处的历史时，很明显，在荷兰和法国的三处F科已经专门从事复杂的渗透行动了。1945年，英国人能够当面询问他们的军官关于这些行动的情况。特别行动处的案例是调查的核心。1943年秋天，特别行动处N科的两名荷兰特工从荷兰逃回，之前他们被帝国保安总局的警察部队——安全警察（SIPO）[③]关押。当他们回到英国时，声称荷兰抵抗组织只不过是德国的一个掩护组织。他们受到了严重的怀疑并被关押在布里斯顿，从而导致了一场英荷外交事件。

然而，1944年4月，赫尔曼·吉斯克斯给N科负责人西摩·宾厄姆（Seymour Bingham）发了一条嘲讽的信息："感谢你长期以来的合作。

---

① 吉斯克斯（1896—1977），德国陆军中校。

② 布莱歇尔（1899—1982），参加了第一次世界大战并被俘，后曾四次试图逃跑。战争结束后经商。第二次世界大战爆发后因通晓法国和西班牙的情况被阿勃维尔招募，但军衔始终停留在高级士官，不过正是他给法国抵抗组织造成了很大的破坏。第二次世界大战结束后，他被法国政府关押了一段时间。

③ 安全警察（Sicherheitspolizei）在纳粹时代指的是国家政治和刑事调查安全机构。在1936—1939年，它由盖世太保和刑事警察的联合力量组成。作为一个正式的机构，安全警察在1939年被纳入帝国保安总局，但这个词一直被非正式地使用，直到第二次世界大战在欧洲结束。

如果你来到欧洲大陆，我将像款待你的特工那样接待你。"

1944年2月，特别行动处F科的法国特工亨利·艾尔弗雷德·欧仁·德里古（Henri Alfred Eugène Déricourt）[1]被抵抗组织的其他成员告发为德国渗透特工。到1945年初，更多的怀疑开始落到1943年在巴黎卧底的F科英国官员尼古拉斯·雷德纳·博丁顿（Nicholas Redner Boddington）[2]身上。博丁顿虽被证明没有叛变，但调查人员发现，与他一起在巴黎活动的抵抗组织的副首领确实是一名阿勃维尔三处F科的特工。军情五处B科负责人盖伊·利德尔指出"阿勃维尔得到了一切"。

1944年8月，盟军解放巴黎。在阿勃维尔总部缴获的文件中，有一份长达160页的报告，是由最初在1942年空降到爱沙尼亚的另一名英国特别行动处官员罗纳德·悉尼·塞思（Ronald Sydney Seth）[3]撰写的。该报告概述了塞思在巴黎为阿勃维尔所进行的渗透工作。几周后，塞斯本人被俘，并声称自己是为了保命才"叛变"。

这些案件都陷入"谁背叛了谁"的激烈争论中，并持续了几十年。然而，在1945年，没有人怀疑总体结论，即德国人一直在进行成功的渗透行动。争论的焦点在于，特别行动处是否是一个有效的组织，可以接受某种程度的渗透，将其作为在敌对环境中开展业务的必然结果。或者说，特别行动处是否是一个受到破坏的情报机构，它其余的活动只是为掩盖整个英国情报机器暴露的风险。

然而，随着调查工作的继续，在整个渗透的历史中，特别行动处很明显是一条用来误导或者分散注意力的红鲱鱼。特别行动处是在1940年7月

---

① 德古里（1909—1962），德国飞行员。

② 博丁顿（1904—1974），英国陆军少校。

③ 罗伯特·查特姆（Robert Chartham, 1911—1985），罗纳德·悉尼·塞思为其笔名，英国作家。

成立的，阿勃维尔三处F科和党卫队保安处都是在很早以前就展开了渗透行动，沿着这一思路可以直接追溯到芬洛。在吉斯克斯于1938年加入阿勃维尔时，费尔德曼的"主要关注点是瓦解英国在荷兰的特工组织"。在柏林还有一个直接隶属于阿勃维尔三处F科的影子组织，由安德烈亚斯·特劳戈特·理夏德·普罗策（Andreas Traugott Richard Protze）①管理，被称为P场（Stelle P）。普罗策是海军上将威廉·弗朗茨·卡纳里斯（Wilhelm Franz Canaris）②的海军老友，他是整个三处F科的设计师，在1929—1938年间担任柏林地区的负责人。

打入位于海牙的秘密情报局护照管理处这一行动，费尔德曼和普罗策完成得非常出色。一名英国雇员杰克·胡珀（Jack Hooper）完全成了他们的人。费尔德曼在1937年招募了胡珀，吉斯克斯在1939年成为负责他专案的官员。军情五处毫不费力地找到了胡珀，因为他当时已经是该处B科的一名备受尊敬的官员，他在离开秘密情报局后加入了B科。没有证据表明胡珀在回到伦敦后还在活动，因为他的德国管理者们没有办法联系到他。然而，直到1944年，吉斯克斯还在对荷兰的秘密情报局网络进行渗透工作。1945年9月，胡珀被军情五处悄悄"放走"。

为了完全确定自己掌握了阿勃维尔三处F科的技术和术语，军情五处就这一点重新审问了他们的俘虏。德国人解释，他们对两种反间谍特工进行了严格区分。反向联系人（GV-Mann）是一名德国特工，他获得了敌人的信任，并向他们传递虚假或审查过的信息，这种情报被称为游戏材料（Spielmaterial），而英国人则称之为"鸡食"。渗透者（E.Mann）是一种更危险的野兽，一个渗透到敌人内部并在无人察觉的情况下传回情报资料的德国特工。但是到1945年中期之时，德国渗透行动的历史已经彻底结

---

① 普罗策（1870—1952），德国海军上将。

② 卡纳里斯（1887—1945），德国海军上将。

束了。

反过来，英国人也有自己渗透德国情报机构的历史。军情五处版的历史在很大程度上依赖于这些欺骗性特工的成功。从战争中期开始，与掩护英国两栖行动，特别是"D日"行动的"欺骗准备工作"相比，反间谍活动"似乎没什么意义"。

到目前为止，在塑造人们对于反间谍工作的这种理解方面最有影响力的历史是由约翰·塞西尔·马斯特曼撰写的。马斯特曼已经掌握了他在B科的同事所编写的案例史，其中最引人注目的"嘉宝案"（Garbo Case），该案是由胡安·普霍尔－加西亚（Juan Pujol-Garcia）[1]专案的负责人汤米·哈里斯（Tommy Harris）[2]撰写的。对于欺骗性特工的"鉴赏家"来说，嘉宝案在"他们的艺术中堪称最为成熟的范例"，"因为它提供了关于这项工作所有方面的说明，还因为参与此案的情报官在控制上体现出来的技巧和聪明才智，以及在工作中榨取所有潜在好处的效率，所以该案例很有趣"。以里斯本为基地的普霍尔－加西亚是最成功的"D日"假消息传播者。

历史学家马斯特曼很好地完成了撰写历史的工作，而且速度还很快。他还得到了其他一些因素的帮助。首先，他与海军情报局十二科的尤恩·蒙塔古密切合作。蒙塔古撰写了W委员会的平行历史，该委员会是监督欺骗性情报资料发布的高级机构。马斯特曼和蒙塔古相互参考了对方撰写的历史并确保它们在结论和细节方面的一致：蒙塔古为马斯特曼的作品撰写了有关海军历史的部分；马斯特曼非同寻常地偏离了他指定的主

---

[1]　普霍尔－加西亚（1912—1988），西班牙双重间谍，在英国代号为"嘉宝"（Garbo），在德国代号为"阿拉里克"（Alaric）。

[2]　托马斯·约瑟夫·哈里斯（Tomás Joseph Harris，1908—1964），英国情报官。

题——双重间谍,特别赞扬了蒙塔古负责的"肉馅行动",他承认该行动并不涉及任何双重间谍,只涉及一具英国流浪者的尸体。1945年8月,马斯特曼被允许以演讲的形式向W委员会的最后一次会议提交其作品的初始版本。

图 4.5 约翰·塞西尔·马斯特曼。牛津大学历史教授,军情五处官员,研究第二次世界大战中双重间谍行动的历史学家。

马斯特曼和蒙塔古都轻视军事情报,但对于能让军方受益的情报行动则持截然相反的态度。在1944年时,马斯特曼写道:"我们的所有活动都与一个最令人感兴趣的大型战略欺骗行动有关,该行动是为诺曼底反攻而实施的。"蒙塔古认为,绝对不能让军方掌握欺骗性特工的行动,因为"行动具有很高的'八卦'价值",相信它对于高级军官来说,作为谈资的诱惑力太大了。与军方保持距离是"双重间谍工作取得成功的最大因素"。

然而,马斯特曼的历史是非常细致入微的。虽然在语气上是庆祝性的，但它显然借鉴了反对派在过去一年中所做的研究。这里有大量不可能再被复制的证据。这些资料表明，在撰写对情报部门进行渗透的历史时，依靠反间谍的历史是很不明智的做法。

自战争开始以来，德国人一直处于不利地位。阿勃维尔未能采取有力措施于战前在英国建立起间谍网络，但这一点与在德国没有建立任何网络的英国秘密情报局不相上下。两个部门都在对方的国家有间谍。从1940年秋天开始，阿勃维尔试图派遣特工打入英国，他们遭遇了可以预见的灾难。德国人只有"一个地理上的小目标"，这"限制了特工可以进入的渠道"。相反，他们知道"形势对英国人颇为有利""德国情报部门只有一个目标"。存在着巨大的敌方间谍网络这一想法最初让人们产生了恐惧心理，然而这种恐惧一旦消散，那么"明显的结论"就是敌人"将试图以普通旅客的身份派遣特工渗透进来"。从1940年6月起，从欧洲大陆到英国的航班都是从里斯本和斯德哥尔摩起飞的。因此英国人只需要扼住一个"狭窄的瓶颈"即可。

1940—1941年期间，阿勃维尔并没有付出太大的努力，渗透相当容易控制。在战争过程中，阿勃韦尔向他们在英国的"特工"提供了85000英镑的报酬和支持。在战争后期的一次行动中，帝国保安总局六处又向英国驻伊斯坦布尔大使的男仆支付了88000英镑，要求他将雇主的文件逐一拍照。

马斯特曼写道："一个简单的事实，即在战争时期于敌国进行间谍活动注定是要失败的，因为间谍不会有好运气。"他又继续写道："如果能够接受简单的解释，即我们非常聪明，而德国人非常愚蠢，因此我们也在徘徊和曲折中获得了胜利，那无疑将是令人满意的。"最后，马斯特曼总结说："然而这种说法根本站不住脚，正如欺骗者自己充分认识到的那样，他们与其他情报部门相比显得足智多谋不过是由于布莱切利园的存在罢了。"

撒开英国骗子享有的独特优势不谈，马斯特曼说，这种优势"让我们觉得有点头疼"，有"证据"表明，阿勃维尔：

至少在间谍和反间谍相关的所有技术领域与我们不相上下。他们对相关问题进行了长期的研究；在早期的一些笨拙的即兴表演之后，他们专心致志地仔细训练特工；他们当然以令人钦佩的心理理解力处理其中的许多特工；阿勃维尔衷心地支持他们并给予他们足够的奖赏。总之，没有任何理由把我们的成功和德国的失败归功于我们高超的智慧或更强的能力，抑或我们对于特工有更实际的管理。

错误的历史会滋生过度的自信，虽然马斯特曼就此提出了非常明确的警告，但他为情报战的道德史争辩，削弱了自己引用的技术案例。马斯特曼认为英国情报工作的成功主要是一种道德上的胜利。它证明了"英国从上到下的所有官员和其他相关人员的正直"。双重间谍是一群离奇的人，不过他们"毕竟"是外国人，"曾与敌人接触过"，而英国人则"一定"是可靠的。

欺骗的历史与芬勒特·斯图尔特对军情五处的调查产生于同一时期。他曾是W委员会的成员，并就马斯特曼对其调查结果的报告进行了全面评估。不仅如此，他还在马斯特曼和蒙塔古的历史中成为一个非常突出的人物。与对军方的相对忽视比较起来，确实可以说芬勒特·斯图尔特在这些历史中占有过高比重。从1941年春天开始，芬勒特·斯图尔特的本土防务执行委员会一直负责将德国空军从英国城市引开，为此做了各种尝试。他利用军情五处的双重间谍网络来发布"有威胁的东西"，通过这些准确的信息提示德国空军注意下列目标：可能需要轰炸的真正的军事设施或位于人口相对稀疏地区且战略重要性不高的工厂。这项工作于1944年达到一个新的高峰，以应对德国导弹的攻击。芬勒特·斯图尔特声称："由于改变了伦敦以外的平均弹着点数量，数以千计的生命得以挽救。"约翰·德鲁是芬勒特·斯图尔特在本土防务执行委员会的副手，曾负责对付导弹的欺骗行动，负责起草了《芬勒特·斯图尔特报告》的历史部分。

芬勒特·斯图尔特解决的主要问题是，英国在整个战争期间在国内外经营着两个大型反间谍机构。安全委员会负责人艾尔弗雷德·达夫·库珀（Alfred Duff Cooper）[①]在1943年就指出了这个系统的荒谬之处。让秘密情报局第五科和军情五处的B科做同样的工作是多余的，而且经常相互矛盾。为什么不合并它们呢？丘吉尔拒绝库珀至今仍是难解之谜。

芬勒特·斯图尔特必须在明确的底线内行事，他的调查被设计为对内维尔·布兰德相关调查的直接继承：他几乎不能挑战其前任最近关于秘密情报局的结论。芬勒特·斯图尔特被告知不要无故冒犯陆军部或内务部，对他们视而不见。军事情报工作绝对要被排除在外，因为"在现代条件下，安全问题已不再主要是军方的问题"。

芬勒特·斯图尔特的正式职权范围和他的实际操作空间都将重点放在调查军情五处上，因此一切相关工作都将围绕这一点展开。的确，军情五处版本在政府内部创造的历史资本是很重要的。不过，外交部负责芬勒特·斯图尔特调查的设计师相信，军情五处终归不是好东西。它的官员是小人物，没有想象力以及各种私人关系。

欺骗的历史往往可以用来化解这种攻击。在欺骗和渗透特工方面进行的激烈交锋是和危险的敌人斗智斗勇，与在昏暗卧室的家具底下进行搜查完全不同。军情五处的未来，在很大程度上取决于决策者如何看待相关的历史，那段历史正好反映了B科那些雄心勃勃的欺骗行动。

军情五处可以通过三种方式有效地运用其历史版本。第一，最直接的

---

① 库珀（1890—1954），诺里奇子爵，英国保守党的政治家和外交家，也是一位军事和政治历史学家。

办法，他们能够证明B科是多么有用。第二，他们能够证明秘密情报局第五科的"考吉尔政权"有多大问题。第三是最不值得期待的办法——利用联合情报委员会的历史版本为自己带来好处。《卡佩尔–邓恩报告》一直将军事情报工作描述为必须受到监督、指导和约束的对象，为他们利用相关历史扫清了障碍。

私下里，军情五处的一些官员认为军队在安全方面相当称职。芬勒特·斯图尔特更喜欢军情五处的官方说法。他的第一个行动是扼杀任何争论。他不打算就"在这个时代是否还需要军情五处所做的那种工作"进行辩论。关于"是否有必要采用秘密手段来对付刺探我国军事机密的暗中意图"，英国战间期以来的"安全史"对于这一点的态度是不容置疑的。秘密情报局第五科和军情五处B科冲突的历史是一种"尴尬"。芬勒特·斯图尔特将争吵归咎于"三英里限制"，即第一次世界大战前的惯例——"国内特勤局"将把自己限制在本国领水之内。这种爱德华时代的自负由于战时的科学革命及其"'反间谍工作'的收获"而变得毫无意义。军情五处现在应该被允许在真正的世界范围内开展"保卫国家"的行动。

人们在1945年撰写的情报史有其特殊韵味。当然有很多这样的历史，它们颇为简陋原始、参差不齐、存在着瑕疵，但它记录了英国政府对其战时经验的思考。在政府内部进行的历史写作是复杂的，作者们抱着不同的个人目的在进行这项工作。对一些人来说，这是一项"总结经验教训"的工作；对另外一些人来说，这是一项纪念行为；还有一些人，则主要把历史视为提高个人声誉的手段。然而，尽管存在着这样那样的复杂性，但历史并没有产生严重的撕裂。不同的历史项目之间存在大量的重叠，却出现了一个相当连贯的叙述和情报分析。对当代历史的这种解释是构建英国政府的一个重要因素。最重要的结论是，"情报机器"必须处于政府的核心位置。当然，也有不同的声音——某些军队的高级将领认为情报人员有点太自不量力。在公共领域以及私人领域，人们对建立一个英国式的"盖世太保"颇有顾虑。然而，对于正在形成的共识，他们又没有令人信服的能反驳的证据。尽管政治家和公务员愿意挑战"情报机器"的能力，但现在很少有人否定它。他们希望情报部门能够发挥作用。

很少有情报史是在人们认为它们将保持真正秘密的情况下撰写的。1945年的主要辩论是关于在公开场合说多少的问题。到这一年的中期，人们开始反对披露过多的内情。这是第一次世界大战所导致的后果，就像许多其他事情一样，披露被认为是最不应该做的事情。历史应该是"半秘密"的，直接或更可能间接地针对有限的公共领域。情报机构希望威斯敏斯特和白厅了解他们，了解他们的功绩和奥秘。

然而，军人们仍然没有发言权，军事情报局和总参情报处甚至都不是秘密组织。尽管军人们在许多情报问题上发出了很大的声音，但他们很少能阐明战争中的情报的作用，以及如何真正利用它来取得胜利。

第五章　审判与反思：情报机器到底应该是什么样的？

饥饿之冬的审判

1949年11月，情报机构无数次被问及对出版战时历史作品的看法。情报机构的代表们无数次疲惫地"坚持自己的观点，即他们总是反对公布机密事务"。是的，"事实就是不计其数的材料都被出版了"，但出版诀窍是避免说出任何权威性的话。

在这样一场争论中，边缘人物相对容易被压制、忽视或操纵。1946年1月，埃迪·阿诺德·查普曼（Eddie Arnold Chapman）①将他的回忆录交给了左翼出版商维克多·戈兰茨（Victor Gollancz）②，此前该回忆录已经在法国发行了一版。查普曼堪称情报史中的一朵奇葩，他是唯一在两次不同的任务中跳伞进入英国的阿勃维尔特工，也是唯一获得足够信任的英国欺骗性特工，被故意送回德国以便渗透到阿勃维尔的内部。查普曼无疑是个逃兵、罪犯和叛徒，他的上司们却以一种带着深情的惊奇眼光来看

---

①　查普曼（1914—1997），传奇的双重间谍，英国代号为"Z字形特工"（Agent Zigzag），德国代号为"弗里茨"（Fritz）。

②　戈兰茨（1893—1967），爵士，英国出版商和人道主义者，以支持左翼事业而闻名。

待他。

与此同时，记者悉尼·菲尔明（Sydney Firmin）向他的出版商提交了一份即时历史的手稿，内容是英国战时情报工作。人们承认，菲尔明根据真实的消息来源完成了一项出色的工作，军情五处则怀疑这些线人在特别处工作。菲尔明还对"密码学和为此而使用的机器"进行了一些相当聪明的推断。

菲尔明和查普曼的案例可以放在一起比较。根据《官方保密法》，查普曼被起诉，而菲尔明则得到了进一步的"非公开"详情介绍，而且还被告知可以继续发表他的调查结果。他最有料的故事涉及1940年逮捕法国海军司令埃米尔·亨利·米瑟利耶（Emile Henry Muselier）[①]一事。米瑟利耶曾是一名瘾君子，后来成为一名新奇性行为实验者，但从来不是间谍。这一丑闻早已过去，也广为人知，而且米瑟利耶与戴高乐闹翻了，不再是一个重要人物。

有些案例更贴近本土。"著名的芬洛事件"有两位主角，理查德·佩恩·贝斯特（Richard Payne Best）[②]就是其中之一，当他在从萨克森豪森集中营被解放出来时，没有人对他的故事感兴趣，这让他非常愤怒。1946年，他专门写了一本书讲述被囚禁时的经历并于1950年出版。斯图尔特·孟席斯曾希望贝斯特会在当今被"愉快地遗忘"。他不希望芬洛重新出现在"聚光灯"下。对孟席斯来说，不幸的是荷兰政府仍然对芬洛感兴趣，特别是因为该国的一名情报人员在该事件中被杀。

审判是一种需要尽量减少的危险。1947年夏天，两场审判与情报史本身纠缠在一起。两年前，020营的战时指挥官"锡眼"斯蒂芬斯在军情五处和军情十九处的联合支持下转战德国，主持设在巴特嫩多夫的三军联

---

① 米瑟利耶（1882—1965），法国海军中将。

② 西格斯蒙德·佩恩·贝斯特（Sigismund Payne Best），英国陆军上尉。

合详细审讯中心。在德国，他能更好地审讯那些落入英国占领军手中的囚犯。他看过了020营的战时历史，对于其中的不足之处感到非常焦虑。他向伦敦方面大发雷霆，说这本书"质量参差不齐，没有涵盖所有的历史，读起来也很乏味"。

戴维·皮特里（David Petrie）①和他的副手贾斯珀·哈克同意让斯蒂芬斯重写历史，这几乎是他们离开军情五处前最后的行动了。他们向斯蒂芬斯保证，020营"对组织来说至关重要。因此，本组织任何未来的总负责人，如果需要为类似的项目配备工作人员，无论建设还是实际管理，都应该从所有经验中充分受益"。

斯蒂芬斯与他在020营和巴特嫩多夫的助理肖特少校合作，撰写了一部关于020营的全新历史，他以一种笨拙的幽默感将这部历史称为"哈姆的文摘"——020营的基地就设在哈姆别墅。斯蒂芬斯和肖特在1947年1月完成了工作，新的作品在篇幅上比之前的工作增加了一倍多，但除了长度值得赞许之外，质量并不突出。新的"文摘"主要是斯蒂芬斯为自己树碑立传，尽管他只是作为"编辑"出现，但一个匿名的"安全部门的正式官员"，"肯定会在某一天审讯他的"。

不知他是否会想到，几个月后的这场审讯将由英国军队的律师进行。可悲的是，对所有相关人员来说，1946—1947年的冬天是整个欧洲的饥饿之冬。在巴特嫩多夫，一些由斯蒂芬斯管理的囚犯死去，还有一批人因冻伤而不得不截肢，原因竟是一桶桶冰冷的水泼到他们身上，他们牢房的窗户也被故意砸碎。

---

① 皮特里（1879—1961），爵士。从1900—1936年，他一直在英属印度的警察部门工作，他在当地的最高职务是主持联邦公共服务委员会。1941年，他被任命为军情五处的主管，负责重组该部门并提高效率。他于1946年春退休。

图 5.1　不死的案件：芬洛。荷兰于 1948 年再现了发生在 1939 年 11 月的芬洛事件。

斯蒂芬斯曾在这段历史中记录，"责任从头到尾都系于司令官一身"。"理想的安排"是由司令官"在整个机构的支持下亲自进行审讯"。审讯时没有必要"道貌岸然"，"痛苦强硬的方法"是最好的，而且，"对男女均是如此，要毫不留情"。对斯蒂芬斯来说，不利之处在于主要证人是他的共同作者肖特少校。

1947年6月，陆军逮捕了斯蒂芬斯，而伦敦的军情五处首先想到的是与他切割。在战争期间，斯蒂芬斯不是痛斥他们身着军装作为掩护吗?但他自己也是一名正式的军官。当斯蒂芬斯开始撰写这段历史时，他还是军情五处的官员，在完成写作之前，他已经转到英国驻德管制委员会的情报处工作。据军情五处称，020营历史的有关介绍具有误导性，因为作者不再像他声称的那样，是"安全部门的一名正式官员"。斯蒂芬斯的前同事不希望本组织的历史因他的存在而被玷污：他们"唯一担心的是，人们会说这是020营在战争期间获取情报的方式"。

对于斯蒂芬斯案，军情五处所想到的解决方案是花钱请一名精明的律师，理论上这是为了他的利益，但实际上是"有一个人能在法庭上以非官方的身份照顾我们的利益"。这名律师便是军情五处主管的战时个人助理迪克·巴特勒（Dick Butler）。

对于那些担心英国情报部门声誉受损的人来说，此案更加复杂，因为它与在德国开始的另一场审判同时进行，而且另一位伟大的英国战时审讯员也将在这场审判中出庭。在斯蒂芬斯和肖特撰写的有关哈姆别墅的历史中，他们强调审讯部门就像整个英国情报部门一样，已经成为"机器、系统或是网络，随你怎么称呼它都行"。该机器的核心是020营、三军联合详细审讯中心和战俘审讯科（Prisoner of War Interrogation Section/ PWIS），该科由一个非常符合斯蒂芬斯本人意愿的人负责，即来自情报部队的亚历山大·斯科特兰（Alexander Scotland）①中校。

被称为"伦敦牢笼"的战俘审讯科是陆军筛选战俘的营地，以便将筛选后的战俘转入三军联合详细审讯中心。当斯蒂芬斯被逮捕时，斯科特兰抵达汉堡，其目的是为德国军队战争犯罪的审判做证。辩方的策略是攻击伦敦牢笼以及在证人席上的斯科特兰，因为他们通过刑讯手段获取供词或证人证词。

用巴特勒自己的话说，他为斯蒂芬斯辩护的要点在于：司令官对审讯营中发生的事情不负责任。在这一事件中，这一辩词发挥了作用。斯蒂芬斯在军事法庭上被宣判无罪，随后被军情五处重新聘用，并被派往西非，而肖特则被雪藏，再也无人问津。巴特勒召集的辩方证人都起到了作用，

_____

① 斯科特兰（1882—1965），英国陆军中校和情报官。

包括斯温顿勋爵、达夫·库珀、戴维·皮特里爵士和迪克·怀特，军情五处和军事情报局之间的激烈交涉也对此有所帮助。面对"危险的流言蜚语"和"一摊烂泥"，如果不是他们对相关历史记录下了一番苦功夫，绝不会取得如此成功。辩护的一个核心目标是确定在020营并没有发生严刑逼供，如果真的出了什么问题，那也是发生在德国边荒之地的事情。

虽然军事法庭的审判是秘密进行的，但这无法阻挡工党议员以及必须在议会为英国行为辩护的内阁大臣们对巴特嫩多夫的窥视。对工党议员和许多记者来说，在公开场合明确地提到军情五处的名字，已成为一种荣誉。巴特嫩多夫被描述为"军情五处的审讯营"。工党政府的主要成员艾德礼、贝文和赫伯特·斯坦利·莫里森（Herbert Stanley Morrison）[①]，并不完全愿意相信情报机构的无罪抗议。他们都认识一些因政治信仰而被虐待的人。

因此，军情五处的高级领导人不得不利用该机构在战争初期由于资源不足而陷入混乱的既定说法。1940年的英国就像1947年的德国一样，是一个边荒之地。不过，一旦建立了常规制度，一切就都会按部就班地进行。杰克·库里的军情五处历史中涉及战俘收容的部分被分享给了研究该主题的官方历史学家，以说明军情五处对此曾是多么敏感。

盖伊·利德尔向艾德礼给出了军情五处的说法："在这个国家，身体暴力并不是审讯人员希望或被允许使用的武器。"然而，"如果一名审讯人员在他处理的大部分案件中并没有对他的审讯对象施加压力……通常需要那种巨大且持续的压力，否则他不可能获得任何自己想要的东西……取得成果往往是基于审讯对象的恐惧、对自身的恐惧、对别人的恐惧"。对此，大臣们采取的政治路线是"过去曾犯下了令人震惊的愚蠢行为，但工

---

① 莫里森（1888—1965），兰贝斯的莫里森男爵，英国政治家，作为工党成员曾在英国内阁中担任过多个高级职务。

党政府将确保我们适当被监督"。

新闻界不一定相信这句话。1945年8月，政府发布命令，阻止记者获得有关情报行动的文件，这些情报行动都是在被解放的国家展开的。愤懑的记者所开创的"叛逆"情报史或许就是从此时崛起的。哈里·查普曼·平彻（Harry Chapman Pincher）[①]堪称捣蛋鬼中的领军人物，他于1945年9月开始在《每日快报》工作。他的第一个爆料甚至出自美国对曼哈顿项目的研究这样的官方历史，负责合金管工程（Tube Alloys）[②]的相关部门有一个联系人将该报告出版前的副本拿给他看过。

战后的第一份预算显示，英国在战争期间的秘密投票达到了5200万英镑，而英国战时的原子能研究只花费了相当于前者1/30的费用。如果对核武器的调查是合法的，那么询问情报工作无疑也是合理的。当然，这笔令人瞠目结舌的费用也不能简单地归结为打一场全面战争的费用。战后的第一笔秘密拨款是250万英镑。因此，按实际价值计算，它比第一次世界大战后秘密投票的峰值要高出6倍之多。

《第二次世界大战战史》

在战后的五年里，情报界的精英们也以英国情报工作为主题发表了一些公开演讲。他们的动机五花八门：有的是在官场斗争失败之后泄私愤；

---

① 平彻（1914—2014），英国记者、历史学家和小说家。

② 该工程是第二次世界大战期间英国和加拿大两国开发核武器的合作项目，于1942年启动，最终因成本过高而被并入美国的曼哈顿工程，且英美两国共享核技术。但美国并未透露曼哈顿工程的所有技术细节，并于1946年终止了合作，因此英国不得不重启核项目并在1952年独立完成了首次核试验。

有的是因为自己或以前的同事遭遇了不公的诽谤；有的则抱着传播智慧的愿望。最重要的是，他们明确对艾德礼政府没有适当地"理解"冷战的状况而担心。

历史既可以对当前提供警告，也可以为未来提供指导。1947年2月，前空军科学情报助理主任雷金纳德·维克托·琼斯就科学情报问题进行了一场篇幅很长的公开讲座。讲座内容发表于1948年8月。当时，道格拉斯·埃维尔爵士（Sir Douglas Evill）[①]正在进行一项秘密调查，以与琼斯所用术语极为相似的方式批评了战后的科学情报工作。1948年2月，前特别行动处领导人科林·古宾斯也发表了演讲，内容是战争时期如何在实行高压政策的外国势力所控制的领土上进行颠覆运动。1950年1月，前"英国特工"和前政治战执行处总干事罗伯特·布鲁斯·洛克哈特爵士就如何开展政治战发表演讲。

1945年春天，丘吉尔领导的战时政府决定出版一部官方的《第二次世界大战战史》。然而，直到1946年11月，艾德礼政府才真正宣布编纂官方战史的计划，随后又任命了一位总编辑詹姆斯·拉姆齐·蒙塔古·巴特勒（James Ramsay Montagu Butler）[②]。为此，巴特勒不得不组建了一个团队，"一部分由来自学校的历史学家组成，其中大多数人都有一些服兵役的经历，另一部分由正规部队的退役军官组成"。

正如第一次世界大战之后，人们以为皇家海军和皇家空军会希望委托专人编写更短、更"通俗"的历史，事实也正是如此。此前，陆军没有自己的专门历史；相反，它的行动被记录在一系列的战役历史当中。

当巴特勒接受编撰第二次世界大战战史的任务时，第一次世界大战的

---

① 道格拉斯·克劳德·斯特拉森·埃维尔（Douglas Claude Strathern Evil, 1892—1971），爵士，英国空军上将。

② 巴特勒（1889—1975），爵士，英国政治家和学者。

官方历史实际上尚未完成，这显然很荒谬。然而，即使是"精简"的巴特勒版战史，也将是一个时间非常漫长的项目。在这种情况下，20世纪50年代末之前出版的著作相对较少，当时参与相关工作的历史学家已经开始退休，其中一些人对于他们手中的任务可以说是力有不逮，有人在议会中就此提出了相当尖锐的问题。

在大多数情报部门的领导人看来，巴特勒几乎不可能花足够多的时间来做战史编纂工作。他们对他和其他相关历史丛书的编辑，如负责"后方"部分的迈克尔·莫西·波斯坦（Michael Moissey Postan）①有些担心。内阁的总体决策似乎是不能质疑的，但魔鬼已藏在细节之中，尤其是布莱切利在1945年匆忙地"控制文件"，这意味着官方历史学家充其量只能收到经过严格筛选的情报文件，但根本不能使用，除非它们能"避免错误"。

1948年初，情报部门对其自身历史的控制受到了挑战。对此，英国反对党领袖、前首相、最畅销历史作品的作者温斯顿·丘吉尔爵士声称："如果不在某些地方加入暗示我们能够破解敌国密码和密码机的陈述，他将很难完成自己的著作，也就是《第二次世界大战史》的第二卷。"丘吉尔认为，为了自己的商业利益，完全应该允许谈论情报。"真正的秘密"只有一个，即英国解读德国和日本密码的程度。

政府的反应可以说是不屑一顾。秘密情报局、军情五处和政府通信总部一致认为，绝不能让丘吉尔的"淘气行为"得逞。他们简单地重申了1945年的声明。首先，"如果……丘吉尔泄露了秘密，那么对于成千上万在战争期间从事机密工作的人来说，再要求他们像以前一样继续遵照要求保守秘密就不合理了"。其次，"不能给德国人或日本人任何可能的借口来曲解他们被武力彻底击败的事实。知道我们掌握这样的信息源正好给他

---

① 波斯坦（1899—1981），爵士，英国历史学家。

们提供了一个合适的借口"。这就是为什么官方历史学家只能写"武力"的原因。他们被允许了解情报，只是为了"在他们所编纂的历史中围绕武力做文章"。

正如丘吉尔所指出的那样，尽管是出于金钱上的动机，但在这种条件下不可能写出好历史。内阁秘书爱德华·布里奇斯爵士接受了他的观点，并和斯图尔特·孟席斯和爱德华·特拉维斯一起做出了具有一定灵活性的安排：在某些情况下，允许承认英国情报部门破译某一份电文，甚至允许复制该电文的部分内容，只要这类引用并不频繁，也不提及机器加密或解密。当然，丘吉尔的原意是指频率而非事实。

而为普罗大众和苏联人准备的公开历史却让孟席斯、特拉维斯和利德尔等守门人感到惊慌失措。没有人会怀疑每个情报组织都乐于撰写关于自己的"机密"或"内部历史"，只有秘密情报局的部分是个例外。

秘史就是谁都看不到的历史？

正如情报机构一直试图阻止公开披露其历史一样，它同样一直坚持认为撰写机密历史一事颇有可取之处。事实上，外交部已为此创建出一种模式，决心置身于任何官方历史活动之外，为他们实施过的英国外交行为编纂一部机密历史。在编纂初期，这部历史并没有回避"缺失的部分"。芬洛事件的战时历史已经被编纂出来，以期传递给官方历史学家。但外交部裹足不前，直到1948年9月，才开始把情报史从外交史中剥离出去。

几乎每一个著名的民事情报组织都有一部机密历史，甚至包括那些不再拥有任何政治资本，现在也很少有人关心的已不复存在的组织。

一些情报史遇到了这样或那样的问题。在珀西·约瑟夫·西利托爵士（Sir Percy Joseph Sillitoe）①于1946年5月1日作为安全局新任主管走进圣詹姆斯街之前，杰克·库里就应当完成军情五处历史的编纂。对于这部作品，西利托不一定读过，但无论怎么说他都不喜欢库里和库里所撰写的历史。库里的历史是"为加入我们的情报官或去海外站的情报官提供指导而保留的"。而库里本人则被降职，然后生病，并以辞职的形式被解雇。

在当时负责结束政治战执行处的肯尼斯·斯特朗爵士的鼓励和支持下，由戴维·加尼特编纂的政治战执行处的历史于1947年2月完成，但这部历史被外界斥为言语粗鄙。此前，存放在位于贝克街的特别行动处总部中的档案曾遭遇过严重的火灾，除了这件事之外，由秘密情报局赞助、威廉·麦肯齐编纂的特别行动处的历史则比较清晰。作为牛津大学的导师，麦肯齐是最有才华的情报史学家之一，他于1948年9月发表了这部历史作品。他的工作得到了一致认可，但随后即被卷入了古宾斯试图宣传特别行动处战时成就的浪潮之中。

到目前为止，相关工作中最大的失望则来自弗兰克·伯奇。海军情报局的历史学家警告伯奇，撰写布莱切利园的历史与40号房的历史截然不同，"40号房的破译工作是由一小群密码学家完成的，与1939—1945年期间的特别行动相比，只是小打小闹，也没有与其他的情报来源进行充分且精心的校对"。然而，伯奇并没有听进去，他一心想要用与1919年相同的方式来完成这项任务。结果，他的进展和任何一个面向公众的官方历史学

①　西利托（1888—1962），爵士。他于1908年加入南非警察部队，在第一次世界大战中曾参加德属东非之战，1920年返回英国本土，1923年他开始在多地担任警察局长，通过改革，他让无线电、文职人员和女警官在警察部队中发挥了应有的作用，于1946—1953年执掌英国安全局。

家一样缓慢。伯奇于1956年去世时，这段历史的写作仍未完成。而由他的助手们拼凑的杂乱无章的最终版本，读起来让人很不舒服。

然而，无论是作为可行的历史还是有用的政策文件，"内部"情报史的失败都不是故事的全部。最重要的一点是，"内部"历史学家并不是修正主义者，他们所做的只是加强了1945年"版本"中的历史共识。

比尔·麦肯齐（Bill Mackenzie）[1]写道："实际上，特别行动处的每个部门在解散前都会进行述职。这些叙述在质量和参考文献的数量上有很大不同，但从某种意义上说，它们都是原始资料，因为它们通常是由积极参与该部门工作的下级军官撰写的，其中大多数还经过长官的检查。""麦肯齐"版的历史与1945年版的历史可谓严丝合缝，在之前有过的很好描述的部分，他写得又长又全面，而在以前历史没有描述过的部分，他则写得很简练，信息量显得不足。

这种近期产生的历史记忆所带来的集体力量比任何具体历史的命运更重要。军情五处决定搁置库里的历史，但并没有搁置他们所认定的历史教训。现任副主管盖伊·利德尔、战时军事情报部门的副主管哈里·艾伦（Harry Allen）和B科新任负责人迪克·怀特反而撰写了一份关于反间谍工作发展的替代性简短指南，而且还分发给了高级军官和公务员。利德尔"认为最重要的是应该确切地了解本部门的工作范围以及战时的工作情况"。该指南基于库里的历史和为这部历史而撰写的各种文稿。

1946年3月，首相克莱门特·艾德礼以及内阁的核心大臣们接受了《芬勒特·斯图尔特报告》。大臣们没有太多的选择，因为艾德礼在会议开始时便说："大家普遍同意芬勒特·斯图尔特爵士报告中的基本假设，即必须在和平时期保留一些机构，使其在经验和人数上足以发现渗透我国

---

①　威廉·麦肯齐，比尔是他的昵称。

国防机构的企图。"艾德礼随后颁布了一项指令，指示军情五处不断向首相通报有关国家安全的情况。

军情五处希望让尽可能多的人了解他们如何通过战时的努力获得这么高的地位。该机构指南的出发点是假设白厅的每个人都知道"那些情报人员"，但他们现在需要了解情报机器的真正组织。

随后，利德尔还带着指南上路，希望能说服军方和警方的怀疑论者。他对西利托在苏格兰警方的前同事采取了这样的方针，"坦率地承认"军情五处在1939年和1940年一直表现很差。但这不是他们自己的错，他们人手和资金双重不足。因此，重要的是把1931—1941年这十年的任何经验放在一边，集中精力研究"随后几年的历史和目前的情况"。

同时，尽管弗兰克·伯奇有种种缺点，但他在激励其他人的努力方面发挥了相当大的作用。由于政府通信总部控制着最重要的原始资料库，各方面的官方历史学家都必须与伯奇打交道。海军情报局的历史中布满了他的印记，海军事务是他个人的兴趣和专长。伯奇试图编写一部以布莱切利为核心的全面的情报史，这使他积累了其他情报组织的历史，因为它们被写出来了。在具体的信号情报领域，他启用历史来填补主要空白，有时候他甚至委托别人撰写相关的历史。

陆军在1945年之前几乎没有关于信号情报的著作，但在1948年和1950年倒有两部关于这一题材的长篇历史著作面世。这些历史遵循了伯奇要求的布莱切利路线，而不是陆军希望的更倾向军事的观点。1948年的军事信号情报史指出，陆军部的侦听工作，首先是从查塔姆开始，然后是在博马诺，但直到1943年10月才正式成为陆军所属的单位。陆军部Y集群（War Office Y Group/WOYG）的人员被故意排除在陆军之外，只有高级成员在1943年穿上了制服。

博马诺和布莱切利一样看起来像一个军营，只是因为战争中期扩充之后，其大部分人员是来自本土辅助服务队①的身着制服的妇女。正如在第一次世界大战中一样，陆军部展示了其在动员民间专家方面的技能，但这与仅仅作为战地单位的"陆军Y部队"是完全不同的事情。到发起诺曼底登陆的"D日"，陆军部Y集群已完成了英国近一半的侦听任务。

人们撰写1950年的军事信号情报史的目的，是希望它"可以证明本著作对政府密码学校和陆军部都有价值，而在未来如果出现我们又卷入另一场世界大战的不幸事件，这部历史可以作为一本参考书"。然而，这本著作在很大程度上是政府密码学校版本而非陆军版本的军事信号情报史。顺便说一句，这部历史指出，很少有证据表明政府密码学校在第二次世界大战初期对军事信号情报感兴趣，且所有的证据都来自陆军部的文件和对军官的采访，但军事信号情报方面的历史学家仍总结道："任何对1939—1945年发生的事情有过经验的人，如果将来思考这些问题时都会看到，密码分析员的成功可能需要像1940—1945年那样，有一个总的密码分析机构……在1942—1945年的扩张之后，需要这样一个机构的必要性非常明显。而在1940年，这些需求并不那么清晰。"

根据军事信号情报的历史，军事信号情报部门是1942年由布莱切利发明的。到了1946年4月，它的最终表现形式是保留了第四情报学校的名称。尽管是由军人管理的，但其完全是一个由布莱切利/伊斯科特（Eastcote）②

---

① 本土辅助服务队（Auxiliary Territorial Service/ATS）是第二次世界大战期间英国陆军的妇女部队，成立于1938年9月9日，它最初是一个妇女志愿服务机构。1949年2月1日，该服务队并入皇家陆军女子部队。她们在战争中主要从事文员、厨师、话务员、服务员、护理员、司机、邮政工人、弹药检查员等辅助工作，因为人员的短缺，她们也会承担支持性任务，如从事操作雷达、探照灯、高射炮等工作。

② 伊斯科特是伦敦希灵顿区的一个郊区，位于伦敦西北部。布莱切利园在这里设立了一个秘密基地，代号为"皇家海军彭布罗克五号"（HMS Pembroke V），其有100台破译机用于破译德国恩尼格玛机加密的信息。战争结束后，该站曾关闭，1946年又被政府通信总部重新启用进行破译工作，后于1954年搬迁。

掌控的单位。

战后最神秘的特工部门——外交无线电局（Diplomatic Wireless Service），是由无线电安全局和秘密情报局第八科合并而成，目的是确保"黑室"侦听不再受制于军方。该机构根据伯奇的材料撰写了一部无线电安全局的历史。

这段历史为反间谍工作提供了大量的启示。它曾指出，在陆军1939年夏天成立无线电安全局之前，无论是秘密情报局、军情五处还是政府密码学校，任何民事机构都没有对非法的无线窃听行为采取过任何措施。特雷弗–罗珀破解了阿勃维尔的手写密码，而政府密码学校的行动则有点迟缓，后来在布莱切利郊区一个"混乱的小角落"建立了奥利弗·斯特雷奇情报科①。后来，"混乱的小角落"使民事机构在情报战中取得了优势。

有关特别行动的历史也没有被遗忘。秘密情报局的副主管约翰·辛克莱以莱昂内尔·黑尔撰写的特别行动处历史作为基础，在军事学院和公务员学院进行了巡回演讲。辛克莱宣扬特别行动和抵抗运动的重要性，将之作为"28000名特工"这一秘密情报局传说的根据。情报机构在有些怨言的情况下，允许有限度地公开披露有关特别行动处的情况。

在戴维·加尼特发表他编纂的政治战执行处历史之前，是否将政治战执行处改头换面作为反苏机构，已变成艾德礼所说的"英国共产国际"即艾德礼政府所面临的最敏感的问题之一。这就是为什么肯尼斯·斯特朗向加尼特提出要求，以后者从自身经历中得到的教训写了一份精辟的总结，加到前言当中。

---

① 奥利弗·斯特雷奇情报科（Intelligence Section Oliver Strachey/ISOS）由外交部公务员奥利弗·斯特雷奇负责，他是参加过第一次世界大战的密码专家，该科主要负责破译阿勃维尔间谍网中的各种信息，这些信息与为英国工作的双重间谍有关。

在这部历史发表之后，人们对政治战的兴趣重新升温。1948年春，外交部发掘了这一想法，说服了外交大臣欧内斯特·贝文（Ernest Bevin）签字同意创建一个新的政治战机构。贝文担心——"我们正在放任难以控制的力量"。在他个人记忆中，政治战执行处"在战争中并没有取得太大的成功"。

但这并不是白厅流传的说法。外交部宣布，他们新成立的信息研究部（Information Research Department/IRD）"有能力做到政治战争执行处和信息部在战争期间所做的事情，也就是说，为整个政治战领域提供规划、指导并炮制材料"。

他们请来达拉斯·布鲁克斯（Dallas Brooks）①当顾问，以"满足战争时期政治战执行处的需求"为模板来建设信息研究部。布鲁克斯在加尼特的特别行动处历史中占有重要地位。他于1939年开始在伊莱克特拉宫工作，1940年随即转到特别行动一处，是1941年建立政治战执行处的关键人物之一。在1944年前，他一直担任该处军事部门的负责人，处理超级机密和秘密情报局相关事宜，并担任副总干事。

人们可能会认为，第二次世界大战的历史将为那些真正参加过战争的人提供一个解释他们所做工作的机会。但情况并非如此。尽管武装部队和他们的领导人对最近的历史给予了相当大的关注，但他们很少负责情报史，即使是在他们的职权范围内，他们也没能以连贯的分析或叙述的方式进行整理。

1947年，当埃里克·莫克勒–费里曼开始着手撰写战时军事情报史时，他突然发现自己正受制于有限的任务说明和证据不足。由于当时的战史已在其他地方撰写，他的任务是撰写一部军事情报局的行政史。自波茨

---

① 布鲁克斯（1896—1966），爵士，英国海军陆战队上将。

少校于第一次世界大战后写完军事情报局的历史，档案方面几乎没有什么变化。在陆军部，莫克勒–费里曼发现只有两份文件在等着他：1946年4月定稿的《军事情报局战时日记》和《军情十九处的历史》。

莫克勒–费里曼转而依靠自己的记忆——他曾是艾伦·布鲁克麾下本土军司令部的情报主管，后来又在艾森豪威尔的非洲司令部担任过情报主任，另外他还可以从民事机构找到文件和历史记录。在这些机构中，他发现军情五处对自己的帮助最大。但他没能迅速地完成这个任务，在这个本应是一个相对简单的项目上花了五年时间，最后的结果也不过是一本带有大量注释的《战时日记》。在这方面，莫克勒–费里曼与波茨少校相比并不占优势。最后，他如释重负地回到了他的真爱——童子军，从此几乎对这段历史不曾过问。

莫克勒–费里曼认为军事情报局最重要的部门是军情十四处，该部门最初于1940年5月在肯尼斯·斯特朗的指挥下成立。正是军情十四处提供了每天上午9点15分交付给局长的情报记录。前后两任军事情报局局长戴维森和辛克莱每天都要向总参谋长艾伦·布鲁克爵士汇报情况。因此，情报记录为布鲁克在自己的日记中记录大规模战争中相关的作战行动和整体战略提供了支撑，这些说明也构成了陆军部在联合情报委员会中立场的基础。

最初，人们在陆军部找不到军情十四处的历史，只有到布莱切利的历史团队那里才能找到这部分历史，因为这是为他们写的。按照历史的解释，军情十四处的主要作用是战斗序列情报。战斗序列情报并不特别吸引人，它需要通过无尽的细枝末节来揭示敌人的实力、组织和部署——因为它每天都在变化。然而，它是所有优秀军事情报的基础，如果不能很好地掌握敌军战斗序列，设定行动计划就会变得很危险，而德国人就因此付出了代价。对德国战斗序列情报的研究表明，在1942年，西线外军处

（Fremde Heere West）^①在战斗序列情报方面与军情十四处相当，而到了1944年，它已经落后了很多。

1945年，军情十四处被要求评估来自布莱切利的"超级机密"对他们的工作有多重要。简单的回答是——非常重要，而比较长的答复则显得有些微妙。在历史的焦点也就是重要的1944年，每个小时都有"超级机密"通过电传打印机从布莱切利园传到军情十四处，每天都有多批解密文件的打字稿被送往伦敦。"超级机密"提供了关于德国武装力量状况的最新情报。军情十四处总结道："对于了解敌人的战略、意图以及日常战术来说，'超级机密'是非常宝贵的。"那时，每天的情报记录基本上是由"超级机密"的解密内容构成，并加上军情十四处的评论。

然而，"超级机密"所带来的大多数情报并不足以压倒一切，军情十四处利用其他来源积累关于德国军队的情报。在这场战争的后期阶段，秘密情报局的报告，即所谓实地情报实际上超过了"超级机密"。秘密情报局从盟军情报部门收到的报告，意味着每天有多达150份的冗长文件被送到军情十四处。这些来自"现场"的报告质量参差不齐，它们不是简洁的解密文件，因此需要更多的分析来提取情报。

同时，军情十四处还处理战场上英国军队每天发来的军情报告，这其中最引人注目的机构是第21集团军群的情报部门。最后一个情报来源是三军联合详细审讯中心的战俘审讯报告。总的来说，军情十四处认为"在对轴心国战争潜力进行长期评估这方面，'超级机密'不算我们最有用的

---

① 西线外军处是隶属于德国陆军总参谋部的情报机构，其前身是第一次世界大战时期的德国陆军总参谋部情报部。第一次世界大战结束之后，为了绕开对德国军备的限制，该机构以陆军统计部门的名义活动，1935年，该机构改称外军处，1938年，外军处被分为两个部门，总参谋部三处是东线外军处，总参谋部十二处是西线外军处，针对西欧与德国交战的军队或计划入侵的国家，收集相关的统计和技术数据。

情报来源。它所提供的一些信息非常有价值，特别是在坦克生产的问题上，但它的主要价值并不在这个领域"。1946年的军事情报局副局长查尔斯·欧内斯特·里卡兹·赫希（Charles Ernest Rickards Hirsch）[1]准将曾是军情十四处的负责人，坚持认为军情十四处的历史应包含这样的陈述："尽管'超级机密'拥有巨大的价值，但它总是需要特别小心地处理。"

除了莫克勒–弗里曼的项目之外，还有其他一些关于第二次世界大战军事情报史的发表途径。1945年末，联合情报参谋部的成员们就"德国为何战败"提交了一份详细分析的初稿。联合情报参谋部是一个小而紧密的团队，由大约20名军官组成。他们于1945年3月开工，但当有更多的文件和审讯报告在1945年5月开始涌入时，他们明显加快了进度。他们所撰写的历史初稿于1945年10月完成，以便为对纽伦堡的被告之一约德尔大将（Generaloberst Jodl）[2]进行交叉讯问打下基础。

德国为什么会失败？

1946年初，当联合情报参谋部在等待审判结果以便将撰写的历史定稿时，拥有七名成员的陆军小组中有两人离开，去撰写联合情报参谋部使用"超级机密"的平行历史。与军情十四处不同，联合情报参谋部的陆军组没有从布莱切利收到解密文件。相反，他们收到了情报说明，而他们的海军同行已从海军情报局十二科得到了"橙子"。

---

① 赫希（1903—1975），英国陆军少将，参加了第二次世界大战。1945—1948年任军事情报局副局长。

② 艾尔弗雷德·约瑟夫·费迪南德·约德尔（Alfred Josef Ferdinand Jodl，1890—1946），德国陆军大将。

事实证明，军事情报局准确地估计了德国的生产和供应情况，在这方面是表现最佳的情报机构，对德国文件的调查证实了这种情报是多么精准。

然而，将情报直接转化为行动的情况发生在海战中。劳伦斯·柯万（Laurence Kirwan）和乔治·沃特菲尔德（George Waterfield）写道："获得关于德国潜艇活动的情报可能比其他任何东西都更有价值，在启航前几小时或在途中收到的消息，便能使我们的护航船队与德国潜艇擦肩而过。"

联合情报参谋部的官员对"超级机密"在军事行动中的作用持矛盾态度，并复制了第21集团军群情报部门负责人比尔·威廉姆斯对其缺陷的分析。当然，并没有人希望不存在"超级机密"这样非常棒的情报。然而，用尤恩·蒙塔古的话说，"超级机密"是"一种令人上瘾的毒品"。当情报人员使用"超级机密"时，他们并没有花足够的时间来筛选情报。因为根本不值得花时间去做细致的情报工作。如果有什么东西被标记为"超级机密"，它立即会让所有的接收者兴奋起来，以至于"过于强调"最新的解密。从"超级机密"所带来的高潮中走出来是可怕的，"超级机密"情报的短缺会迅速成为一种困扰。科万和沃特菲尔德甚至为"超级机密"这个词的出现而感到悲哀。

1946年夏天，联合情报参谋部回到了他们的德国战败史上，这段历史在1946年9月被正式提交。在这个阶段，作者们已经着眼于为阅读自己作品的更广泛读者群服务，他们特意加入了"大量我们认为对未来历史学家有用的技术信息"。

纽伦堡审判的第一阶段于1946年10月结束，直到那时，参谋长们才批准广泛传播联合情报参谋部所撰写的历史。然而，参谋长们坚持在联合情报参谋部的调查结果上附加一个"可靠性警告"：它们"不应被视为权威的历史，既不完整也不公平"。他们继续补充说："官方历史在编纂时很有可能会显示联合情报参谋部的工作中存在着错误和遗漏。他们的工作应被视为纯粹的说明……从德国人的视角来看问题。"因此，这段历史的最后文本特别包含了"最终评价……必须留给历史学家"这样一句自嘲的话。

不过，联合情报参谋部的语气仍然很严肃。参谋长们对这部历史有一个评价，即认为其作者过于依赖德国人的观点。但考虑到参谋长们在英国方面所施加的种种干预，这一评论并不公平。联合情报参谋部撰写的历史是第一次尝试从山的两边进行持续的历史分析。它注定是一个爆炸性文献，因为它巧妙地颠覆了许多人们津津乐道的理论和阴谋论。这主要体现在两个方面。首先，它将情报工作置于适当的操作环境当中。其次，也许更危险的是，它利用对德国情报工作的剖析来说明一个好的情报系统是什么样子。

联合情报参谋部的结论是情报非常有用，但终究不是赢得战争的工具。正是盟军的物资优势才赢得了这场战争。联合调查组写道："直到1942年中期，德国军队的军事实力使它并不用很依赖情报。因为无论情报部门是好是坏，战争的结果都差不多。到了1944年夏天之后，由于盟军的力量已呈压倒性优势，情报工作的效率同样也不会对结果或对战争的持续时间产生任何明显的影响。"

然而，无论是大西洋战役，还是盟军在北非、西西里、意大利本土、诺曼底和法国南部对轴心国发动的一系列成功的两栖行动，情报都拯救了成千上万人的生命，甚至多达数十万人得以幸存。这段历史并没有试图量化，它只是谈到了"极其严重的后果，盟军的伤亡可能会比现在高得多，尽管盟军的优势最终会毫无疑问地导致德国的失败"。

许多人的生命之所以得到了拯救，是因为盟军"运气"很好，德国的军事情报工作在它可能造成最大损害的时候却运作不畅。每一次两栖登陆都充满了风险，但"阿勃维尔在1942—1944年期间的主要失败在于，它无法提供对盟军的战略意图做出合理预测的那份情报"。这一失败进而阻碍了针对登陆的具体行动。也许更重要的是，它造成的一种"战略不确定性"气氛加剧了意见分歧，让德国无力制定连贯的防御战略，尽管它拥有"内部沟通渠道"。

德国的情报系统之所以失败，并不是因为阿勃维尔和帝国保安总局的官员腐败无能，不过他们中的许多人确实如此。在一项一般性分析中，联合情报参谋部指出："所有情报部门的成功在很大程度上取决于它们所雇用的高级人员的素质，除了技术能力之外，它们的工作人员必须能够客观和无私地评价事务，并尽可能地不带有政治或社会偏见。"

阿勃维尔和党卫队保安处在不同方面都远远没有达到这一要求。阿勃维尔的工作人员都是现役军人，再加上来自商界和业界的"预备役志愿人员"；阿勃维尔的正式官员都是在正规军中服役失败的二流人物。预备役人员通常都很能干，但做事不择手段，而且没有什么情怀。联合情报参谋部的历史学家相当尖锐地指出："党卫队保安处的人员主要在处于社会中下层的小资产阶级当中去招募。在所有国家中，这些人都是最不具备国际视野、最传统、最狭隘的人。"

德国情报工作的失败，也并不是因为国防部和帝国保安总局经常互相攻击，虽然存在着这种明争暗斗。它的失败更不是因为所有的阿勃维尔官员不称职，他们中的一些人，特别是第三处的官员可以说算是非常称职。他们已经证明"与使用直接线人相比，使用渗透特工可以在事实上获得更好的情报"。阿勃维尔之所以失败，也肯定不是因为工作人员中那些"表面上有魅力的"反纳粹分子搞破坏导致的。1944年7月推翻希特勒的阴谋牵涉阿勃维尔许多高层人员，但在他们变得不忠之前，该机构的工作效率就已经很低。联合情报参谋部指出，在预测盟军两栖行动方面"清一色的失败记录是阿勃维尔组织崩溃的主要原因"。

　　德国的情报工作之所以失败，还在于德国国防军最高统帅部是个不称职的情报处理者。联合调查组的结论是："未能理解盟军意图的责任主要在于国防军最高统帅部的计划人员，他们有许多其他的情报来源可供支配，不应该仅仅依靠秘密情报。"最高统帅部缺乏"跨军种协调和评估情报的人员。凯特尔（Keitel）①和约德尔都说过，从来没有成立过与盟军联合情报机构相媲美的组织。作战情报是由各军种部门和阿勃维尔直接提供给最高统帅部的计划人员，而这些人并没有被充分协调"。

　　对一些人来说，这段历史相当令人不舒服，它描绘了一幅由自私自利的情报机构所构成的真实画面：在战时整理军队和其他部门的情报需求，对于从公开和秘密渠道获得的情报进行优先级和一般性评估，在这些方面没有任何组织能控制阿勃维尔和党卫队保安处，它们都可以自由地专注于任何适合自己主管的或最容易实现的目标。而且除了在特定问题上，它们也不会受到批评。

　　第二次世界大战中最好的情报史，对控制不力的情报部门和专门支持军方行动人员的军事情报机构都是不留情面的。

　　有关这场战争的另一部军事情报史，被证明对军事情报工作同样不留情面。在杜德利·克拉克被噤声之后，军事欺骗的历史掌握在撰写"D日"欺骗行动历史的陆军军官手中。正如联合情报参谋部已确定的那样，正是这次行动为德国人带来了对盟军进行血腥屠杀的最大机会。"D日"可能不是战争中最危险的两栖行动，但它是迄今为止规模最大的一次。

　　罗杰·弗利特伍德-赫斯基思（Roger Fleetwood-Hesketh）和他的弟弟卡斯伯特·赫斯基思（Cuthbert Hesketh）在调查中十分卖力。卡斯伯

---

　　①　威廉·博德温·约翰·古斯塔夫·凯特尔（Wilhelm Bodewin Johann Gustav Keitel，1882—1946），德国陆军元帅。

特·赫斯基思审问了前西线总司令陆军元帅冯·伦德施泰特（Feldmarschall von Runstedt）①和他的参谋长冯·布鲁门特里特（von Blumentritt）②后奔赴纽伦堡，又去审问约德尔大将和凯特尔元帅。赫斯基思兄弟的很大一部分分析是基于精心搜集的《西线形势报告》，这是德国国防军陆军司令部每天的情况报告。他们也有很好的机会获得解密文件，其中的蓝夹克被证明是最有价值的。

赫斯基思兄弟的周密分析与联合情报参谋部的分析在很大程度上有相同的证据基础：德国人一向不善于协调他们的情报工作。赫斯基思兄弟也特别关注克鲁马赫尔上校（Oberst Krummacher），这位明显不称职的阿勃维尔联络官在最高统帅部工作。克鲁马赫尔向约德尔提供了"鸡食"，因此也定期向希特勒提供了"鸡食"，而没有任何人对他的工作进行检查。

赫斯基思兄弟对克鲁马赫尔档案的关注揭示了德国情报工作的一个特点，阿勃维尔和帝国保安总局很少向最高统帅部提交英国欺骗性特工的报告。大多数秘密情报是由保罗·菲德尔穆茨（Paul Fidrmuc）在里斯本的情报网和卡尔·克雷默（Karl Krämer）在斯德哥尔摩的情报网提供的。赫斯基思兄弟把菲德尔穆茨和克雷默都视为骗子。

有一种观点认为，欺骗性特工使盟军在战术方面赢了德国人，这一观点建立在赫斯基思兄弟对"D日"之后那几天情况的描述上。而当时西线总司令部和最高统帅部在向诺曼底投入预备队的问题上举棋不定。在那些日子里，已证实克鲁马赫尔从军情五处控制的特工那里向约德尔传递了许多信息。然而，正如赫斯基思兄弟和联合情报参谋部的历史学家所明确指出的那样，真正的欺骗行为更多的是依赖于对作战序列情报的否定，这是

---

① 卡尔·鲁道夫·格尔德·冯·伦德施泰特（Karl Rudolf Gerd von Rundstedt，1875—1953），德国陆军元帅。

② 金特·布鲁门特里特（Günther Blumentritt，1892—1967），德国步兵上将。

一个长期的过程，造成了一种不可避免的、持续的，而且令人神经衰弱的"对未知的恐惧"。

赫斯基思兄弟还从一个特殊的军事参谋机构的角度讲述了"D日"欺骗行动的故事，即行动B部（Ops. B）。隶属于盟国远征军最高司令部的行动B部是艾森豪威尔自己的战略欺骗部门。然而，事实证明，赫斯基思兄弟并不是军队情报部门的朋友。他们的历史不但煞费苦心地从总体上贬低了军事欺骗行动，还刻意削弱了参谋长们掌握的伦敦管制处所起到的作用。

赫斯基思的历史作品有效地重复了马斯特曼于1945年发表的关于欺骗的历史作品。军事情报工作最好由专门的民事机构负责。正如他们所指出的那样，行动B部不是一个军事情报部门，它的名字也显示出这一点，该部门的人员来自盟国远征军最高司令部的行动部门而非情报部门。

对罗杰·赫斯基思来说，他的历史成就没有被更广泛地传播是一个永久的遗憾。不过苏联人终究掌握了关于"D日"欺骗行动的所有关键信息。欺骗行动控制官约翰·亨利·贝文（John Henry Bevan）①曾在1944年亲自前往莫斯科，解释英国欺骗行动的范围和目的。到战争结束时，德国人意识到他们被骗了，约德尔就此事发表了一份详细的报告，据说苏联人拥有该报告的副本。当赫斯基思在1949年完成他的"巨著"时，它只被送到军情五处和国防部的未来规划科。还有很多其他的副本被"留下来，以便在有需要时再分发"。

另一方面，早在赫斯基思完成他的作品之前，其研究结论就已经在白厅和其他地方公布了。赫斯基思的结论是给军情五处的一份礼物。之前，人们对马斯特曼的关注已经让军情五处受益匪浅。

---

① 　贝文（1894—1978），英国陆军上校和股票经济人。

1946年春天，杰拉尔德·坦普勒成为军事情报局局长，他发现马斯特曼的作品是他的前任弗雷迪·德·甘冈（Freddie de Guingand）[1]留在保险箱里的少数文件之一。这很容易让坦普勒相信，欺骗的历史应该传播给注定要担任高级指挥和参谋职位的陆军军官。

1946年10月，军情五处副主管盖伊·利德尔为帝国国防学院的学生做了一次讲座，则"完全揭开了秘密"。主持讲座的是陆军元帅斯利姆勋爵（Field Marshal Lord Slim）[2]，他被广泛而准确地预测为帝国总参谋长的下一任人选。利德尔的主题是"军情五处如何控制了在英国的德国情报组织"，这既是为了安全，又是为了"改变我们的欺骗行动机构以便达成欺骗的目的"。他之所以能够完整地解释这些效果，是因为赫斯基思兄弟"最终对照了敌人的情报报告及凯特尔、约德尔和伦德施泰特的证词"。这种"揭秘"做法的目的是证明军情五处屡次的成功是真实的，因为如果没有赫斯基思兄弟的证据，"许多人可能会认为这些事情太过离奇而无法相信"。欺骗的效果证明这些人的看法错得有多离谱，特别是军队竟然把军情五处贬低为令人毛骨悚然的秘密警察。有了赫斯基思的证据，利德尔就能敦促他的听众不要管前辈们的怀疑态度，照着军情五处的话去做，不要问任何问题。

当利德尔向即将上任的联合情报委员会主席威廉·古迪纳夫·海特（William Goodenough Hayter）[3]介绍战时欺骗的历史时，他觉得可以声称"团结军队情报部门……只是为了让他们认识到我们所做工作的价值以及需要用'鸡食'来维持我们特工的生存"。

---

① 弗朗西斯·威尔弗雷德·德·甘冈（Francis Wilfred de Guingand，1900—1979），爵士，英国陆军少将。

② 威廉·约瑟夫·斯利姆（William Joseph Slim，1891—1970），子爵，英国陆军元帅。

③ 海特（1906—1995），爵士，英国外交官和作家。

历史的教训

到了1947年夏天，当空军上将道格拉斯·埃维尔爵士受命调查英国对苏联的情报工作时，历史调查人员已经得出结论，主要问题不在于是特工部门本身有多差，而是不理解情报的流程。这种失败最有可能来自军队。德国人有多个情报部门，这些部门搜集到信息，但根本不与其他部门共享。畸形的情报部门之所以成为一个严重的问题，只是因为控制它们的大脑已经腐烂。埃维尔评论说，他对历史的深入挖掘并没有多大意义，因为无论他说什么，情报机器"都将坚持我们现有情报机构的总体框架"。

他被禁止调查秘密的民事情报机构，尽管他很有意愿表达自己的观点。这个观点是，自第二次世界大战以来，已证实英国的秘密情报工作并没有为国防提供任何有用的东西。1944年，内维尔·布兰德曾询问陆海空三军的情报部门主管在未来需要什么。这些负责人异口同声地回答说，最重要的是他们需要有关新式武器的尖端技术情报，因为他们在战争结束以后再也没有得到这方面的情报。埃维尔指出，秘密情报局和军情五处是"部署在战场上的大型机构"，但他们为"国防"提供情报的工作"严重地落后"，"在这次审查中所获得的关于国防情报工作状况的证据，带来了令人不安的影响"。

埃维尔认为，只有一个情报机构的历史值得深入研究，该机构与他第二次世界大战时的个人经历息息相关：此前空军上将参观了位于梅德梅纳姆空军基地的总判读科——现在那里已经成为联合航空照相情报中心，他对其从战时的辉煌中衰落表示震惊。少数专家在过去伟大事业的废墟上工作。埃维尔认为，在这种情况下，历史很重要，因为联合航空照相情报中心拥有德国战时拍摄的所有东欧地区和苏联的照片，但甚至没有设法对它们进行分类。因此，埃维尔建议恢复皇家空军的摄像科和跨军种的总判读科。

回到他那份严谨的简报中，埃维尔得出结论，自1945年以来，情报部门的部分大脑也同样腐烂了。对于新式武器，如导弹和原子武器的情报搜集工作可能很差，但如果有情报传来的话，则相关的分析工作更差。当1945年的改革尘埃落定后，英国留下了两个委员会，一个负责技术情报，一个负责科学情报，"没有任何有效的权威"。原子情报甚至不属于军队情报部门的职责范围，它仍然被分离在军需部原子能司这样一个小单位里。埃维尔的一位证人声称科学、技术和原子情报这三个部门，没有贡献任何有价值的情报。

尽管《埃维尔报告》明确表示并没有审视过去，但它确实对情报史造成了影响。在围绕该报告进行的激烈辩论中，海军情报局局长埃里克·朗利–库克（Eric Longley-Cooke）[①]曾反复引用海军历史来阐述自己的观点。

长期开展的海军情报史项目经埃维尔一事而改变了方向。1946年，约翰·戈弗雷开始为摩根撰写的历史制作一系列的补编材料。当他在1947年1月写下第一份补编时，他想象自己的读者将是"15年后"的海军情报局局长。

早期的补编记录了著名的"顾问"的名字和地址，如伊恩·弗莱明等。戈弗雷不厌其烦地强调，海军情报局能够蓬勃发展，是由于它能迅速地委任民间人才。情报工作，尤其是高压的作战情报工作，"主要要求有道德勇气和知识的完备性。它需要下面这些素质：开阔的思维，对世界、对人的个性、对高级指挥官的心态都有所了解，知道如何处理平级、下级和上级这些关系；它需要一个训练有素的头脑，能够像刑事律师、考古学家或动物学家那样研究证据"。

然而在《埃维尔报告》发表之后，戈弗雷开始相信，他所提出的建立

---

① 埃里克·威廉·朗利–库克（Eric William Longley-Cooke，1898—1983），英国海军中将。

一个严密的海军情报局补充历史系列的想法"太教条了"。他更加关注在尽可能广泛的战线上"推销"海军情报局版的历史。他特意拜访了其他情报机构，让他们知道皇家海军在忙些什么。戈弗雷认为，情报部门必须独立于其所谓的政治主宰来发布历史。人们相信，政客们会根据自己的需要讲话，但他们要么说得太多，要么说得不够多。因此，他没有时间留给丘吉尔和战时的第一海军大臣、现任的国防大臣艾伯特·维克托·亚历山大（Albert Victor Alexander）。

"最具潜在危险性的是那些部分或完全知情的人，他们能接触到最引人注目的东西，所受到的教育却不足以约束他们轻率的行为"。最惊人的突破来自"最高层"的那些人。在戈弗雷看来，最有可能的"罪人"是丘吉尔和亚历山大。丘吉尔的一系列不检点行为可以追溯到第一次世界大战期间。在第二次世界大战中，亚历山大拒绝签署"按需知密"的协议，甚至在整个海军部调查委员会都被收买，为布莱切利打掩护时，也无法对"超级机密"的作用保持沉默。可见，亚历山大是个白痴，丘吉尔更糟糕，是个歪曲事实的人。戈弗雷写了一篇文章，剖析了丘吉尔当时作为第一海军大臣，是如何谎报德国潜艇的数量来满足自己的政治利益的。

在项目结束的反思中，戈弗雷写道，情报的真正敌人是"一厢情愿的思想家"。"在第二次世界大战期间，存在着如此多的A1级①情报，这一事实鼓励了那些一厢情愿的思想家去诋毁、贬低整组情报，而这些情报虽然不是绝对的A1级，但真实性非常高。在这些专著的作者看来，它们会让那些一厢情愿的人在未来更加难以随心所欲。"大体上来言，无论过去还是将来，这些"一厢情愿的思想家"都会是政治家。

---

① 根据蒙塔古的说法，戈弗雷任海军情报局局长时，设计了情报来源和信息可靠性评级系统，用于情报分析。来源的可靠性被分为6级，最高为A级，最低为F级，信息可信度也被分6级，最高1级，最低6级。来自可靠来源并经过确认的信息被评为A1级。

伟大的海军历史项目的所有目的就是为了避免"一厢情愿"。它一次又一次地证明了一个结论：即情报部门必须不断努力提高其威望；情报部门必须推销自己；情报人员必须为他的工作做广告。海军情报部门的工作尤其不应是为自己披上神秘的外衣继而预言未来。戈弗雷随后在1951年《海军评论》（*Naval Review*）杂志上发表的文章《海军情报官》（*The Naval Intelligence Officer*）中公开阐述了这些观点。

然而在涉及秘密情报局的问题上，戈弗雷将自己描述为一个"一厢情愿的思想家"，他责备自己太过坚定地支持他们。手下的军官们告诉他，秘密情报局的情报经常"明显毫无价值，以至惹人发笑"。秘密情报局的官员一直是糊涂且无能的，并且单纯地享受那种神秘感。他们所做的只是试图"找出一些零星的奇怪信息，试图证明一个先入为主的理论"。

他承认，他对先后两任"C"——辛克莱和孟席斯的个人好感误导了自己，"他们都很善良、耐心、从善如流，并且毫无怨言地忍受了很多直言不讳的批评。我个人对他们二位都很感激"。回想起来，辛克莱很明显"虽然是个了不起的人，但从他推出的'海军楷模'来看，他在选人方面并不在行"。

戈弗雷觉得他支持孟席斯作为辛克莱的继任者是一个严重错误。秘密情报局需要一个性格更强硬、更果断的人。孟席斯无疑有魅力和灵活的头脑，但他更擅长政治而非海军情报工作。而克劳德尔·爱德华·马乔里班克斯·丹西（Claude Edward Marjoribanks Dansey）[1]作为王位背后的主宰，其思维一直消极，是批评的、怀疑的、没有建设性的。

孟席斯现在假装他一直是政府密码学校的拥护者，但这根本是假的。他对这个机构并不感兴趣，而且与辛克莱手下的密码学家们也没有什么关

---

[1]　丹西（1876—1947），爵士，英国陆军中校。

系。由于他自己没有任何美德，可以说是政府密码学校"救了他的命（可能直到今天也是如此）"。戈弗雷在他的忏悔中总结道："我有一种感觉，历史将会重演。海军情报局对该机构的内部经济状况保持关注将会是明智之举。"

海军情报局的一些军官走得更远。他们声称，对于斯图尔特·孟席斯来说，约翰·戈弗雷是一个白痴。他在事后忏悔毫无意义，这位海军情报局局长的倒台是自作自受。戈弗雷让"他最重要的情报来源"脱离了自己的掌控，无论如何掩饰，都无法回避政府密码学校或政府通信总部的负责人实际上负责海军情报工作一事。作为海军情报局局长，戈弗雷"也许无可挽回地削弱了他自己的地位"。一位海军情报局的历史撰稿人写道："我不知道这种背叛（因为这种行径和背叛没有区别）在海军情报局一般会受到什么程度的赞赏。"

在伊斯特科特庄园，历史课题并不一定都是甜蜜和愉快的，弗兰克·伯奇正在以令人痛苦的缓慢速度完成重建英国信号情报历史的任务。政府通信总部的领导层于1948年11月1日得到正式任命，当他们急切需要自己机构的历史时，结果反而找不到了。相反，即将上任的政府通信总部副主管埃里克·琼斯求助于另一位40号房的老将奈杰尔·德·格雷，让他写一份适合当前需求的快速历史回顾。德·格雷答应了，于是不得不重现了1945年政府密码学校版的历史，当时他是布莱切利园的副主管，曾参与此事，在1945年曾大力主张布莱切利是英国情报工作的全部，其他所有情报机构都不过是吹嘘的附属品罢了。

1949年夏天，他同样表现得很强硬。德·格雷把他真正的怨恨留给了三军的信号部门。他指责这些机构不讲信用，背弃了将侦听工作完全置于政府密码学校指导下的协议。这样的责备也许有一点不公平，政府密码学校在1945年确实曾试图逼迫各军种做出这样的安排。然而，此举只是让军队的情报部门确信如果把更多的控制权交给布莱切利，他们就签署了自己的死刑执行令。

德·格雷说，孟席斯曾在战时的政府密码学校担任主管，又在1949年时担任政府通信总部的主管，他不会回顾此人担任这两个职务时所起到的作用。然而，他接着得出结论，无论过去还是现在，秘密情报局都是一个不擅长密码破译的机构。德·格雷写道："秘密情报局在政府部门、军队或民事情报机构与政府密码学校之间进行干预，绝对是个错误。"这样做没有任何意义，除了可能是一些模糊的、早已被遗忘的关于安全的松散想法。"战争的经验"已经向德·格雷证明，"直接向用户报告对双方来说是最安全和最干净的方法"。

德·格雷对琼斯说，在写这段历史时，他不可避免地得出这样一个结论，即政府通信总部与政府密码学校完全不同。伯奇试图用复杂的细节来描述连续性，但这并没有什么意义，因为那是在暗示政府密码学校在某种程度上为布莱切利的发展做了准备。

第二次世界大战前的政府密码学校一直是一个黑室，几乎没有真正努力准备接管一个大国的军事通信系统。政府通信总部的存在理由则是为了接管一个超级大国的军事通信系统，同时通过做黑室工作来保持自己的技能并让外交部的后台老板开心。他估计两种工作保持平衡的比例应该是5∶1。

第二次世界大战的真正教训是，情报中心必须接管整个情报机器，德·格雷建议道："不管理论上存在什么反对意见，政府通信总部应该毫不犹豫地追求任何可能让信号情报工作变得更好并更好地使用信号情报的方法。"正是由于无视军队或比军队技高一筹，他们才能组织6号小屋持续破解恩尼格玛，让3号小屋负责国家最重要的陆军和空军情报工作，使得海军部门指挥了海战。

在战争期间，为了迎合军队而浪费了大量的时间。布莱切利的主管们不得不让3号小屋的工作人员"穿上适当的制服，尽管他们的军事知识并不比其他平民多"。

"政府密码学校的政策"在"最初倾向于文职人员，以免军队在政府密码学校有太大的发言权，后来又转而敦促军队提供更多的人员"。德·格雷轻蔑地写道："没有哪个部门在招聘合适的高级职员方面表现得如此敏锐。"他的历史正是武装部队会担心的那种。

到20世纪40年代末，情报机器的历史已经确立。与第一次世界大战战后时期一样，关于情报的"噪音"很多。很明显，这台机器比第一次世界大战后的那台机器更大、更强。

情报机器对于那些能够进入白厅、威斯敏斯特、西区或舰队街的人有一个固定而一致的观点，即有限的外部公众。而有关英国情报机构历史的"既定观点"在1949年就已存在，与许多情报史学家至今持有的观点并无太大区别。

"既定观点"可以归结为五个主张，这些主张以广泛的历史调查为基础。

第一，英国在第二次世界大战期间开发出了一台"情报机器"。此前，英国并没有情报机器，它在战前就应该存在，现在它应该是英国政府的一个永久职能。与德国的系统相比，英国系统的天才之处显而易见，那就是通过一系列成员重叠而且有着紧密联系的委员会来协调整个机器。因此，情报机器由情报组织、政府部门、机构和委员会组成。我们可以用图表描绘出情报机器在过去十年中的演变。这种进化复杂而混乱，但也是合理的。绘制自身进化图的行为已成为这台机器正在工作的一个核心特征。

第二，为了维持一个运作良好的情报机器，它必须扎根于某一情报领域。在第二次世界大战中，情报领域确立了显而易见的界限。最明显的界限是"被灌输"——关于布莱切利园和其他所有人之间的界限。一个人可以不经灌输而成为一名情报人员，但一名情报人员只有经过灌输教育才有意义。因此，灌输教育是核心圈子的一个关键标志。对于一个人来说，有关他灌输教育的协商是其情报生涯中的决定性时刻。

第三，因为信号情报的兴起，"灌输教育"已变得如此重要。在第二次世界大战之前，密码学是一项专业化的边缘活动。而在第二次世界大战期间，信号情报已升级为所有情报工作的核心，监视国内外的对手和敌人，应该是英国政府的一个永久的职能。

第四，情报机器应该由文职人员管理，并由民事组织主导。第二次世界大战没有提供任何关于军方胜任情报工作的证据。优秀的军事情报人员只是穿着制服的平民。是否拥有军衔，是否是一名军官和一名情报官，都不是重点。制服最多只是一个道具或一种掩护。此外，战争还证明了最好的情报官一定是受过良好教育的人，他们的外表、思想和行为与他们在民事行政机关的同龄人非常相似。情报机构应该寻找、招募并提拔这样的人。依靠可疑的商人、前警官或退伍军人是没有意义的。

第五，也是最重要的一点，在第二次世界大战期间，特别行动成为英国情报工具标志性的组成部分。特别行动在情报机器中曾引起了很大程度的不和。然而，只要限制在一个组织得当的情报机器的工作范围之内，特别行动、政治战、颠覆和直接行动的技术则非常值得作为情报技能保留。

由于人们花费了大量精力来记录这一既定观点，因此对于第二次世界大战的历史来说，这似乎是一种合理并且站得住脚的观点。不同的作者都相信，他们为过去的十年提供了一个准确的描述。历史学家们承认，1938年之前的证据并不完整。那些年的历史更多地依靠个人的回忆而不是历史文献。因为当时还没有机器，所以没有保留机器的记录。旧时代也包括情报的黑暗时代，一个神话与历史并存的领域，危险的秘方和做法都可以归咎于此。当其他人甚至还在对机器这个想法嗤之以鼻的时候，那些看到了对机器需求的人正是那个时代的英雄。

"既定观点"有很多可取之处。然而，它确实存在明显的盲点，即在评估效果方面，除了证明德国人错了之外，它并不太令人信服。结果，当英国的情报机器被证明不能发挥作用的时候，人们总是感到惊讶。正如被称为"马来之虎"的军事情报局局长杰拉尔德·坦普勒爵士在20世纪50年代指出的那样——每当出现新的危机，英国都毫无准备，在现场的人不得不从头开始，重新学习如何进行情报工作。主要的挑战和解决方案通常都落在陆军军官和警察身上，而他们却是被排除在"既定观点"之外的群体。

更为惊人的是，在历史这方面，既定观点被证明犯了疏忽的错误。历史学家们出色地分析出情报工作的核心是反间谍工作，并确定反间谍工作的核心是渗透对方的情报系统。但他们是专门受命撰写第二次世界大战的历史，每个人都用了一部分篇幅专门讨论与苏联的情报关系，只是这些章节都被藏在历史的后面。在那里，他们集中讨论了1941年6月后与苏联人的情报关系一再失败的问题。

直到20世纪40年代末，修正主义才真正开始。随后，人们发现英国的情报史与德国的情报史不相上下，都是些悲惨的故事。英国情报部门的失败并不是没有与苏联建立情报合作，而是苏联人对英国情报部门的渗透。德国人没能保护自己，英国人也是如此。

第六章　真实的"冷战"：英国与苏联的第二次对抗

超级武器

直到1950年初，英国的情报史只是断断续续地涉及苏联。特别是1917—1949年期间撰写的历史，绝大多数都是关于英国应对来自德国的威胁的。但这并不是说英国的情报机构对苏联不感兴趣。自1945年9月以来，苏联已被正式确定为英国最重要的情报目标。

然而，政府并未对英苏情报竞争的历史进行详细的回顾。第二次世界大战的历史都对英苏情报关系给予了一定的关注，但相关描述都很粗略。这一事实有时会被特殊利益集团的执着所掩盖。例如，1924年的"季诺维也夫来信"仍然是一些工党政治家的历史试金石，而对苏联的过分强调也被证明这个范畴对后世那些在冷战时期或之后撰写历史的历史学家颇具吸引力。对许多人来说，他们有充分的理由认为苏联相关的历史才是英国情报工作的真正历史。

20世纪40年代末，人们发现英国情报的真正历史确实包含了一些材料，而这些材料又被证明与1950年后撰写的历史密切相关。例如，偷盗超级武器的想法可以追溯到第一次世界大战。德国人曾努力窃取英国先进武器的技术，到1918年为止，至少有一起引人注目的案件被公开审判。对20世纪20年代末情报案件的评论，集中于间谍从技术前沿的私营公司窃取航空技术的能力。在1946年撰写的军情五处历史中，杰克·库里概述了德国和苏联试图渗透英国国家兵工厂的各种尝试，他本人曾是研究苏联情报部门的专家，更是全球情报系统方面的专家。

　　超级武器的研发一直是间谍小说中的一个主题。例如，埃里克·克利福德·安布勒（Eric Clifford Ambler）[①]于1936年出版的第一部小说《黑暗边疆》（*The Dark Frontier*）便是围绕生产原子武器的尝试展开，其主人公是一位英国核物理学家。其中，苏联情报部门在安布勒的战前小说中反复出现，而他们是致力阻止将超级武器转让给右翼独裁者的高尚人物。

　　战后的情报史学家对原子武器给予了一定的关注，但他们更多地关注弹道导弹。V2计划的历史一直是情报史的主要内容之一。人们对V2历史的兴趣远远超过了其军事意义。它被当作了一个有用的标志性符号，历史学家可以通过它来说明技术发展的速度加快，使他们能够确定1944—1945年的世界与1939—1940年的世界已大不相同。

　　同样，情报史学家和他们的读者也把大量的注意力放在对情报系统的渗透上，大家认为这是一个关键的专业问题。在战时故事的这一要素中，德国和苏联的情报史明显交织在一起。苏联情报部门显然曾与德国情报部门在同一领域工作，其中许多人员，从特工到情报官，都亲自与他们的英国同行打过交道。英国人和德国人一致认为"苏联对于……低地国家的渗透很广泛，而且渗透程度很深"。

　　截至1950年，在英国情报系统的渗透活动中，芬洛事件可能是最著名的案例，该事件还有一个涉及苏联的角度。1946年，军情五处F科科长罗

---

① 安布勒（1909—1998），英国惊险小说作家和编剧。

杰·亨利·霍利斯（Roger Henry Hollis）①和秘密情报局R.5科科长金·菲尔比（Kim Philby）②重新审视了该案的历史。荷兰人最终审讯了P场组织在荷兰的负责人海军上校普罗策。普罗策指出，他的手下冒充苏联情报人员，因为英国官员似乎热衷向苏联出售情报。20世纪40年代的历史强调了这种复杂性——渗透型特工既为人所知，也令人恐惧。

然而，这并不是1949年情报史的主要焦点。许多历史学家的共同努力使对英国情报工作的解释固定在三个方面。第一，英国人是骗子而不是渗透者。第二，英国对情报部门的渗透是通过技术手段而非人力手段实现的。第三，特勤工作是一种无效的活动，尤其是在军事情报方面。

然而，事实却是英国已经研发出一种超级武器，而他们的情报部门却让这种武器在他们的眼皮底下被盗。直到1949年8月苏联成功地引爆了自己的原子弹之后，英国才真正意识到发生了什么。

在同一时期，英国情报部门自己开发了一种情报超级武器——机器解密。他们也听任这项情报革命的成果从他们的眼皮底下被窃走。在美国人帮助他们解决这个问题之前，情报机构对发生了什么一无所知。

随后，几乎所有现存和历史上的情报机构都发现了苏联特工的踪迹，包括秘密情报局、军情五处、政府密码学校、军事情报局和特别行动处。无论从哪个角度看，这都证明了那些曾管理过相关情报部门并在之后委托专人编写历史的领导者的无能。

所以，重新评估不可避免地出现了。然而值得注意的是，历史的既定版本在面对新的内幕时具有惊人的韧性。事实证明，历史是一种重要的资

---

① 霍利斯（1905—1973），爵士，英国记者和情报官。

② 哈罗德·阿德里安·罗素·菲尔比（Harold Adrian Russell Philby，1912—1988），英国情报官和苏联双重间谍，剑桥五人组之一。"金"是他的昵称，源自一本间谍小说中的人物。

本形式，情报部门能够依靠30年来关于其成功的著作，以抵御当代对于其明显失败的评论。

　　鉴于英国情报工作的失败案例陆续浮出水面，官方对这些案例进行了重新评估。其中第一个是富克斯（Fuchs）[①]，在1951年3月的《布鲁克报告》中得以阐明。第二个是麦克莱恩（Maclean）[②]和伯吉斯（Burgess）[③]，被记录在1951年11月的《卡多根报告》中。最后一个案例是菲尔比，由曾担任《布鲁克报告》起草人的公务员锡德里克·克利夫（Cedric Cliffe）撰写。

　　总的来说，20世纪50年代的调查标志着情报史的失败。事实证明，即使触及政府的最高保密级别，这些事件未经处理的相关信息依然无法用历史方法进行研究。缺乏可见的结局，再加上当前工作的压力和确凿证据的缺乏，导致了一种反历史的观点，一种甚至在情报史中也试图避免严肃结论的观点。现任外交部常务次官在阅读了由前外交部常务次官编写的《卡多根报告》后，对他的高级外交官们说："我很高兴地宣布，委员会没有发现任何本质错误。"

　　这个官方历史的残疾婴儿如今出生在这样一个由颠覆传统的阴谋故事供应者所占据的世界。这些人由1945年的通俗类报纸所雇用的记者组成，他们意识到英国的情报部门有真实的故事，人们有足够的兴趣来支持以《情报摘要》（Intelligence Digest）的形式创建一份专门的通讯订阅刊。

　　记者们的事业之所以蓬勃发展，是因为情报方面的新闻报道可以赚

---

　　①　克劳斯·埃米尔·尤利乌斯·富克斯（Klaus Emil Julius Fuchs, 1911—1988），德国理论物理学家和苏联间谍。

　　②　唐纳德·杜阿尔特·麦克莱恩（Donald Duart Maclean, 1913—1983），英国外交官和苏联间谍，剑桥五人组之一。

　　③　盖伊·弗朗西斯·德蒙西·伯吉斯（Guy Francis de Moncy Burgess, 1911—1963），英国外交官和苏联间谍，剑桥五人组之一。

钱。而现任和前任情报官始终乐意向他们介绍情况。记者提供的好处从支付报酬到使用法国南部的别墅不一而足。有些新闻简报来自官方，有些则是官方允许的，大多数是在俱乐部或酒吧的谈话。

军情五处会利用一些媒体联系人来"泼脏水"，而秘密情报局也利用这些人发表对军情五处的贬损报道，当军情五处发现这一点时，国防部未来规划科科长、《芬勒特·斯图尔特报告》和《布鲁克报告》部分内容的作者约翰·德鲁评论说，泄露关于军情五处无能的真实故事是掩盖虚假故事的好方法。事实上，军情五处自身变成了"鸡食"。其结果是，20世纪30年代和40年代的严肃历史不得不等待21世纪的历史学家来完成。与早期的一些历史不同，20世纪50年代的历史除了作为妄想的证据外，无法得到有益解读。

1950年4月，克莱门特·艾德礼让内阁秘书诺曼·克雷文·布鲁克（Norman Craven Brook）①对情报部门进行一次彻底审查。在召见布鲁克之前，艾德礼已经与布鲁克的前任和前上司、时任财政部常务秘书的布里奇斯勋爵以及斯温顿勋爵讨论了进行这类调查的必要性。

在与布里奇斯和斯温顿的谈话中，艾德礼回顾了他们共同经历的战时往事。斯温顿的加入是值得注意的，因为他是一个虔诚的保守党议员。他曾主持过的安全委员会的历史再次被认为非常重要——当时成立该机构是为了给失败的情报部门带来秩序，但它于1945年在无人哀悼的情况下消亡。1950年3月，《每日电讯报》报道说，首相亲自监管军情五处并重新审视安全委员会的历史。

在给布鲁克的指示中，艾德礼表达了对进一步整合情报工作的兴趣。然而，艾德礼真正感兴趣的是让这位内阁秘书审查经费的问题，即审查他

①　布鲁克（1902—1967），男爵，1946—1963年期间被称为诺曼·布鲁克爵士，英国公务员。

的政府为何不问历史上的资金分配是否基于任何合理的逻辑，却同意改变和平时期的情报经费。艾德礼想知道他所花的钱是否真正物有所值。严格说来，布鲁克要调查与情报机器有关的所有机构。但他很清楚，艾德礼希望他能找出关于秘密情报局和军情五处的信息。

图 6.1 诺曼·布鲁克爵士。内阁秘书，有关审查英国情报部门的《布鲁克报告》的作者。

尽管首相和内阁秘书的谈话只涉及英镑、先令和便士，但他们都意识到，有些事情出了很大的问题。1950年2月，警方逮捕了高级核物理学家克劳斯·富克斯，他在位于哈韦尔的军需部原子能研究机构工作。哈韦尔这个机构的主要任务是开发和制造英国的原子弹，这一信息是秘密的，但苏联在原子武器方面领先于英国，这并不是秘密。苏联在1949年8月试验了自己的第一颗原子弹。

富克斯于1950年3月受审。案件本身很简单：1950年1月24日，富克斯向军情五处一名官员承认，他从1942年到1949年2月作为苏联特工积极活动，并向苏联人提供了他能提供的一切，其中便包括关于制造原子弹的细节。不过真正的审判或者说"抨击"并不是针对富克斯，而是针对英国的情报机器。

1950年2月，美国联邦调查局开始向美国和英国记者提供有关英国情报部门无能的故事。富克斯案并不是新闻中唯一的此类故事。1950年1月，《每日快报》报道了"西塞罗"的新闻，即帝国保安总局在战时渗透英国驻伊斯坦布尔大使馆的历史。

艾德礼和布鲁克也已经知道，哈韦尔的另外一位物理学家布鲁诺·蓬泰科尔沃（Bruno Pontecorvo）[1]已经被怀疑是潜伏在英国原子弹项目中的第二名苏联特工，只是媒体还不知道此事。蓬泰科尔沃与富克斯不同，并没有坦白，他被私下解雇了，之后在利物浦大学谋了一个学术职位。

为了配合布鲁克的调查，艾德礼同时还让财政部的一名公务员约翰·温尼弗里思（John Winnifrith）去调查为什么会出现这种似乎不计后果的情况，即允许外国人和苏联人接触英国政府最为机密的所在。

富克斯和蓬泰科尔沃案件的本质是历史性的。为了弄清到底发生了什么事情，英国调查人员不得不循着蛛丝马迹追溯，试图了解英国的核项目是在何时、如何以及被谁渗透的。这一历史调查在富克斯认罪之前就已经开始了，但直到艾德礼委托布鲁克和温尼弗里斯查清事情的真相后，调查才正式开始。首相倾向于相信有非常邪恶的勾当正在进行。1948年3月，艾德礼支持自己所领导的政府做出决定，"清洗"在政府和私营企业敏感职位上工作的共产党人。

布鲁克的任务是框定的，也是复杂的，因为首相本人就是一个历史角

---

[1]　蓬泰科尔沃（1913—1993），意大利和苏联核物理学家。

色。他告诉布鲁克："我怀疑是否曾经有过（至少多年来）将所有相关组织都纳入其职权范围的调查。"在汉基勋爵于1940年发表关于英国情报机构的第二份报告的那一天，艾德礼正好加入政府，他曾告诉丘吉尔这些调查很糟糕。

图 6.2 《伦敦的笑声》。1948 年 7 月，在情报部门意识到原子弹开发团队的重要成员是苏联特工之前，媒体并不太重视原子能的安全问题。

　　五年后，艾德礼在苏联渗透原子弹计划的历史中扮演了一个更为公开的角色。1945年，作为新当选的首相，他几乎别无选择，只能亲自与杜鲁门总统和加拿大总理威廉·莱昂·麦肯齐·金（William Lyon Mackenzie King）①就之前苏联间谍活动的重大曝光进行谈判。1945年11月15日，艾德礼、杜鲁门和金齐聚华盛顿，宣布他们不愿意与其他大国分享核技术的秘密。但当他们得知英国人竟然曾将一名苏联特工引入曼哈顿工程时，这次会议便蒙上了一层阴影。

　　根据相关事件的历史记载，就在首相前往华盛顿的同一时期，1945年9月7日，苏联驻渥太华大使馆的一名格鲁乌密码员伊戈尔·谢尔盖耶维奇·古琴科（Igor Sergeyevich Gouzenko）②突然向加拿大皇家骑警自首，要求以交代苏联在加拿大的情报活动状况作为条件，换取政治庇护。随后，古琴科带来了他从大使馆拿的一批文件。

　　这些文件证实了在加拿大至少存在着一个由16名特工组成的苏联间谍网络。但他们目标不是加拿大人，而是加拿大的盟友。例如，在渥太华的英国高级专员公署潜伏着一名苏联特工。古琴科还将一位从事原子弹研究的英国核物理学家艾伦·纳恩·梅（Alan Nunn May）③指为苏联间谍。加拿大人立即与伦敦分享他们意外收获的情报。纳恩·梅在战时工作结束后将返回伦敦工作。艾德礼亲自批准让纳恩·梅返回英国，而不是被加拿大人逮捕。

　　美国和加拿大的新闻界一直不愿意接受他们的领导人对苏联间谍活动的谨慎处理。作为减轻政府压力的一种手段，麦肯齐·金于1946年2月宣布，他将成立一个皇家委员会来调查苏联的间谍活动。由于证据唾手可

---

① 金（1874—1950），加拿大政治家。

② 古琴科（1919—1982），苏联格鲁乌中尉。

③ 梅（1911—2003），英国物理学家和苏联间谍。

得，皇家委员会在一个月内就成功地提交了报告并于1946年7月发表。

尽管调查的速度很快，但皇家委员会做了一项彻底的工作。这些文件的出版，以及加拿大、美国和英国媒体的相关报道，意味着在1946年夏天，任何一个知识渊博的人对"苏联渗透方法"的理解都不亚于高级政治家，甚至不亚于情报部门本身。令人惊讶的是，这确实是时任联合情报委员会主席哈罗德·安东尼·卡恰（Harold Anthony Caccia）[①]的观点。

信号情报再次恢复了情报机器对"有限的'外部公众'"的优势。1947年，设在阿灵顿庄园（Arlington Hall）[②]的美国武装部队信号局（US Armed Forces Signals Agency）开始了一项颇具突破性的尝试，即破解第二次世界大战后期在纽约的苏联官员发给莫斯科的电文。这些电文虽已被截获，但并没有被破译。

在从事该项目的300多名工作人员中，有些人曾在布莱切利园度过了战争岁月。他们向英国的前同事通报了自己的工作，而英国的密码专家们也对战时苏联传送的报文做了类似的工作，但苦于资源不足。该项目被美国人称为"维诺那"（VENONA），而英国人则叫它"闪光"（GLINT）。1947年11月，该项目开始汇报对于"苏联信号情报"的一些初步进展。特别值得英国人注意的是，"我们提供给澳大利亚人的一份政府文件几乎完全泄露了"。这是"令人不安的，因为我们的许多信息都是指向那个方向和火箭的实验工作"。

然而，直到1949年8月，一个"严重的核泄密案件"才被破获。1944年，曼哈顿项目的一名英国科学家向苏联情报机构提供了核机密，后者

---

① 卡恰（1905—1990），男爵，英国外交官。

② 该庄园位于弗吉尼亚州。在美国参加第二次世界大战之后，这里成为陆军信号情报机构的破译中心，在第二次世界大战结束后至1989年，又成为陆军安全局所在地，还有其他一些军队的信号或通信情报机构也在这里工作。

将这些机密情报传回了莫斯科。1949年9月，项目小组确认了克劳斯·富克斯。直到此时，军情五处才重新查看了古琴科的原始档案，确认富克斯的名字已经出现。军情五处的领导层黯然地总结道："根据我们的经验，当大臣们发现自己陷入这种困境时，他们倾向于表示情报部门让他们失望了，除非允许他们向议院道出实情。而在这种情况下任何人都绝不可能说出真相。"

真正不可能的是承认维诺那–闪光计划。它显示了英国信号情报工作的持续规模。该项目依赖于英国和美国在1946年3月签署一项无限期的信号情报协议的事实，其核心前提是两国不会互相监视——但他们会监视其他所有人，包括敌人、中立国和盟国，并分享成果。军情五处担心他们的政治主子会为了保护政府通信总部而牺牲人力情报部门。

1950年1月，军情五处的高级官员们一致认为他们的首要任务是为自己的行为进行辩护。这种辩护等于说，在1942年，丘吉尔和比弗布鲁克勋爵（当时和1950年分别是《每日快报》的老板）一直渴望与苏联人分享一切。富克斯曾是反纳粹青年运动的成员，这是他唯一的污点。军情五处声称："无论是当时还是现在，可以确定的是，其他一些项目的保密级别和重要性与原子弹项目不相上下，有的甚至还超过了后者。"

由于想要回避自身对富克斯的历史责任，军情五处对艾德礼的简报并不像它原本应有的那样全面和准确。主管珀西·西利托表示，他理应被解雇，因为自己将垃圾送到了首相的办公桌。"进一步的研究"表明，军情五处收集的关于富克斯的信息比他们分享给首相的要多得多。事实上，在20世纪40年代，军情五处的一些负责官员曾写过备忘录，明确指出富克斯是一名苏联间谍。所以艾德礼转向另一方来书写英国的安全史，这并不令人惊讶。

布鲁克首先阅读了布兰德、芬勒特·斯图尔特和埃维尔的报告。因此，他掌握了1944—1947年期间对英国情报部门进行过的三项主要调查，为自己的报告确定了出发点。他任命了两名助手来设计进一步的细节。约翰·德鲁曾为芬勒特·斯图尔特做过同样的工作，而来自内阁办公室的锡德里克·克利夫以前是斯温顿勋爵的私人秘书。

布鲁克本人也不是无利害关系的参与者。正如他在采访中明确表示的，自己是一个"内务部旧人"。自20世纪20年代以来，内务部一直对自己被从情报机器中排挤出去这一事实感到非常不满。目前在情报界没有人认为内务部会改善英国的情报工作，但不管身边的消息人士可能会提出何种建议，布鲁克决心让内务部控制军情五处。

布鲁克在战争期间曾担任内阁副秘书，现在是内阁秘书。他相信英国的公务员制度，并将公务员队伍中的常务秘书视为优秀人才的终极典范。他还决心让这些人控制情报机器。

布鲁克的第一个意见是：每个人都需要停止对过去的纠缠。第二次世界大战已经结束了，已成为历史。英国不可能希望复制当时的情况。在战争时期，情报部门的工作人员都是"大学教授之类的聪明人"；而和平时期的人员比他们要笨得多，国家只能接受这个事实。

布鲁克发现，自1945年以来，政府通信总部无法成功招募到新的高级密码员，至少常规方法已经失效。拥有必要的头脑和智慧的人可以在情报界之外拥有更好的、收入更高的职业。政府通信总部的高级密码员是布莱切利园时代的遗老。

《布鲁克报告》于1951年3月正式发表。然而，布鲁克在1950年10月就已经得出了所有重要的结论。事实上，在朝鲜战争于1950年6月25日爆发前，他就已经得出了许多结论。虽然《布鲁克报告》受到了对朝鲜战争短期恐慌的影响，但正如预定的一样，它仍然是富克斯案的产物。1951年6月5日，在英国外交官盖伊·伯吉斯和唐纳德·麦克莱恩失踪后，艾德礼和内阁的大臣们签署了该报告，失踪事件也在两天之后被公之于众。

布鲁克的第一个拜访对象是财政部。《布鲁克报告》的基础是先要冷静分析英国在情报机构上花了多少钱，以及哪些机构得到了这些钱。布鲁克明白，秘密投票和情报预算是两件截然不同的事情。他的方法是确定财政部支出了多少，并将这个数字与情报机构自身认为的支出金额进行比较。大体上说，布鲁克的团队计算出目前的秘密投票是300万英镑，真正的情报预算却接近1000万英镑。

布鲁克将1938年作为他的基准年。历史上的情报支出最明显的特点是，由于打了一场世界大战，情报支出在过去的12年里发生了巨大波动。1938年秘密投票的基线是40万英镑；1943年达到了顶峰，超过1500万英镑；而1946年则降到谷底，为130万英镑，此后又攀升至前面提到的300万英镑。

事实证明，虽然来自非秘密投票的经费数目显然很大，但这个消耗在情报机构的历史数字已然无法追回。布鲁克使用从最近的数字中计算得到的3倍乘数，算出英国每年在情报机构上的花费最高可达约5000万英镑。

当然，真正的分析在于细节。通过结合各种公开投票和秘密投票，布鲁克能够计算出每个情报部门的相对财富。就预算而言，英国情报机构的排名为：秘密情报局、政府通信总部、军事情报局、负责情报的空军参谋长助理、军情五处、海军情报局、联合情报局（Joint Intelligence Bureau）和科学情报局（Directorate of Scientific Intelligence）。

鉴于科学情报局主管是布鲁克审查中最执着的参与者，这一排名并不一定能证明布鲁克或他的读者最初所做的假设。在公共领域，政治家们最为关注的是军情五处。海军情报局以前的成员受其前任局长约翰·戈弗雷的影响，决心宣传该机构的成就，根据活动情况而不是按机构重新安排预算数字。除了自身的情报部门外，各军种还维持着庞大而独立的Y机构。如果各军种的侦听机构与政府通信总部一起计算，那么信号情报就是主要的情报活动。如果将各军种的信号情报部门和其他情报部门放在一起计算，那么武装部队的情报机构就成了迄今为止英国最大的情报组织。

这些数字让布鲁克放心。在调查的主要部分开始时，他相信情报预算的历史分配大致是正确的。作为英国资金最充足的情报机构，秘密情报局所扮演的角色似乎有点荒谬。但这是有历史原因的，而且多数的支出正朝着正确的方向发展。他的结论是，90%的有用情报来自信号情报，同时承认他好心地将10%分配给了秘密情报局。而情报的消费者告诉他："他们的估计实际上远没有我的慷慨。"对于情报界的一些人来说，布鲁克的质询似乎不必如此严厉，但事实上，他是一个相对自满的掌钱人。

在华盛顿的参谋长代表威廉·埃利奥特爵士（Sir William Elliot）[1]直言不讳地指责布鲁克自满，他说布鲁克回避了主要的挑战。他没有承认，无论是在历史上还是现在，"除了我们要使用高度的科学方法这种明显的特殊情况之外"，民事情报机构一直毫无用处。威廉爵士此举惹来了麻烦，这位未来的空军参谋长和英国第一任国防参谋长被禁止看到关于伯吉斯和麦克莱恩的报告，因为他"不可靠"。

布鲁克在确定预算排名后，第一个接受补充审查的情报机构，其重要性排名为第五位。在军情五处，盖伊·利德尔和迪克·怀特的团队一直坚持认为历史很重要。自1945年以来，副主管和B科负责人定期为白厅和来自其他机构的选定听众举办关于军情五处历史的讲座。他们认为自己有一个很好的故事可以告诉听众，而且由于他们长期的准备，这种讲座就是小菜一碟。

---

① 　埃利奥特（1896—1971），爵士，英国空军上将。

军情五处的历史表明，在1945年以来针对苏联的反间谍行动当中，有十名间谍被发现，且其中七人在第二次世界大战结束前就已活动。随后，英国采取各种方式将56名英国共产党人清理出敏感的工作职位。相比之下，被确定在这种职位上工作的一共有6.5万人。而在那些被确定为间谍的人当中，很少有人是共产党员。

布鲁克完成了与军情五处领导层的访谈，但就在他写下结论之前，第二位被怀疑为苏联间谍的英国原子科学家布鲁诺·蓬泰科尔沃消失了。蓬泰科尔沃的叛逃使军情五处的观点成为笑柄，因为他们声称，不希望本组织继续被迫充当"看守"。

然而，蓬泰科尔沃案充分证实了布鲁克和安全局对"马克思主义知识分子"的厌恶。布鲁克写道，马克思主义思想"显然对某一类知识分子有着强烈的吸引力，尤其是科学家和艺术家，他们似乎特别容易受到影响。富克斯和蓬泰科尔沃就是从这一阶层中发现的，这一点很重要"。

蓬泰科尔沃失踪的时候，布鲁克已经把注意力转向秘密情报局。令他着迷的历史是，秘密情报局是如何从一群鬼鬼祟祟的游手好闲之人变成了一个官僚团体，而其业绩却没有任何明显的改善。他的结论是，秘密情报局官员已经变成了单纯的行政人员。布鲁克说："在我看来，文官委员会下辖的考选委员会聘用间谍的制度有点可笑。"

即使是那些被派往海外的秘密情报局官员也不是外勤特工，而且其中的大多数其实是待在伦敦。让老大或非正式特工从事所有工作的旧模式已经固化，以避免损害秘密情报局官员作为大使馆或公使馆工作人员的身份。体会到《布兰德报告》中的言外之意，又与在第二次世界大战中曾和秘密情报局打过交道的官员谈过话，布鲁克意识到必须在混乱局势中建立一些秩序。辛巴达·辛克莱从军事情报局带来了一些军事纪律，但所发生的事情绝不是一个玩笑。秘密情报局已经变得令人尊敬，但失去了它曾经拥有的活力、主动性和进取心。

斯图尔特·孟席斯是布鲁克调查中最为愤愤不平的人。布鲁克假装相信孟席斯是在挑剔他的措辞。然而，从1939年成为"C"的那一天起，孟席斯就不得不收买或者反驳那些接近于了解秘密情报局历史的调查者。他并不打算打破职业生涯的习惯。1944年，他被告知要让自己的情报部门看起来更像行政部门，照做后却被嘲笑，因此非常不满。孟席斯反驳说，像布鲁克这样的平民只在百老汇大厦的秘密情报局总部询问了七天，不可能了解这个秘密机构。

孟席斯最后神秘地宣称，战后秘密情报局所有的关键成就都集中在维也纳。那些需要了解这些成就的人对此已经了然于胸，尤其是军事情报局、海军情报局和空军参谋长情报助理。但这些都是秘密，不能与布鲁克分享。

自1947年以来，维也纳一直是一个"扩大"的秘密情报局。情报站的所在地现在其由五名官员组成，并由一名新"大学生"领导。该城市处于军事占领之下，英国、苏联、美国和法国划分了各自的占领区。这位"大学生"站长发现，他可以从英国占领区挖隧道，从而进入苏联占领军的固定电话线路。由于挖掘隧道的工作是密集型的劳动，而且难以掩盖，所以秘密情报局必须与军事情报部门密切合作。该行动被认定取得了惊人的成功，以至于高层计划在柏林实施一个更大的工程。

尽管孟席斯不愿意对维也纳隧道的情况进行详细的书面描述，但当布鲁克抵达百老汇进行视察时，桌子上仍有一份不同类型的历史记录。1949年是秘密情报局与军情五处关系的低潮期。争论的焦点是1945年《芬勒特·斯图尔特报告》的结论，即"保卫王国"不是指保卫英国本土，而是保卫正式和非正式的大英帝国。这意味着，军情五处将与武装部队的情报部门合作，在全球范围内开展工作。

"Never seem to run into such a thing as a BEAUTIFUL spy these days."

Daily Express, May 11th, 1954

图 6.3 "美丽的间谍"。军情五处在 1954 年被公开点名羞辱。

芬勒特·斯图尔特的进一步暗示是，从事反间谍行动的军情五处B科和秘密情报局R.5科应该合并为一个机构，成为秘密情报局或军情五处的一部分。为了阻止这两个机构肢解对方的意图，布里奇斯勋爵将进一步的讨论暂停了18个月，但这并没有阻止这个问题毒害个人关系。

为了平息情绪，珀西·西利托和斯图尔特·孟席斯在1948年底成立了一个工作组，起草一份书面"协议"，以规范划界争端。就历史的准确性而言，事情的开始并不顺利。在第一次会议上，秘密情报局的代表拿出一份"特许状"，声称他们有权控制英国以外的所有间谍活动。这是一系列此类特许状中最新的一个，可以追溯到1915年的《尼科尔森备忘录》。往好里说，这些特许状只是由外交部签署的文件，往坏里说，它们是为当时的需要而编造的。军情五处的谈判代表指出了这一点，他们要求看到证据，证明国家的某个权威人士在过去的某个时候批准了这个"特许状"。

可以预见的是，没有这样的证据出现。盖伊·利德尔写道，这两个机构就像"一群东方人在为一块地毯而讨价还价"。

然而，他们交流的激烈程度掩盖了秘密情报局和军情五处之间关于情报性质的基本协议，这是他们在1949年7月达成的。长期的习惯和做法决定了他们需要彼此。当利德尔手下的一名官员想要彻底追查秘密情报局的假特许状时，利德尔在给他的回复中写道："唯一能理解这些事情的人是秘密情报局和我们自己。"

两个部门在防止任何"不专业的工作组"调查民事情报事务方面有着共同的利益。多亏了克劳斯·富克斯，他们确实得到了一个"不专业的工作组"，且至少在布鲁克能够干预之前，该协议就已经非常到位了。布鲁克向阿特利保证："我可以很高兴地向您报告，如今这两个组织之间的关系比过去许多年都要和谐。"

秘密情报局告诉布鲁克，搜集反间谍情报的工作现在被明确地划分为英联邦国家和外国两块。秘密情报局和军情五处都有搜集反间谍情报的正当需要，两个机构都需要分析自身的反间谍工作。

自1945年由原第五科和第九科合并后，秘密情报局R.5科的目的是确保他们自己的组织没有被渗透，他们雇用的任何特工都不是为敌人工作的双重间谍。孟席斯向布鲁克保证，R.5科一直在搜集的情报很快就会有其他成果，他们现在正在对这些情报进行分析。1951年，他们甚至开始考虑渗透到苏联和苏东集团的情报部门。

然而，自战争结束以来，渗透和反渗透已不再是秘密情报局的主要关注点。外交部仍然坚持他们的历史观点，即他们庞大且资金充足的情报机构并不是用来与苏联人玩间谍游戏的，更不是为了窃取军事机密。它的存在是为了给外交部提供关于其他大国政治策略的早期预警，并帮助外交部以对英国有利的谋略胜过其他国家。

正如最近被任命为外交部常务次官的威廉·斯特朗（William Strang）[①]对布鲁克所说的那样："外交情报与军事情报有着不同的特点。"和他的前任一样，斯特朗打理着一个强大的情报帝国，而秘密情报局只是其中的一部分，而且他并不打算以任何方式约束这个情报帝国中的任何单位。

秘密情报局在秘密投票中占据了最大的份额，而外交部也为政府通信总部和外交无线电局提供预算。1945年8月，"C"被确认为信号情报总监，从而保持了他以及外交部对信号情报的控制。1947年，外交部成立了外交无线电局，由秘密情报局第八科和无线电安全局合并而成。外交部新任通信主管查德·甘比尔–帕里自1941年以来一直是第八科和无线电安全局的负责人，当时他是一名全职的秘密情报局官员，而他现在仍然保持着秘密情报局官员的兼职身份，控制着对外交通信的侦听。外交无线电局还在英国使馆内部开展电子情报行动，外交部的通信工作基本上都是由秘密情报局监听，反之亦然。

当布鲁克在1950年将秘密情报局官员誉为战时信号情报技术的先驱时，他想到的是甘比尔–帕里、第八科、无线电安全局和外交无线电局，而不是一般的秘密情报局官员。他称后者对英国政府是如何搜集情报的一无所知。

斯特朗的情报帝国使他有可能与布鲁克发生冲突。然而，斯特朗与他的前任不同，也有一个严重的结构性问题。这个问题的解决方案使布鲁克和斯特朗联起手来。因为在《布兰德报告》发表之后，护照管理处这个掩护机构已经被放弃了，现在仅仅在关系密切的盟国使用，而几乎所有的秘密情报局官员都以外交部人员的身份为掩护进行工作。麻烦的是，实际上秘密情报局官员的数量比外交部门的核心成员还要多。1950年，有267

[①] 斯特朗（1893—1978），男爵，英国外交官。

名秘密情报局官员在开展秘密活动。斯特朗认为，外交部有125个关键职位，因此英国外交部面临着变成类似苏联卫星国外交部的危险：顶着一个情报部门的外壳，再附带一个小型外交部门。

对于自己所继承的这个鸠占鹊巢的秘密情报局，其某些特点让斯特朗感到不安，例如其领导中没有受过大学教育的人。按照惯例，"C"和他的两名直接下属的任命已被"提交"给常务次官。然而，这并不令人欣慰，因为任命"C"的唯一实际例子发生在1923年，当时辛克莱取代了卡明，以及1939年孟席斯取代了辛克莱的位置。最后一个被"咨询"的人是卡多根，他在1945年批准了约翰·辛克莱担任副主管的任命。

当然，在七个相关的常务次官中，只有两个人曾参与任命"C"，斯特朗可能是第三个——因为孟席斯已接近退休年龄。斯特朗要求他的同僚给他权力，让他控制秘密情报局十名最高级官员的任命，他们欣然同意了。斯特朗的外交部可能只是一个寄生虫的宿主，但至少它对它的"朋友"有一定程度的控制。

因为布鲁克只愿意调查到这么多，所以其报告的主要实践重点不是落在规模最大、资金最充足、有良好记录的情报部门，而是落在最小、成立最晚、资金最少的情报部门。科学情报局在1949年才成立。由于其历史如此之短，布鲁克的历史调查范围进一步缩小到战争中遗留下来的一个前空军情报单位的状况。该情报组由三名军官组成。在第二次世界大战开始时，大多数军方情报人员认为，他们将通过找到信号的来源和目的地来获得大量的信号情报。破译信号将是一个偶然的奖励。这一假设已被事实证明是错误的。英国人不仅在解密方面取得了巨大的成功。此外，方向、定位等方面的研究也鲜见有用的见解。因此，信号情报已经成为破译文字的同义词。

当布莱切利园来回顾他们的成就历史时，一些密码破译人员坚持认为，他们不应该对非语言类通信的死胡同表现出一点兴趣。而由戈登·韦尔什曼领导的另一派则意见相反，认为布莱切利应该强调通信量分析所取得的任何成功，尤其是不应让其落入军队手中。

在整个战争期间，各种替代技术的实验仍在继续。其中一个研究方向是敌方电子设备发射出的信号，如雷达、导航设备或制导武器的控制装置。空军情报局的科学情报助理主任雷金纳德·维克托·琼斯是这项工作的专门支持者。在他的要求下，空军参谋长情报助理建立了一个小型的"噪声监听"单位。

所谓的海外党仍然存在，尽管该单位在1949年从皇家空军转移到了民事的科学情报局，但它仍然由战争期间创建它的人管理。该单位目前驻扎在德国，在那里它正试图了解苏联的雷达阵列。科学情报局主管声称，正是这个小组使他有资格成为一个成熟的情报机构的负责人，具备搜集和分析情报的能力。海外党取得了足够的进展，重新点燃了人们的希望，即英国人在1950年所称的"噪声监听"，后来通常被称为电子情报，有一天会在重要性上与信号情报相媲美。

布鲁克的团队反对科学情报局主管伯蒂·肯尼迪·布朗特（Bertie Kennedy Blount）[1]，他总是被轻蔑地称为"布朗特博士"。布朗特犯了一个错误，就是相信了自己的政治主子对他说的话。他在1949年被艾伯特·维克托·亚历山大招募，理由是战后的英国科学情报工作是一场灾难。结果，在试图创建一个有效的科学情报机构的过程时，布朗特与政府通信总部的爱德华·特拉维斯和军需部原子能情报处的埃里克·韦尔什都发生了争执，后者和理查德·甘比-帕里一样，仍然是兼职的秘密情报局官员。实际上，布朗特闪亮的新轻型护卫舰已经与斯图尔特·孟席斯的无

---

[1]　布朗特（1907—1999），英国科学家和化学专家。

畏舰展开了较量。

历史宣告无异议。正如布鲁克的数据所示，秘密情报局是维护成本最高的情报机构，而信号情报则是维护成本最高的情报活动，相比之下，科学情报局只是一个小不点儿。布鲁克建议将电子情报工作移交给政府通信总部的"情报中心"。伯蒂·布朗特宣布辞职，没有人感到遗憾或不安。顺便说一句，布鲁克的调查员确实注意到，由于这种争吵，英国在朝鲜战场没有电子情报能力，而这种能力在那里实际上可能对英国军队有用。

尽管1951年夏天关于情报的实际争议集中在电子情报的控制上，但很少有人对这个特定领域感兴趣。大臣们和情报官员们有更紧迫的事情要处理。

1951年6月7日，英国媒体开始报道盖伊·伯吉斯和唐纳德·麦克莱恩失踪了。记者们主要从美国的新闻发布会获得信息，并以他们在白厅的消息来源进行补充。艾德礼政府在试图解释所发生的事情及其意义时，在下议院忍受了一连串令人尴尬的嘲笑。

"真实的历史"

艾德礼的直接反应是委托进行另一次内部审查。调查委员会由外交部前常务次官亚历克·卡多根爵士主持，《布鲁克报告》的作者诺曼·布鲁克爵士和《布兰德报告》的作者内维尔·布兰德爵士与他一起工作。此时，这些人真的已经在情报史中浸淫了许多年。他们看到任何新东西，或者就这件事提出任何特别见解的机会几近于零。无论如何，他们的职权范围狭窄得令人窒息：伯吉斯和麦克莱恩的历史是否证明了外交部在安全方面存在着缺陷？这份简报中隐含着一个问题，《卡多根报告》后来因为这个问题变得臭名昭著——同性恋者和共产主义者是否应该被清除出政府机构？

伯吉斯和麦克莱恩案的报告很长，但酝酿时间很短。卡多根调查所涉及的是英美对在英国和美国活动的苏联特工进行调查的历史。他们感兴趣的是，这项调查的某些结果是在何时及向谁披露的。正如他们所承认的那样，显然他们不可能知道所发生事情的"真实历史"，因为"真实历史"的关键在于莫斯科，而非伦敦或纽约。

简而言之，"真实的历史"如下。1934年5月，经常重组情报部门的斯大林又对苏联情报部门进行了一次改组。他将红军的情报机构划归给了内务人民委员部（NKVD）[①]的国外情报机构，即将第四局并入对外情报处。因此，对外情报处负责人阿尔图尔·赫里斯佳诺维奇·阿尔图佐夫（Artur Khristyanovich Artuzov）[②]又成了军事情报机构的副主管。合并之后这两个情报机构的联合力量已经达到了能够在伦敦展开像样行动的规模。

1934—1937年期间，在阿尔图佐夫的领导下，苏联情报部门在英国经历了后来被视为黄金时代的发展期。阿尔图佐夫致力于长期的渗透行动，其基础是招募特工，随后将他们安置在可以为苏联窃取情报的领域。

这项新政策与现有的特工招募工作一并施行。但与之不同的是，现有工作的招募对象，是那些已经在敏感的职位上工作，但可以被收买的人。合并后的苏联情报部门继续开展贿赂活动。20世纪30年代初，他们控制了欧内斯特·霍洛韦·奥尔德姆（Ernest Holloway Oldham），一个在外交部的密码部门工作并负债累累的酒鬼。后来奥尔德姆自杀了，但在此之前

---

① 内务人民委员部（Naródnyy komissariát vnútrennikh del），是1934—1946年的苏联内务部门，除了对内监视和镇压的职能外，还有情报部门从事搜集外国情报和反间谍的工作。

② 阿尔图佐夫（1891—1937），苏联国际情报和反间谍及安全工作领导人、间谍主管。

已经有了接替他的人，是另一个负债累累的酒鬼约翰·赫伯特·金（John Herbert King），苏联人在1935年招募了他。1939年，金被发现并投入监狱，卡多根的委员会很了解后一个案件。

苏联还继续开展传统的意识形态活动，招募工人中的共产主义者参与这项事业。最著名的案例是伍尔维奇兵工厂案（Woolwich Arsenal Case），一个潜藏在英国火炮兵工厂的间谍团伙于1938年被破获。

总的来说，阿尔图佐夫战术的关键是使用"非法人员"，即不在苏联官方机构掩护下行动的情报人员。他从维也纳向伦敦派出了一个由阿诺尔德·多伊奇（Arnold Deutsch）①领导的小组，以探索新的进击路线。在最初的几个月里，更高级的对外情报处官员伊尼亚斯·赖斯（Ignace Reiss）②和亚历山大·米哈伊洛维奇·奥尔洛夫（Alexander Mikhailovich Orlov）③负责监督多伊奇。

1934—1937年期间，多伊奇一连串招募了17名新型英国特工。1934年7月，他招募了第一个人金·菲尔比，他已经被多伊奇在维也纳的老上司蒂沃道尔·马利（Tivadar Mály）④看中。菲尔比的首要任务之一是在剑桥大学的共产主义同龄人中发现那些能成为优秀特工的人才。1934年12月，多伊奇招募了盖伊·伯吉斯，1935年2月招募了唐纳德·麦克莱恩，1937年1月招募了安东尼·弗雷德里克·布伦特（Anthony Frederick Blunt）⑤，

---

①　多伊奇（1930—？），国籍不详，有奥地利、捷克和匈牙利几种说法，苏联特工。

②　赖斯（1899—1937），苏联间谍。

③　奥尔洛夫（1895—1973），苏联国家安全总局少校。

④　马利（1894—1938），罗马前天主教神父和苏联情报官，曾被认为是苏联最有效率的间谍专家。

⑤　布伦特（1907—1983），英国著名艺术史学家和苏联间谍，剑桥五人组之一。

1937年5月招募了约翰·凯恩克罗斯（John Cairncross）[1]。

内务人民委员部的报告称多伊奇拥有多达17名特工，尽管没有确切的名单。剑桥五人组很可能应该称为"剑桥十二人组"。这群人中最有效的可能是"军情十四处特工"。在1943—1945年期间，他不断向他的苏联主管传递"超级机密"。

最知名的明星是唐纳德·麦克莱恩。被招募后，他随即进入外交部工作。1936年，他开始向自己的联络人传递高级情报。马利在伦敦临时担任对外情报处的站长，他下令让麦克莱恩和其他人分开，因为他现在是一名高价值的在位特工，其他人目前只是有抱负的人。

苏联招募特工的黄金时代于1937年结束了。斯大林改变了主意，阿尔图佐夫被解职并处死，马利也被召回莫斯科并被处决，伊尼亚斯·赖斯出逃，但被发现让人杀死在瑞士的一条沟里。1938年7月。亚历山大·奥尔洛夫叛逃，第四局驻荷兰的情报站站长瓦尔特·格尔马诺维奇·克里维茨基（Walter Germanovich Krivitsky）[2]也叛逃了。在阿尔图佐夫的领导下，对外情报处和第四局的行动交织在一起，使克里维茨基对所发生的一切有了许多了解，他将这些情报分享给了自己的美国东道主联邦调查局。1940年初，美国人指示他也与英国人分享这些信息。克里维茨基从伦敦回到华盛顿后，一名内务人民委员部的刺客将他杀害。

1938年，多伊奇被命令搁置他在伦敦的业务，返回莫斯科。他离开了自己的团队，但英国已经没有一个非法人员的活动中心，而在合法的情报站里也只剩下一个逃脱了清洗的对外情报处官员。1940年3月，就连这名

---

① 凯恩罗克斯（1913—1995），英国公务员和苏联双重间谍，剑桥五人组之一，同时也是著名的翻译家、文学家和非小说类作家。

② 克里维茨基（1899—1941），苏联情报官。他和赖斯出生在同一个地方，从孩提时代起就是密友。

情报官也被撤回，留下17人作为自主执行任务的特工。他们继续通过苏联共产党的渠道向莫斯科报告。

1939年，斯大林任命帕维尔·米哈伊洛维奇·菲京（Pavel Mikhailovich Fitin）为内务人民委员部的外国情报负责人。在阿尔图佐夫死后三年，一个有能力的专业人士重新掌权。在整个战争期间，即使内务人民委员部先演变成了国家安全人民委员会（NKGB），然后又变成国家安全局（MGB），菲京一直保持着指挥权。伦敦的合法情报站于1940年11月重建，并迅速扩大。到1941年6月纳粹德国和苏联的"联盟"结束时，该驻地已拥有60名特工。莫斯科方面承认，伦敦对于苏联情报工作来说是最有价值的信息来源。

1940年，金·菲尔比加入了秘密情报局，安东尼·布伦特加入了军情五处。1941年8月，秘密情报局和军情五处商定安东尼·布伦特应定期前往布莱切利园，记录任何有用的反间谍资料，这些资料是从阿勃维尔的信号中获得的，这样苏联就可以完全获得英国的反间谍信号情报。

1941年9月，汉基勋爵任命约翰·凯恩克罗斯为他的私人秘书，帮助他调查制造原子弹的可能性。凯恩克罗斯将原子弹报告交给了伦敦基地。1942年8月，凯恩克罗斯被调到布莱切利园，并开始传递"超级机密"的解密文件。格鲁乌也有一名特工从布莱切利传递信号情报。

1943年伦敦情报站的年终报告指出，又成功招募了20名特工。然而，由多伊奇建立的原始核心小组仍在支付"高额红利"。在军事、政治、经济和科学等所有情报领域都有可观的回报。而科学情报在"铀问题"上表现得尤为出色。菲京计算过，尽管原子武器的实际工作已经转移到美国和加拿大，但最丰富的原子情报仍然来自伦敦。

菲京在1945年的回顾中写道，伦敦不仅设法维持了已达到的高水平业务工作，而且还保证就中央关心的所有问题提供重要的文件资料。伦敦情报站曾经并将继续提供"最有价值的政治情报信息及在英国制造原子弹的工作数据"。

古琴科的叛逃引起了驻英国机构的第二次动荡。在莫斯科，斯大林对情报部门进行了又一次破坏。1946年5月，国家安全人民委员会变成了国家安全局。1946年12月，外国情报负责人帕维尔·菲京被解职。

在国家安全局成立一年后，斯大林下令进行更加雄心勃勃的改革。国家安全局的对外情报部门，以及自1942年以来被称为格鲁乌的军事情报部门，两个部门再次被合并在一起，新机构更名为情报委员会（KI）。情报委员会被认为是单一的超级机构。但实际上，国家安全局和格鲁乌就像麻袋里的老鼠一样相互争斗。这一试验于1949年1月结束，格鲁乌作为一个独立机构重新成立。情报委员会继续存在，现在只剩下前国家安全局的外国情报部门。1951年11月，就在《卡多根报告》定稿后的第二天，情报委员会与国家安全局重新合并。

卡多根委员会

在伦敦，情况也发生了变化。1945年9月，安东尼·布伦特结束了他在军情五处的战时工作，不过他仍然是莱肯菲尔德大厦（Leconfield House）①的常客。盖伊·伯吉斯加入了外交部，但他依然是情报界中为人熟知的人物。在富克斯事件发生的那天，伯吉斯和盖伊·利德尔正在参加一个"很好的"跨部门会议，讨论对付苏联的进一步行动。

超级特工唐纳德·麦克莱恩似乎在平静地继续前行。他不仅出色地传递着政治情报，还在英美原子外交中发挥着重要作用。因此，麦克莱恩有

---

① 莱肯菲尔德是位于伦敦梅费尔的一座大楼，1945—1976年是军情五处的总部。

能力向他的负责人提供有关裂变材料供应和原子弹制造计划的重要情报。

1948年7月，约翰·凯恩克罗斯在财政部负责监督武装部队的预算，并开始向他的苏联联络人传递有关英国武装部队实力的准确信息。这时，英国正试图让苏联相信自己拥有比实际情况更强大的武力。

在莫斯科方面对古琴科事件进行反思后，伦敦的苏联情报官在与他们的特工进行联络时更加谨慎，频率也变得时断时续。然而，在1946年的中断之后，伦敦情报站再次牢牢控制了它的英国特工。1949年6月，秘密情报局和中央情报局签署了一项联合行动的协议。该协议明确指出他们将"在一项具体行动中共同合作……（作为）其他共同谅解的先驱"。具体行动是推翻阿尔巴尼亚的政权。1949年7月，伦敦的情报委员会情报站向莫斯科发送了一套完整的阿尔巴尼亚行动计划。结果，英美情报机构在阿尔巴尼亚遭遇惨败，潜伏在阿尔巴尼亚国内的特工都变成了双重间谍，而被派回去发动革命的流亡者也全都被抓获。

在富克斯案件爆发的那一刻，苏联情报机构以伦敦为基地运营着一个高效的特工网络。这个网络很大，并不局限于剑桥小组。具体到这个组织，安东尼·布伦特不属于情报部门，而是积极地进行微妙的误导。盖伊·伯吉斯是英国驻华盛顿大使馆的第一秘书。金·菲尔比是秘密情报局驻华盛顿的代表。唐纳德·麦克莱恩是外交部北美司的负责人。约翰·凯恩克罗斯仍在财政部工作。

然而，开展长期的渗透行动压力很大。1947年1月，金·菲尔比结束了他作为秘密情报局R.5科领导的任期，离开伦敦，成为伊斯坦布尔情报站的负责人，剑桥间谍组对英国反间谍部门的铁腕控制也因此而松动了。

虽然从总体上看，伦敦情报站被证明是一个称职的特工管理单位，但莫斯科的混乱、怀疑和清洗意味着苏联人似乎在他们职业生涯的不同阶段任意抛弃了手下的特工，最明显的是在1938年和1946年。这些压力最终表现在1949年10月的丹吉尔事件和1950年5月的开罗事件。盖伊·伯吉斯和唐纳德·麦克莱恩都因酗酒而精神崩溃，导致他们在公开场合大肆谩骂。由于他们的行为与英国外交官的身份不符，两人都被外交部重新分配了工作。

因此，当卡多根的团队来撰写刚刚发生的历史时，伯吉斯和麦克莱恩的个性和缺点就显得非常突出了。问题是，一个沉溺于非法性行为并在公共场合大声谴责英国外交政策的酗酒者，是否有人会因为没有发现外交部一直在雇用这样一个人而受到指责？还有一个"谁是团伙头目"的问题。当时并没有人怀疑盖伊·伯吉斯这个"小臭鼬"是一个长期堕落者，不过由于他思维敏捷而又滑稽可笑才被大家容忍，所以在1951年有一种认为他是把别人引向背叛之路的腐败者的倾向。

正如卡多根对其团队历史实践的解释，"由于麦克莱恩先生和伯吉斯先生的失踪促成了我们委员会的任命，在处理我们调查的主要内容之前，我们应该首先描述导致这两位官员失踪的事件，并概述他们的职业生涯"。正是麦克莱恩和伯吉斯的历史构成了《卡多根报告》绝密的部分，而这段历史严格地集中在两人的传记上，没有更广泛的内容。

报告的结论和建议被广泛传播，无论报告中所包含的历史价值如何，都是回溯到最初的故事。1951年6月7日，两名被确信是苏联间谍的英国外交官失踪一事在全国各大媒体上引起了轰动。1951年5月28日，各机构都意识到他们已经离开了英国。随后的调查显示，他们是在1951年5月25日乘客轮离开的。

盖伊·伯吉斯于1951年5月7日回到英国。醉醺醺的他丢人现眼地从华盛顿飞了回来。1951年4月，根据阿灵顿庄园提供的解密文件，唐纳德·麦克莱恩被确定为苏联间谍。1951年4月23日，军情五处安排监视人员盯着麦克莱恩。除了他与盖伊·伯吉斯经常联系之外，监视人员没有发现什么重要的情况。

伯吉斯和麦克莱恩都于1948年通过了审查。然而，一旦他们的失踪为公众所知，他们的一些前同事就站出来发言。从20世纪30年代起，他们就知道其中一人很可疑，或者两个人都不可靠。两人都是"出柜"的同性恋，不过麦克莱恩后来娶了一个女人。

在1951年，很难找到比亚历克·卡多根、诺曼·布鲁克和内维尔·布兰德，或者委员会的主要顾问迪克·怀特和约翰·温尼弗里思更了解情报史的人了。他们当然知道，自己所从事的是一种近乎中世纪式的诡辩行为，小心翼翼地将事实信息尽可能精准地记录下来，而不考虑任何更广泛的真相。

至少，伯吉斯和麦克莱恩的失踪以及克劳斯·富克斯的被捕和受审提供了标点符号，成了可以将历史追溯到过去的明确终结点。然而，当卡多根及其委员会完成他们的工作时，这个故事已经超越了这些历史制高点。

就在卡多根委员会于1951年7月成立的同一天，秘密情报局和军情五处一致认为，他们必须认真地将金·菲尔比和安东尼·布伦特视为苏联特工来对待。一旦情报官员开始用新的眼光审视旧文件，前景似乎一天比一天更黯淡。到卡多根呈交报告的时候，民事情报机构已经得出结论，他们以前的所有观点都必须修改，不存在所谓"年轻时的轻率行为"这种情况。

目前的情况很混乱，没有一个固定的方向。将要上任的首相丘吉尔被告知"所有的证据都指向菲尔比犯下的一连串罪行"。然而，秘密情报局在几天后宣布，不再认定菲尔比是苏联特工。菲尔比的朋友们迅速恢复了与他的往来，任何想要书写历史的人都被卷入了这些事件所带来的乱流当中。

为英国情报部门的遭遇撰写一部历史的尝试，就充分说明了这一点。1955年，军情五处原来负责反间谍的B科已被重新命名为D部门，诺曼·布鲁克的前助理锡德里克·克利夫此时是军情五处D部门的一名官员，他试图将自己所了解的有关苏联情报机构对英国展开情报战的一切信息综合起来。

1951年的调查和1955年的历史有着惊人的差异。1951年，一个由内阁秘书领导的小组以一种奥林匹斯诸神式的平静进行了调查。每个情报要素都得到了衡量和判断。最高级别的情报官必须亲自解释他们的行动，同时还要提供一份书面描述。他们不得不忍受尖锐的批评，然后才能获得表现良好的评价。

1955年，布鲁克仍是内阁秘书，但与他同时代的前助理克利夫现在是军情五处级别相对较低的官员。负责"历史案例"的D部门官员龙尼·托马斯·里德（Ronnie Thomas Reed）[①]被证明是克利夫最忠实的向导。D部门主管詹姆斯·罗伯逊（James Robertson）以前也是负责"历史"案件的官员。但除了军情五处D部门，没有人能真正帮助到克利夫。

因此，锡德里克·克利夫的历史并不是奥林匹亚神的裁决，而是没有政治认可的粗略而不完整的调查。不完整的信息、出于政治需要而不使用被认为具有煽动性的信息、错误的历史方法以及可疑的逻辑，都是这部历史的缺陷。

其中一些缺陷来自作者个人。克利夫可能是他那一代人中最聪明的一个。他在入学考试中击败了诺曼·布鲁克，但他对音乐比对白厅更感兴趣。更重要的是，他证明了他那一代人（他和布鲁克在20世纪20年代末进入本土公务员队伍）无法冷静地处理20世纪30年代的情报史。

一些历史人物已经走下了舞台。斯图尔特·孟席斯、爱德华·特拉维斯、珀西·西利托和盖伊·利德尔分别于1952年和1953年退休。然而，持续的力量比变化的力量要强得多。约翰·辛克莱、埃里克·琼斯和迪

---

① 里德（1916—1995），无线电工程师和军情五处官员。

克·怀特都从各自的机构内部获得晋升，分别成为秘密情报局、政府通信总部和军情五处的负责人。肯尼斯·斯特朗一直是联合情报委员会的负责人，外交无线电局的理查德·甘比尔-帕里也是如此。伯蒂·布朗特于1952年离开，但他在科学情报局的继任者是一个公众熟悉的人物——雷金纳德·维克托·琼斯。

苏联四大间谍小组

1955年春天，克利夫以一种非常低调的方式开始工作。当一年后他完成工作时，伯吉斯-麦克莱恩案重新回到了公众的视野当中。1955年9月，艾登政府发布了一份有关事件的官方公开说明。1955年的白皮书从本质上来说就是《卡多根报告》。然而，出于保护消息来源和脸面的需要，事实被肆意篡改。迄今为止，伯吉斯-麦克莱恩案的白皮书被认为是英国政府发布的最刻意的、漏洞百出的指令性文件，是对本国情报机构的侮辱。

值得注意的是，内政大臣吉尔·劳合·乔治（Gil Lloyd George）①试图为白皮书辩护，他不谈20世纪30年代苏联特工被招募时以及20世纪50年代他们被发现时的情况，而谈到了英国在第二次世界大战中的情报史，声称："我可以披露一个事实，即我们的安全局在战时反间谍行动的成就。我们现在从缴获的德国档案中得知，在战争期间，对英国采取敌对行动的情报人员有201人。而我们的安全局发现并逮捕的人数是200人。"

在撰写另类情报史的运动中，没有人相信他们已听到的事情。在这种

①　格威利姆·劳合·乔治（Gwilym Lloyd George，1894—1967），滕比子爵，威尔士政治家和内阁大臣。

情况下，不可能对英国情报史有一个固定的看法。尽管如此，克利夫所撰写的历史突然有了一些潜在的更广泛的用途。他的作品"原计划是作为手册发给加入D部门的新官员"。这不可能是为美国人写的，"因为它揭露了数量惊人的已知间谍正在自由地活动"。出于同样的原因，它也不能给英联邦国家使用。这部作品还不能发给秘密情报局，因为他们不相信金·菲尔比是苏联特工。事实上，克利夫认为，在军情五处总部以外的地方不应该看到他所撰写的历史。然而，由于媒体对军情五处的猛烈抨击，这部历史确实在情报机构中得到了相对广泛的传播。不过手册中有一个关键的改动，所有提到金·菲尔比和安东尼·布伦特的地方都被删除。此后，它被送往华盛顿、堪培拉、新加坡和尼科西亚，共享给了伦敦的秘密情报局，并分发给D部门所有的官员。

除了自我审查之外，《苏联间谍活动调查》最明显的弱点是它对历史因果关系的处理方法。克利夫将调查分为两部分：1935—1955年的历史和对所有档案中的反间谍案件的分析。他说，他选择1935年作为随机的开始日期，因为它比1955年早20年，而且1935年10月意大利对阿比西尼亚①的入侵标志着"战前"时代的开始。然而，正如历史本身所表明的那样，意大利对阿比西尼亚的入侵对于苏联在英国的情报行动来说是无关紧要的。甚至克利夫也承认，事实上从1935年开始编写这段历史是逻辑不通的。

其次，克利夫试图将苏联的行动以及他们在招募英国特工方面的成功与国际事务方面的"风云变幻"导致"英国市场上苏联货物的价值发生波动"联系起来。同样，调查的第二部分提出的证据都不符合第一部分的"风云变幻论"。苏联情报部门经历了波折，但这些波折与英苏外交关系的起伏无关，而与斯大林统治时期的动荡则相反。特工们的经历

---

① 阿比西尼亚是埃塞俄比亚的旧称。

显示，一旦被招募，无论短期内发生什么，他们都会忠于自己的苏联主管。克利夫还在他的分析中引入了一个二分法。1941年6月22日之前招募的特工是"傻瓜和罪犯"，1941年6月之后招募的特工是"聪明而有良心的人"。

任何读者在读完这部历史的前半部分之后，都会对其动机、方法和年代顺序感到困惑。对此，克利夫写道："从理论上讲，主要的故事线应该分为三个部分，大致相当于战前对苏联的怀疑、战时的蜜月期和战后的幻灭期。不幸的是，实际情况并非总是如此。"

调查的后半部分更牢固地立足于现实，至少军情五处在1955年之前是这样理解的，克利夫根据各个案件的情况划分出五个间谍网络。

克利夫确定历史上第一个苏联间谍小组是马利集团。他正确地指出，1937年是该间谍网络创建后处于最佳状态的时候。他也明白，在20世纪30年代中期，伦敦的第四局和对外情报处的业务已经交织在一起，两个组织交替控制着情报活动。

1955年，关于20世纪30年代的大部分有用信息仍然来自克里维茨基1940年的证词。克利夫称克里维茨基是他主要的信息来源，并将其描述为"一个非常值得信赖的证人"。1951年4月，克里维茨基的证词重新启用，因为它被认定与正在进行的有关唐纳德·麦克莱恩的调查明确相关。麦克莱恩被确认长期充当苏联间谍，立刻加强了克里维茨基证词的可信度。

由于克里维茨基从第四局角度出发，与马利的合作最为密切，因此马利的名字成为伦敦情报业务的标签，而不是多伊奇、奥尔洛夫或赖斯的名字。然而，克利夫明确表示，有一批"非法人员"在英国活动，其中大部分身份不明。

克利夫在确定马利集团至少由11名特工组成时，也没有划出不同类型特工之间的区别。因此，克利夫提出的马利集团包括唐纳德·麦克莱恩，还有阿诺尔德·多伊奇的沟通交流专家伊迪丝·图德–哈特（Edith Tudor-Hart）[①]。然而还有两人也被克利夫归入其中，分别是伍尔维奇兵工厂间谍团伙的英国共产党组织者珀西·艾德·格拉丁（Percy Eded Glading）[②]和腐败的外交部密码员约翰·金，后者是一名单独的有偿特工。由于没有合适的地方，克利夫还把威尔弗雷德·麦卡特尼列入其中，他是"可敬的克赖顿[③]式的流氓"，是"地中海俱乐部"的前成员，1928年为第四局充当间谍而被判刑，此后一直出现在各种讨人嫌的地方。

克利夫所提到的第二个间谍小组是"红色管弦乐队"（Rote Kapelle）[④]。"红色管弦乐队"是盖世太保对1941年和1942年在德国、法国、比利时、荷兰和瑞士开展的打击苏联情报网络的行动代号。1945年，调查人员及其文件都落到了英国人手中。事实上，英国人在1945年已经调查过该组织本身的一些成员。最有名的是亚历山大·艾伦·富特（Alexander Allan Foote）[⑤]，他的《间谍手册》（*Handbook for Spies*）被克利夫描述为"有趣且可读"。1955年，富特在伦敦一家报纸担任苏联情报评论员谋生。

---

① 图德–哈特（1908—1973），奥地利裔英国摄影师，苏联间谍。

② 格拉丁（1893—1970），英国共产党党员，英共创始人之一，工会活动家、作家和苏联间谍。

③ 《可敬的克赖顿》（*The Admirable Crichton*）是创作于1902年的一部舞台喜剧，讲述在船只失事流落荒岛时，身为贵族管家的克赖顿反客为主，反而成为贵族一家的统治者，但就在他和贵族小姐举办婚礼之际，一艘路过的船救了他们，克赖顿再次恢复了原来的身份。

④ 从1935年开始，格鲁乌特工利奥波德·特雷佩尔（Leopold Trepper）逐步在西欧国家建立了一个情报网，通过无线电与苏联方面联络，纳粹德国的反间谍侦听机构在1941年截获了相关的往来电文，阿勃维尔在1941年底介入调查并在1942年破获了该情报网，逮捕了以利奥波德·特雷佩尔为首的大多数组织成员。

⑤ 富特（1905—1956），是一名曾为苏联从事情报工作的英国人。

　　“红色管弦乐队”这个代号也被应用于苏联的情报网，因为它已影响了英国。关键人物是第四局在巴黎的代理人亨利·鲁滨孙（Henri Robinson）[①]，他于1930—1940年期间以非法人员身份在英国担任站长。在此期间，站长人选几经更迭。这名“非法人员”反过来管理着一个德国人充当“切入者”。这名“切入者”担任两名英国外交官的情报员，他们与唐纳德·麦克莱恩同时在华盛顿大使馆工作。尽管《卡多根报告》中提到了什么，但早在伯吉斯和麦克莱恩案之前，外交部就有一个已知的渗透问题。

　　两名最值得注意的英国“非法特工”是两名技术人员，他们在1935年被招募后受雇于法恩伯勒的皇家飞机制造厂（Royal Aircraft Establishment）。在战后根据德国的证据确认了他们的身份，但没有采取任何行动，因为其中一人仍在为研发机密武器而有效地工作，另一人是工党的议员。

　　“红色管弦乐队”案留下了一些有趣的谜团。鲁滨孙的“非法特工”之一的代号为“埃莉”（ELLI）。这名“女性”格鲁乌特工仍然令人感兴趣。克利夫记录道：“因为有人声称她与英国情报机构有某种联系。”的确，“埃莉”是间谍猎人的猎物。格鲁乌的叛逃者古琴科也提到了“被称为‘埃莉’的特工，据说此人在英国情报部门担任要职”。

　　此外，伦敦陆军部第四局的一名特工不是由“非法人员”管理，而是听命于苏联贸易代表团中的“合法人士”。他做出了一些“诱人的暗示”，“如果（他）的名字出现在军情五处对他的采访报告中……那么陆军部负责‘安全方面’的某个人可能会通知苏联人”。这名特工“一直听说苏联情报机构掌握这样的信息来源，尽管他意识到这个故事可能只是为了鼓舞他的士气而虚张声势”。

---

　　① 鲁滨孙（1897—1944），比利时共产党员和共产国际特工。

克利夫在他的调查中对这些渗透特工的情况几乎无能为力。后来的历史学家们也没有那么幸运。

第三小组是克利夫所说的"身居要职的共产党人"。这小组以克劳斯·富克斯和艾伦·纳恩·梅为首。克利夫承认，他不确定应该把这一群人放在哪里，不清楚他们是在20世纪30年代被招募的，还是在1941年6月后主动为苏联方面效劳的"聪明而又有良知的人"。富克斯是作为苏联特工被派到英国的吗？纳恩·梅是否在剑桥大学被招募？克利夫不知道。他倾向于认为他们确实是"聪明而又有良心"，而不是傻瓜和罪犯。

在这个小组中，他加入了道格拉斯·弗兰克·斯普林霍尔（Douglas Frank Springhall）①。此人是英国共产党的一名高层成员，在1942年之前与苏联情报机构没有任何已知的联系。"不清楚"斯普林霍尔为何突然决定建立一个苏联间谍网，也不清楚奥蒙德·尤伦（Ormond Uren）②和约瑟夫·彼得·阿斯特伯里（Joseph Peter Astbury）③为什么决定对各自所属的情报机构——特别行动处和总部联络团（GHQ Liaison Regiment）④实施间谍活动。克利夫几乎无法解释英国皇家空军情报官戴维·弗洛伊德（David Floyd）⑤为什么充当间谍——不但在英国驻莫斯科军事使团中进行活动，在1945年加入外交部后还继续活动。他也无法解释他的朋友阿瑟·亨利·阿什福德·温（Arthur Henry Ashford Wynn）⑥为什么在燃料动力部进

---

① 斯普林霍尔（1901—1953），英国共产主义活动家。

② 尤伦（1919—2015），英国学者。

③ 阿斯特伯里（1916—1987），英国科研人员。

④ 第二次世界大战期间，英国陆军的特别侦察部队成立于1939年，其主要作用是在战场搜集战斗进程的早期信息，以及关于其他直接相关的重要事务的信息，并将这些信息传递和分发给高级指挥机关。

⑤ 弗洛伊德（1914—1997），英国记者，苏联间谍。

⑥ 温（1910—2001），英国公务员，社会研究员，苏联间谍。

行间谍活动。

显而易见的是，所有这些特工都是由在苏联驻伦敦大使馆的"合法人员"管理的。克利夫知道这一点，因为军情五处在战时的伦敦曾窃听过盟国和中立国大使馆的电话，并搜查了外交邮袋。苏联人也知道这一点，因为负责这项行动的官员之一是安东尼·布伦特。1945年，布伦特的工作被提交给联合情报委员会，"C"曾直接祝贺他。鉴于苏联有60—80名特工由"合法人士"管理，英国人记录的人数似乎很少。

当谈到第四小组，即麦克莱恩和伯吉斯的团伙时，克利夫几乎承认，其报告第一部分中的历史计划毫无意义。他发现"很难确切地知道应该把伯吉斯、麦克莱恩和他们的同伙放在哪里，因为他们的间谍活动从战前就开始了，经过与苏联的仓促婚礼和蜜月期，一直延续到冷战的黯淡日子"。因为在这个问题上已经花费了大量的笔墨，克利夫的报告集中在三件事上：一个年表；一个关于他们如何被雇佣的说明；他们这个团伙的意图。

克利夫认为，根本不存在所谓的"伯吉斯-麦克莱恩团伙"。他们是独立运作的。相反，这两个人"各自留下了一批与情报利益相关的联络人，在某些情况下，这些联络人是重复的。这些联络人大部分都智力超群，在世界上享有很高的地位，这使他们能够接触到高度重要的机密政治情报"。

总的来说，这种分析是无稽之谈，伯吉斯和麦克莱恩应该被一同归入克利夫提到的第一小组，即"马利集团"。然而，这种根据发展轨迹进行分析的方式确实在一定程度上解释了克利夫的结论。麦克莱恩很早就被分出去了，而且受到的待遇与其他人不同。

因此，克利夫认定的"剑桥五人组"看起来与后来的经典版本非常不同：他们是伯吉斯、麦克莱恩、约翰·凯恩克罗斯、詹姆斯·克卢格曼

（James Klugmann）^①和哈里·彼得·斯莫尔卡（Harry Peter Smolka）^②。克卢格曼确实参与了多伊奇在剑桥的招募活动。他在1939年便走上了不同的发展路线，当时他未能被秘密情报局录用。随后，他转而打入了特别行动处。斯莫尔卡与该组织有联系，因为他一直在向伯吉斯传递材料，也没能从信息部调到军事情报部门。

克利夫提到的第五小组，其成员是那些被认为与20世纪30年代的有毒源头毫无关系的人。他们是苏联人自1945年以来招募的。在这里，克利夫能够以一种乐观的、鼓舞人心的方式结束他的历史。渗透英国情报机构的最引人注目的尝试是一名"合法人员"招募外交无线电局的官员戴维·马歇尔（David Marshall）^③。这无疑表明，苏联人完全清楚这个刻意最大限度避人耳目的英国情报机构的重要性。

克利夫认为，马歇尔案证明了"（苏联）安全部门工作不力，或者效率下降"。这是军情五处第一次通过让监视者追踪一名已知的苏联情报官员来查明一名苏联特工。他并没有提到，《情报摘要》和《时代》（Time）杂志在1952年将伯吉斯、布伦特和马歇尔作为一个同性恋网络的成员联系在一起。

对于一个更大的整体历史而言，克利夫的作品读起来就像一个晦涩的补遗，相当粗糙。克利夫在军情五处的同事和调查记者都不相信官方历史，这一点并不奇怪。而其他的历史研究也得出了类似的粗糙的结论。这方面的历史写作在20世纪50年代中期逐渐消失，因为它不可能做更多的

① 诺曼·约翰·克卢格曼（Norman John Klugmann，1912—1977），英国共产主义作家，英国共产党官方历史学家，苏联间谍。

② 斯莫尔卡又名哈利·彼得·斯莫利特（Harry Peter Smollett，1912—1980），奥地利裔英国记者，苏联间谍。

③ 威廉·马丁·马歇尔（William Martin Marshall，1927—1960），英国报务员。

事情。

1953年以后，历史最引人注目的用途不是出现在历史写作的进一步发展中，而是出现在公共和商业领域。在1949—1953年期间，海军情报局12科和W委员会的历史学家尤恩·蒙塔古以自以为是的骄傲和卑鄙的狡猾，发起了一场持久的运动，要求允许披露"肉馅行动"的历史。这是他在1943年想出的一个令人毛骨悚然的妙计，把一具携带伪造文件的尸体扔进了西班牙海域，让西班牙人把文件转交给了德国人。有时，情报机构的高级官员，如约翰·德鲁和盖伊·利德尔，在研究"肉馅行动"的历史上花的时间似乎比研究苏联渗透的历史要多。

《冒充者》

《冒充者》（*The Man Who Never Was*）最终于1953年9月出版。如果一名公众想要知道英国从事欺骗的机构——海军情报部门怎样进行欺骗行动，并从欺骗行动创始人那里得到这样一次行动的详细情况，一般需要花费10先令6便士。1954年，蒙塔古带着这本书在美国巡回宣传，在那里拍下的照片中，他挥舞着夏洛克·福尔摩斯式的烟斗。

事实是，为使《冒充者》付梓而进行的旷日持久的运动意味着蒙塔古被打败了，他在海军情报局17科的前同事伊恩·弗莱明在1952年初的几个月中匆匆完成了《皇家赌场》（*Casino Royale*）的写作。第一部詹姆斯·邦德小说于1953年4月出版，售价也是10先令6便士。采购该书的大多数是公共图书馆。邦德形象的成功塑造是缓慢的，但让这一系列小说真正火起来的是1957年出版的《来自俄罗斯的爱情》（*From Russia With Love*）。

图 6.4　伊恩·弗莱明。情报官，海军情报部门历史上的重要人物和贡献者，正与他的第一部小说合影。

　　在20世纪50年代，弗莱明是一个痛苦的当代人物，《皇家赌场》讲述了苏联渗透到英国情报机构的故事。然而，詹姆斯·邦德本人在很大程度上是第二次世界大战的产物。在弗莱明的描述中，邦德在1941年获得了007代号。他的两次"暗杀"行动，对象分别是在斯德哥尔摩为德国人工作的挪威"双重间谍"和在纽约洛克菲勒中心刺探英国安全协调局（British Security Co-ordination）①情报的日本间谍。英国海军情报史对1941年两次最重要的情报联络行动进行了相当详细的介绍：英国驻斯德哥尔摩的海军武官与挪威流亡政府情报部门的合作，以及海军情报局局

----

　　①　该机构是英国首相丘吉尔授权秘密情报局于1940年在纽约成立的秘密组织，其目的是调查敌方的活动，防止敌人破坏英国在美洲的利益，并在美洲动员亲英舆论。

长约翰·戈弗雷在其助手伊恩–弗莱明的陪同下，于1941年前往纽约执行任务。

蒙塔古和弗莱明是可信的，因为大家都知道他们以前曾是情报官员。他们商业上的成功完全依赖于他们在历史方面的成就。他们都曾为海军情报部门的历史做出过贡献，并在其中扮演了重要角色。

这段情报史已经产生了自己的继承人。毋庸置疑，战后的历史写作以及引发这些写作的调查，都是情报机构对有限的公共领域进行管理的一次实践。但这台情报机器并没有充分考虑到，情报机构已不再特殊。现在，它和更多渴望公众关注的政府部门一样，都是广为人知的国家机器的一部分。

毫无疑问，英国政府做出了强大而持久的努力，既要塑造第二次世界大战的历史，又要向自己的人民宣传冷战的正确。然而，在许多领域，战后的英国文化是独立于政府的，情报被证明是其中一个。

后　记　品尝"冒险的味道"

到20世纪50年代初，我们已经撰写了很多关于情报的历史。人们有可能观察到一个稳定的情报史文库。这些历史并不局限于任何一个情报机构。相反，它涵盖了整个情报领域。各种情报史的作者在个人和文本层面上都相互影响，其中不可避免地存在着争议。然而，几乎所有的情报史都把英国情报机器的崛起描绘成对外部威胁的必要且积极的反应。

撰写这些历史是为了"记住"因忽视情报工作而产生的不良影响。因此，它们既包括对过去的记录，也包括对未来的规划。当然，一些人写的历史从未完成，或几乎没有分发，或只是存放在柜子里，或者干脆被遗忘。历史成就的重要性不在于特定作品的命运，而在于它们对政策制定者、舆论塑造者和情报官员这三者想象力的融合。

情况并非总是如此。第一次世界大战后的历史成果是完全不同的。在大多数情况下，情报史是作为军事行动史的一个次要元素来编写的。另外，历史为技术方面的"行动指南"提供了基础。与有关第一次世界大战的其他文献相比，有关情报史的产出非常少。

在情报领域，第一次世界大战的相关文献只是从更长远或者更广泛的角度来看显得比较丰富。那些寻找现代情报机构源头的人很高兴能找到相当可观的作品，可以为某个特定机构或技术提供"起源故事"。与其他一些欧洲国家，特别是德国和法国相比，英国情报史的数量、质量和传播都相对令人印象深刻。然而，这只是在与他人的微薄努力相比较之后呈现的效果。这些作品很少向我们讲述英国的文化。

在第二次世界大战期间，有一个关于情报史的概念逐渐消失了，即所撰写的情报史应主要作为军事行动史的一部分。情报史变成了为情报机器而写的情报机构史。如果有人试图确定现代情报史——可能还有现代英国情报机器的发明时间，那就是1942年。在这一年，第一部重要的丰碑式的作品——海军情报局的历史完成，成为许多其他情报机构和历史学家开展相关工作的范例。

20世纪70年代的官方历史学家试图开倒车，把情报史写成战略和军事行动史的一部分。在这样做的过程中，他们的行为很像文学评论家，决心告诉过去的作家他们应该对什么感兴趣，而不是记录他们曾经对什么感兴趣。正是这种不和谐，让一代又一代读者在第一次看到已出版的英国官方情报史时都产生了一种模糊的不安感。当前这一代的官方解密历史也引发了同样的不安情绪。

20世纪40年代撰写的那些真实历史的主要作用在于描绘情报领域。历史比情报组织的内部架构图更引人入胜。这些历史一再回到情报、政治和军事艺术之间的界限从哪里开始的主题。这些情报史可以说是后两者入侵情报领域然后又从该领域被驱逐出去的历史。与其说它们是有关专业的历史，还不如说有关判断力卓越与否的历史。通过痴迷地记录情报组织的历史和它们在整个领域中的兴衰，这些历史描述了情报机器的样子以及它应该如何运作。

在这一共同事业中，最引人注目的缺席者是迄今为止规模最大的武装部队——英国陆军。事实证明，军事情报部门在撰写自己的历史方面表现得极其低效。这是一个明显的疏忽，因为陆军有着悠久的官方历史传统。

军事情报一直是军事领域的一部分，而不是像20世纪40年代中期所定义的那样是从属于情报领域的一部分。陆军坚守着被所有人抛弃的古老传统，即情报史仍应附属于军事行动史。

军事情报人员所接受的学校教育和社会教育，使他们不能对自己进行大肆宣扬。这在其他情况下可能被视为值得赞许的谦虚。但对于那些强调自己的行动要"保密"的人来说，这实际上是一种谨慎的需要。不过这并没有为军事情报部门带来文化资本。在实践中，战时和战后的陆军都发现，如果他们想要任何有用的军事情报，就必须自己去找。然而，这种行为现在被认为是反常的，是对真正的情报领域进行靡费金钱的干扰。理想的情报人员不再是一个真正的军官，而充其量只是一个身着制服的平民。

我们不能认为政府完全控制了英国情报的历史。事实上，在第一次世界大战和第二次世界大战之后，这种历史往往趋向于脱离政府的控制。首先，情报史的提供者曾经是特工人员和情报消费者，在商业出版领域进行运作。在第二次世界大战结束之后，消息灵通的调查记者在大众传媒的资助下崛起。在某些方面，记者们利用情报机构的方法来对付他们，从一个身居要职的线人组成的网络中搜集情报。

第一次世界大战战后时期和第二次世界大战战后时期的关键区别在于第二次世界大战后有了一个可供记者调查的庞大的情报机器。这台机器现在对国家财政产生了重大的影响。

情报机构有时会对公众频繁披露相关历史表示恐惧。然而，他们偶尔也乐意与记者合谋，传播过往的历史。

然而，更重要的是，情报史的成果旨在为其作者认为至关重要的"有限的公共领域"提供信息。如果要将情报机构的影响力和资金维持在可接受的水平，情报史就必须在这个"有限的公共领域"的视线之内保持存在感。由于"有限的公共领域"也与大众新闻领域有交集，情报史必然通过这一媒介进行传播。

根据真正的情报史，人们可能会得出结论，约翰·勒卡雷的关键人物不是乔治·斯迈利（George Smiley）[1]，而是罗迪·马丁代尔（Roddy Martindale）[2]，这个人曾是战时秘密情报委员会的成员。那些在第二次世界大战期间只是"徘徊"于情报界边缘的平民从未厌倦对这一事实的吹嘘，因为它现在带来了声望。

在战后初期，情报工作是秘密的，因为情报组织不为"普通"英国人所知。然而，它其实早已不是秘密，因为人们意识到一只具有鲜明特征的强大的"幕后之手"已经渗透到政府的政治、军事和行政精英中。根据查尔斯·摩根为海军情报史发明的"情报谚语"，"在这个问题上不要扮演鸵鸟的角色是非常重要的"，不要假装人们"不知道他们实际上已经认识到的事情"。

情报史被设计成应对困难时期的缓冲器。尽管情报机构曾设想那些艰难的时刻将在20世纪60年代到来，那时新一代人已经忘记了第二次世界大战，但在20世纪50年代那些更意想不到的危机中，历史确实发挥了其既定作用。当民事情报机构潜在的无能被暴露在公众面前时，战争时期的历史作为一种保护手段，不得不被反复使用。

秘史达到了其目的。尽管曾受到伤害，但基于过去的效劳和未来的承诺，情报机构完好无损地度过了20世纪50年代。正如勒卡雷所写的那样，"战时一代"在30年后仍然能给情报机构带来"冒险的味道"。

---

[1] 乔治·斯迈利是勒卡雷一系列间谍小说中的核心人物或配角，勒卡雷创造这个人物是为了衬托詹姆斯·邦德，因为他认为邦德描述的是不准确的间谍生活，而乔治·斯迈利则有点寒酸，有学问，基本忠诚，但对政治主人的热情存疑，被媒体称为英国应有的那种间谍，和邦德并列为流行文化偶像。

[2] 罗迪·马丁代尔是勒卡雷间谍小说中的另外一个人物，一名外交部的官员，跟乔治·斯迈利一般年纪，精通政府八卦，尤其是安全部门的各种小道消息。